群众文化
建设与发展研究

徐洪绕 著

北方文艺出版社

哈尔滨

图书在版编目（CIP）数据

群众文化建设与发展研究 / 徐洪绕著 . –– 哈尔滨：
北方文艺出版社，2022.4
　ISBN 978-7-5317-5499-2

　Ⅰ . ①群… Ⅱ . ①徐… Ⅲ . ①群众文化 – 文化工作 –
研究 – 中国 Ⅳ . ① G249.2

　中国版本图书馆 CIP 数据核字 (2022) 第 050383 号

群众文化建设与发展研究
QUNZHONG WENHUA JIANSHE YU FAZHAN YANJIU

作　者 / 徐洪绕
责任编辑 / 张　璐　　　　　　　　　封面设计 / 张顺霞

出版发行 / 北方文艺出版社　　　　　邮　编 / 150008
发行电话 / (0451) 86825533　　　　　经　销 / 新华书店
地　址 / 哈尔滨市南岗区宣庆小区 1 号楼　网　址 / www.bfwy.com

印　刷 / 三河市元兴印务有限公司　　开　本 / 710mm×1000mm　1/16
字　数 / 218 千　　　　　　　　　　印　张 / 14.75
版　次 / 2022 年 4 月第 1 版　　　　印　次 / 2023 年 1 月第 2 次印刷

书　号 / ISBN 978-7-5317-5499-2　　定　价 / 48.00 元

内容简介

　　《群众文化建设与发展研究》是一本系统研究群众文化建设及其发展的专著。本书在阐述群众文化相关概念的基础上，对群众文化需求、群众文化形态、群众文化事业及群众文化发展环境进行了深入探讨，并对当前我国群众文化建设现状进行了深入分析，指出了当前我国群众文化建设中存在的问题。同时，本书还进一步探讨了新媒体与群众文化建设之间的关系，指出了新媒体时代下群众文化活动的开展路径，旨在为提高我国群众文化建设水平提供理论上的指导。

目　录

第一章　群众文化概论

第一节　群众文化概述

一、群众文化的概念

群众文化的概念包括两个方面的含义。

从文化现象层面讲，群众文化是人民群众以自身为活动主体，以文学艺术为主要内容，以满足自身精神文化生活需求为目的的社会历史现象，是人民群众在闲暇时间，按美的规律，自我参与、自我娱乐、自我开发的社会性文化。

群众文化与其他文化现象的根本区别，从内部特质来讲就是人民群众以自身为活动主体，自我参与、自我娱乐、自我开发。人民群众以自我为主体，自觉、自愿地参与，形成一定的群众文化群体，从而使群众文化成为参与人数最多和最重要的文化现象。人民群众通过自我参与、自我娱乐来满足自身对文化娱乐的需求，进行自我调节和自我完善，并在潜移默化中开发自己的智能，使群众文化呈现出涌动不息的活力。

群众文化内容广泛，涉及人类社会的各个领域，是丰富人们文化生活的"大世界"。但是，群众文化又是以文学艺术为主要内容的。文学艺术是人民群众最简便、最普遍、最喜闻乐见的用艺术表达情感、休闲娱乐的方式，文学艺术又是社会科学中最重要、最活跃、最有创新意识且最具鼓舞、引导、陶冶情操的一部分，文学艺术还是在群众中最易于传承的艺术形式。

群众文化是以满足自身精神文化生活需求为目的的文化活动。专业文化以满足社会需要为目的，文化产业以满足市场需求为目的，群众文化则是以满足自身需要为目的，这是它区别于其他文化现象的又一重要特征。

以文学艺术为主要内容的群众文化具有生活审美的功能。群众文化活动本身就是一种审美活动，"美的规律"是群众文化的又一特征。由于人民群众既是群众文化的参与者和创造者，又是群众文化的受众，群众文化中"美的规律"既包括创造美学，也包括接受美学，其自身具有特殊性。

群众文化是普遍存在的一种文化现象。作为一种历史过程，群众文化几乎贯穿整个人类的文明史；作为一种文化结构，群众文化几乎涉及社会生活的全部领域；作为一种生活内容，群众文化几乎涉及人们所有的生活方式；作为一种艺术活动，群众文化又几乎涉及所有的文学艺术活动形式。群众文化这一普遍存在的文化现象几乎贯穿了整个人类文化的发展史，渗透于各个时代，各个民族的生活、生产活动之中。

从文化建设层面讲，群众文化是我国一种独特的社会文化现象，是中国特色社会主义文化的重要组成部分，是群众的文化生活形态、群众文化活动、群众文化工作，以及与之相适应的制度、组织、机构、设施等各种要素的集合体。

按照马克思主义历史观的理论，人民群众是推动历史前进的根本动力。大力发展群众文化是由中国共产党全心全意为人民服务的根本宗旨决定的。在我国，群众文化已经成为社会主义文化的一个重要组成部分，并在制度上、组织上、机构上、设施上越来越完善，形成一个相对独立的群众文化体系。

在我国，群众文化写进了《中华人民共和国宪法》（以下简称《宪法》）。《宪法》第二十二条规定，"国家发展为人民服务、为社会主义服务的文学艺术事业、新闻广播电视事业、出版发行事业、图书馆博物馆文化馆和其他文化事业，开展群众性的文化活动"。我国各级政府设有群众文化工作机构，制定了群众文化事业发展的方针、政策、规划、制度，建设起覆盖城乡、遍布全国的群众文化服务设施网络，有一支专门从事群众文化工作的队伍。群众文化事业蓬勃发展，在很大程度上丰富和充实了群众的精神文化生活，改善了群众精神文化生活的质量，深受人民群众欢迎，已经成为人民群众生活中不可缺少的组成部分。

二、群众文化发展的历史形态和中国社会主义群众文化发展的不同阶段

群众文化这一形态古已有之。群众文化形态的发育、发展也呈现出明显的历史阶段性特征。群众文化的发展大致分为三种历史形态：原始社会的群众文化、阶级社会的群众文化和社会主义群众文化。

中国社会主义群众文化有一个形成、发展、积淀、丰富、创新的文化演进过程。这个过程，既有群众文化发展的普遍规律，与中国历史群众文化的发展进程密切联系，又有中国群众文化发展的特殊规律，与中国共产党领导的中国革命和中国社会主义建设密切相关。

（一）原始社会和阶级社会的群众文化

中华民族历史悠久、文化灿烂、地域辽阔，群众文化从古至今，传承从未间断，贯穿中华民族发展的历史进程，构成中国独特的群众文化现象。

原始社会的群众文化是群众文化的胚胎形态。在远古时期，人类通过劳动和斗争，不仅创造了物质财富，同时也创造了光辉灿烂的文化。中华民族在历史上经历了数十万年的原始社会时期。那时，我们的先人在"断竹，续竹；飞土，逐肉"之后，在"茹毛饮血"之后，为了释放体内的动物脂肪，他们成群地来到空场上，一起唱歌跳舞，这就是最早期的"群众文化"。

在原始社会时期，人类创造了象形文字，产生了原始图腾崇拜。人类又把自己的劳动过程以某种文化形式加以体现。在之后的漫长岁月里，文化一直伴随着我们的先人。原始文化艺术是原始人群或部族成员所创造、所共有的一种文化类型，它的传承方式是实物、行为和语言。原始文化艺术与原始群众文化的共通性表明了群众文化的古老、悠远和它作为一切文化艺术母体的丰厚底蕴。我国大量的出土文物和岩画证实，我们的先民在原始生活区域中，在刀耕火种的生存状态中，在满足生存需要而狩猎、祭祀、生产、交换的过程中，都在创造着一种生存文化。

阶级社会的群众文化是群众文化的自在形态。在阶级社会中，占统治地位的思想文化是在政治和经济上占统治地位阶级的意识形态，具有鲜明的阶

级属性。虽然阶级社会中，统治者宣扬他们尊崇的文化，但在人民群众中，也有反映自己生活的文化，如曾经存在于奴隶社会的庶人文化、封建社会的平民文化、资本主义社会的市民文化和半殖民地半封建社会的民众文化等。我国最早的诗歌总集《诗经》，分为风、雅、颂三个部分，其中的"风"，就是来自民间的文化。

我们国家幅员辽阔、气象万千，每个地区、每个民族都有自己的风俗，也孕育了自己的文化，各个民族文化异彩纷呈，仅举舞蹈一例，在北方就有秧歌、腰鼓、花会，南方有花灯，维吾尔族有"麦来西甫"，藏族有"堆谐""锅庄"，黎族有"三月三"，等等。

群众文化在我国近代历史中，最具影响的是"五四运动"这一时期，以陈独秀、李大钊为代表的知识分子倡导新文化和新文化理论的学说，这些新理论学说对新文化起到了积极的主导作用。其代表作《新青年》《校风》等，直接影响着新文化风尚、新文化思潮、新文化观念。这一新型的文化观念，渗透到社会各阶层、各民族地区和领域之中，对于文化启蒙和群众文化的发展影响深远，使人们对新旧文化有了进一步的了解和认识。群众文化虽然古已有之，但作为一个科学内涵的概念，却是在新文化运动前后提出的。作为一种平民大众参加的学习、文化、娱乐活动，以及从事这类活动的工作或事业，都统称为通俗教育、社会教育或平民教育。在民国时期，设立过通俗教育馆、民众教育馆之类的机构。

（二）中国社会主义群众文化发展的不同阶段

社会主义群众文化是群众文化走向成熟的自觉形态。中国社会主义群众文化的发展有其特殊的社会历史环境和特殊的历史轨迹。"群众文化"这一专用词最早出现于中央苏区，1932年5月，中共江西省委的《关于四月的报告》中建议，"对于最紧急的群众文化政治工作，还未能引起注意，各地有文化工作的只限于演新剧……"。这个报告在提出"群众文化"这个词时，已经把群众文化与政治工作联系在一起。

革命战争时期，是中国特色社会主义群众文化的形成和初期发展阶段。

这一阶段的主要特点包括以下两方面。

第一，群众文化成为中国共产党政治工作和群众工作的重要内容。中国共产党从建党之初就高度重视群众工作，群众文化也成为党开展群众工作的一部分。中国共产党初期开展工人运动、农民运动，都把开展革命文化活动作为工作的内容。在革命战争和根据地建设中，始终把开展群众文化活动作为政治工作和群众工作的一个重要内容，在群众文化工作的实践基础上，中国共产党形成了群众文化工作的方针政策，并使群众文化成为新文化建设的一个重要组成部分。

第二，群众文化为革命战争服务，成为宣传革命、动员群众的重要手段。第二次国内革命战争时期，广大群众响应革命的号召，创作出红色歌谣。中国共产党重视民间文学的宣传教育作用，在古田会议决议中规定要运用歌谣等形式编写教材、宣传革命、动员群众参加革命斗争。在抗日战争时期，"救亡与发展"是中国群众文化的主旋律。正是抗战文化的凝聚和激励，才促使全国各党派、各阶层、各民族人民万众一心、共赴国难。第三次国内革命战争时期，群众文化随着革命形势的迅速发展而进一步深入，秧歌、腰鼓和歌剧也较普遍地在工人、农民、军队中推广。群众性的文化活动体现了革命人民争取全国解放的乐观主义精神，显示了人民渴望解放的迫切愿望。

计划经济时期，是中国特色社会主义群众文化体系的建立和发展阶段。中华人民共和国成立后，人民群众建设社会主义的热情像火山一样爆发出来，各地的群众歌咏活动、群众戏剧活动、群众创作活动等方兴未艾，人民群众歌唱新中国、赞美新生活的歌声此起彼伏。群众文化的发展进入一个新的阶段。这一阶段群众文化发展的特点主要包括以下三个方面。

第一，具有中国特色社会主义的群众文化体系基本建立，群众文化事业得到发展。党和国家十分重视群众文化工作，群众文化成为社会主义文化建设的重要组成部分，并逐步建立起群众文化的体系。为了开展群众文化工作，国家将接收的近千个民众教育馆统一改为人民文化馆（后改为文化馆），并在全国各级政府兴办群众艺术馆、文化馆、乡镇文化站。据统计，到1957年，全国的文化馆数量发展到2748所，文化站为2117所，标志着群众文化事业

5

机构网络和群众文化工作队伍初步形成。1952年5月14日，国务院明确中央人民政府文化部（现中华人民共和国文化和旅游部）为文化馆（群众文化）的主管部门，各级政府逐步建立了群众文化的主管机构，群众文化的组织领导体系初步建立。从1953年12月文化部发布《关于整顿和加强文化馆、站工作的指示》，明确文化馆的性质、方针和任务，到1957年召开第一次全国文化馆专业会议，逐步形成了党和国家关于群众文化的方针政策和制度。随着群众文化活动和群众文化事业的发展，群众文化的理论研究也不断发展。1959年，群众文化理论著作《群众文化工作概论》的出版，标志着群众文化理论体系的初步形成。

第二，"为无产阶级政治服务，为人民服务"是这一阶段群众文化发展的基本方针。在这一方针指引下，各地群众艺术馆、文化馆组织"健康有益，丰富多彩，小型多样，勤俭节约"的群众文化活动，在组织群众文化活动、传播文化知识、培养群众文艺骨干、开展群众文化研究、搜集整理文化遗产等方面做了大量的工作，推动了群众文化事业的发展。同时，随着这一时期我国政治、经济发展遭遇的挫折，群众文化的发展也经历了挫折。

第三，群众文化成为中国特色社会主义文化的重要组成部分，成为人民群众文化生活不可缺少的组成部分。

社会主义市场经济体制建设阶段是中国特色社会主义群众文化体系的完善、发展和探索阶段。这一阶段群众文化发展的特点表现为以下三方面。

第一，群众文化体系进一步完善。党的十一届三中全会以后，群众文化事业机构得到逐步恢复，随着经济的发展，各地新建、扩建了一大批文化馆（站），群众文化设施的数量迅速增加，质量不断提高。与之相适应，群众文化工作者队伍也得到迅速的发展和提高。1981年，中共中央发布《关于关心人民群众文化生活的指示》（中发〔1981〕31号）。1983年，中共中央批转中央宣传部、文化部等四部门《关于加强城市、厂矿群众文化工作的几点意见》（中发〔1983〕34号），提出了关于群众文化的一整套方针政策。群众文化被纳入《中华人民共和国宪法》、国民经济发展规划和党的十四届六中全会《中共中央关于加强社会主义精神文明建设若干重要问题的决议》，中共中央制定了一系列有关群众文化的政策文件和法规、规章。《群众文化学》和一系列群众文化理论专著的出版，标志着群众文化理论体系基本形成。

第二，群众文化"以经济建设为中心"，为经济建设服务。群众文化活动蓬勃开展，在辅导和开展群众文化艺术活动，活跃群众文化生活和促进四化建设中，发挥了重要作用。在这一经济转型时期，群众文化工作者对群众文化的发展进行了艰难的探索。一方面，社会主义市场经济发展，促进了群众文化的市场化和社会化：在群众文化活动中引进市场机制，从市场购买群众文化产品和服务；群众文化活动项目向社会公示，引进社会资金，鼓励社会参与群众文化活动项目的运作；鼓励社会团体、社会组织和公民个人兴办公益性群众文化机构，参与群众文化服务；等等。不仅推进了群众文化的发展，也为现阶段公共文化服务体系下群众文化的建设奠定了基础。另一方面，在国家政策鼓励下，群众文化事业单位逐步转变为独立法人，实行了"经济承包责任制""以文养文""多业助文"等做法，在市场中寻找出路，增强了群众文化机构的活力，但也模糊了其公益性。

第三，随着小康社会的建设和人民生活水平的不断提高，人民群众文化生活的需求迅速增长，群众文化活动的规模和质量不断提高，群众文化发展与人民对群众文化的需求不相适应的矛盾日益突出。

公共文化服务体系建设阶段是中国特色社会主义群众文化的快速发展阶段。这一阶段的特点包括以下三方面。

第一，群众文化机构纳入公共文化服务体系。公共文化服务体系建设的指导思想、目标任务、建设原则和一系列方针政策，解决了群众文化发展中的关键问题，明确了文化馆（站）在公共文化服务体系中的功能定位、发展方向和道路，并为群众文化发展创造了良好的政策环境，提出公共文化服务机构免费开放的政策，实现了文化馆（站）服务模式的根本性变革。

第二，人民群众对群众文化的需求空前高涨，需求面更加广泛，需求更加多样化，对质量的要求进一步提高。满足人民群众日益增长的文化需求，特别是满足人民群众的基本文化需求，保障人民群众的基本文化权益，成为群众文化的出发点和立足点。

第三，群众文化因为得到党和政府的高度重视，并随着国力的增强、时代和科技的进步而迅速发展。群众文化的服务领域、服务方式、服务内容和运行机制的创新，以及群众文化活动的创新，成为群众文化发展新的要求和亮点。

三、群众文化生存与发展的基本规律

（一）社会存在是群众文化生存的基础

社会存在是群众文化生存的基础。群众文化属于社会意识形态，是社会存在的一种反映。群众文化发展的历程，中国群众文化发展的不同阶段，都说明不同的社会存在会产生不同的群众文化。

社会存在，是一个复杂的物质与精神的组合体，经济的发展，社会的发展，科技的进步，对群众文化的发展进程有着极大的影响。群众文化活动的种种形式，就是经济社会发展和科技进步的反映。例如，群众文化的数字化服务和群众文化信息服务网络的发展，就是现代传媒手段的广泛应用在群众文化中的反映。

（二）社会变革是群众文化生存与发展的外因

社会变革是社会生产力和生产关系，经济基础和上层建筑的矛盾发展所引起的。群众文化的发展史、中国群众文化发展的进程都昭示了群众文化变化的根本原因（不是唯一原因）在于社会的变化与革新。

当今世界正处在大发展、大变革、大调整时期，世界多极化、经济全球化深入发展，科学技术日新月异，各种思想、文化交流、交融、交锋更加频繁。当代中国进入了全面建成小康社会的关键时期和深化改革开放、加快经济体制改革的攻坚时期。群众文化要不断改革创新，以适应社会的变化和发展要求。

（三）人的社会需求是群众文化生存与发展的内因

人的社会需求催发了群众文化的萌生，人的社会需求的发展是群众文化发展的内在动力。

人的社会需求是多种多样的，基本上可以分为自然性需求和社会性需求。自然性需求是人维持生命和延续种族所必需的。社会性需求主要表现为认识的需求、美的需求、交往的需求、自我实现的需求等。社会越是发展，人类的这些需求表现得越强烈，群众文化越是发展，人们对精神生活的需求越是丰富。人的社会需求与人的活动紧密联系，是人的社会活动的基本动力。人的社会活动被某种需求所驱使，需求一旦被人所意识并驱使人去行动，就会以活动动机的形式表现出来。需求激发人去行动，需求越强烈、越迫切，由此而引发的活动就越有力。同时，人的需求也是在社会活动中不断更新和发展的。当人通过群众文化活动使原有需求得到满足时，人就会产生新的需求，进而从事某种新的活动。人的社会性需求如此循环往复，把群众文化推向更高层次。

当今社会，文化逐渐成为民族凝聚力和创造力的重要源泉，成为综合国力竞争的重要因素，成为经济社会发展的重要支撑，丰富精神文化生活成为我国人民的热切愿望，这些必然带来群众文化的大发展、大繁荣。

第二节　群众文化需求与群众文化

一、群众文化需求

（一）群众文化需求

群众文化需求是群众文化本源的集中表现，是社会实践主体在自我完善过程中与以文艺娱乐为主要内容的活动之间建立的依赖—适应关系。群众文化需求是社会实践主体生命过程的固有属性，是客观必然的社会存在。

在现实社会中，群众的文化需求是多方面的，包括读书、看报、上网、娱乐、参观、旅游、看电影、看演出、看电视、参加群众文化活动和体育活动等。在大多数情况下，群众是作为受体来实现自身需求的。群众作为主体，为满足自身文化生活需要而开展的自我参与、自我娱乐、自我完善方面的社会性文化活动，则表现了人民群众对"群众文化"的需求。人民群众需要群众文化，群众文化的群众性、自娱性、传承性特点也最符合群众自我参与、自我娱乐、自我完善的要求，群众在其中也在继承和创造着文化。

群众的文化需求体现了以自我为主体的，自愿、自由的个体意识，并与一定的文化群体发生关系。人是一切社会关系的总和，没有个体自我参与基础上的集合，没有与他人的互动，就不可能产生群众文化这一社会历史现象。因此，虽然"群众文化需求"存在于个体之中，而它的实现只能是社会化实现，表现为社会需求。群众文化需求包括三个层次：娱乐休息的生存需求、审美愉悦的享受需求；表现创造力的发展需求。群众文化需求的三个层次紧密联系，成为相互渗透、相互作用的系统，表现了群众文化需求的复杂性、多样性。

娱乐休息的生存需求。娱乐，是群众最基本的文化需求，从娱乐中得到休息，往往是人们自觉参与文化活动的第一需要。人都有喜怒哀乐、七情六欲，需要发泄和流露；人在工作劳动之余的休息、休闲时间里，也有娱乐的愿望和冲动，需要活跃身心、放松精神、减轻烦恼；人生活在社会中，需要与他人交流、与集体融合，感受集体活动的快乐。

审美愉悦的享受需求。审美愉悦是群众在娱乐休息中更高层次的需求。追求"美"是人的天性，人们娱乐休息的过程，也是一个审美的过程，是通过审美愉悦来满足自己的过程。人生活在文化艺术氛围中，随着人民生活水平和人们素质的不断提高，群众审美愉悦的享受需求越来越普遍，人们需要参与文化艺术活动来表现自己、愉悦身心。为此，人们融入社区或所属的企业、学校、军营、村镇，组成了合唱团、模特队、书画社、诗社、京剧社等，在社团里陶冶性情，得到审美愉悦；人们参加辅导、培训，不断提升自己的审美素养和艺术技能，以更好地展示自己。随着群众的艺术素质不断提高，群众的审美愉悦追求也向着更高层次不断攀升，他们需要更大的舞台、更先进的设备、更好的艺术指导和更完善的服务。

表现创造力的发展需求。表现创造力的发展需求是在审美愉悦基础上产生的最高层次的文化需求。人民群众中蕴含着巨大的创作力量和层出不穷的创作人才，随着审美素养和艺术技能的提高，人们就会产生创造的欲望和需求。当前，表现创造力已成为群众更普遍的需求，群众文艺创作也呈现出社会化的趋势，群众文化在表演、创作等很多方面已经模糊了专业和业余的界定，许多群众文艺骨干具有相当高的艺术修养，其表演或创作水平达到相当高的水准，有些甚至成为作家、诗人、歌手、画家、书法家、民间艺术能手等。群众文化成为培育优秀文艺作品和文艺人才的沃土。

以上这三个层次的文化需求，既单独成立，又相互渗透、相互牵连、相互作用；这三个层次，既可以是一个人、一个团队发展的三个阶段，又可以同时在一个人身上或一个团队中发生。

（二）实现群众文化需求的不同渠道

群众文化需求是多方面、多层次的，群众文化需求的实现也是多方面、多层次的。群众文化需求是通过自发的群众文化活动、公共文化服务（群众文化服务）和文化市场服务来实现的。

自发的群众文化活动。自发的群众文化活动是群众自发开展、自然形成的。一般以群体为组织形式，以单一性的文化娱乐活动为内容，组织者为有一定号召力并热爱群众文化活动的文艺骨干，活动的组织者、活动骨干、地点、时间相对固定，活动规律日常化，自我组织、自我管理，但没有明确的组织章程和组织形式，自然有序，受众面广，是广场（公园）最普遍、最活跃的活动，也是群众满足自身文化需求的一种重要的形式。

公共文化服务（群众文化服务）。公共文化服务是政府的职能。政府主要是通过文化馆（站）等群众文化事业机构来为人民群众提供群众文化服务，满足群众的文化需求。政府也采取如直接举办群众文化活动，从市场购买群众文化服务，鼓励社会举办群众文化活动的方式，来满足人民群众的文化需求。公共文化服务属于普惠性的、均等化的、有限定的、应由政府予以保障的文化服务，不可能满足群众所有的文化需求。

文化市场服务。对于群众不属于公共文化服务范围的文化需求，即个性化、对象化、深度增值性的文化需求，是通过文化市场来满足的。

例如，一个喜爱唱歌的人，他可以每天早晨到公园参加群众自发的歌咏活动，也可以参加文化馆的业余合唱团队，到文化馆活动，接受文化馆教师的免费辅导培训，也可以与亲朋好友到歌厅放声歌唱，参加社会的音乐培训或聘请家教。从群众自娱自乐到有人自发组织，从政府提供的群众文化服务到各种文化市场的服务，有着不同文化需求的群众都能在当今时代里得到满足。

案例：北京"景山现象"

北京的景山公园是一座袖珍式皇家园林，从东门走到西门步行不过五六分钟。就在这个空间并不大的公园里，活跃着各种群众自发的娱乐团队，如花式踢毽子、花式跳绳、打球、交谊舞、民族舞、个人舞、团体操、革命歌曲、通俗歌曲、京剧戏曲等，仅在公园之友办公室里登记的就有 54 个，成为北京群众文化生活一景。景山现象特别是活跃在其中的合唱团，比较著名的有"景山紫光合唱团""激情广场合唱团""景山海月合唱团""景山红太阳合唱团"等。"激情广场合唱团"有一千多人，春夏秋冬风雨无阻，坚持了15 年。"景山海月合唱团"的特点是有一支铜管乐队伴奏，2007 年夏天开始，来了一位女指挥加盟助阵，给合唱团带来了新的活力。每个周日人们从北京城的四面八方会集而来，还有从唐山、保定、任丘、天津来的，甚至有从韩国、日本、新加坡等地特意前来的歌友。

这一现象受到政府有关部门的关注，政府和有关部门先后组织了"大地飞歌景山合唱节"、公园节（景山）"群众文化活动"合唱比赛等活动，为他们提供展示的舞台。景山公园管理处成立了公园之友办公室，为这些"公园之友"提供服务，协调场地使用，在活动场所安装上了红色的衣帽架，使这些自发、松散且具有人员不确定性的群众文化活动逐步实现了活动时间和活动地点相对固定，并将其纳入公共文化服务。

二、群众文化需求与群众文化的关系

（一）群众文化需求是群众文化发展的第一推动力

群众文化需求是群众文化的第一要素，是群众文化发展的动力与前提。群众文化的一切生成物，都仅仅是为了满足这一客观需要而产生、发展的。

群众文化的客观需求是广泛的、多样的、不断发展的，而实现群众文化需求则是具体的，受一定条件限制的，群众文化需求与实现需求的矛盾构成了群众文化的基本矛盾。这是群众文化要素间的本质联系和发展的内在原因。群众文化工作必须以满足群众文化需求为出发点和归宿。

现阶段，我国广大人民群众的文化需求空前提高，其需求面之广、量之大、质之高也是前所未有的。群众的文化需求成为当前群众文化勃兴最重要的内驱力，成为群众文化建设的第一推动力。

（二）群众文化需求的积极诱导

群众文化需求有一种十分重要的特征：就其自身而言，叫作群众文化需求的"盲目性"；就其矛盾对立方而言，称作群众文化需求的"可诱导性"。

当群众文化需求处于自在状态时，会产生盲目性和从众性。改革开放促进了我国与各国之间的文化交流；现代传媒的发展使文化的传播更加快捷。在优秀文化引进、传播的同时，也伴随着不健康文化的流传。中国几千年的传统文化，其内容既有反映惩恶扬善、追求幸福的美好愿望，具有强烈的人民性，又有剥削阶级腐朽意识形态的烙印。在市场利益的驱使下，如果一些人忘记了对社会、对人民的责任，不负责任地制造错误的舆论和氛围，不断复制和传播落后、庸俗的文化，就会使群众文化需求的盲目性膨胀，使一些人，特别是一些追求新、奇、特的青年人盲目追随。

群众文化需求是可以诱导的。文化环境有很强的吸引力，能够改变群众文化的性质和指向。群众文化以满足群众文化需求为出发点和归宿，但是，群众文化不能"迎合"群众文化需求，特别是不能"迎合"群众文化需求的盲目性。群众文化应当创造一个良好的文化环境，引导群众文化需求，引导群众建立科学、健康、文明的文化生活方式。

三、保障群众的基本文化需求是群众文化的基本职能

（一）群众的基本文化需求和政府的公共文化服务

从提供文化服务的角度看，群众文化需求分为"基本文化需求"和"非基本文化需求"。在我国现阶段，基本文化需求主要包括读书看报、听广播看电视、进行公共文化鉴赏、参加公共文化活动等。群众文化活动是以文学艺术为主要内容开展的，包括文化艺术鉴赏活动、文化艺术的展示与交流活动、文化艺术的辅导与培训活动、文化艺术的创作活动，并扩展到科学普及活动，群众体育健身活动等范畴，这些都属于公共文化鉴赏和公共文化活动。从基本文化需求界定分析，"群众文化"属于基本文化需求的范畴，包括群众文化艺术欣赏、文化艺术参与、文化艺术学习和文学艺术创作四个方面的需求。

发展群众文化事业，开展群众文化活动，提供群众文化服务，满足人民群众的基本文化需求是政府的责任。政府提供的群众文化服务的方式主要包括以下几方面。

政府直接供给群众文化产品和服务。如政府直接主办的大型群众文化活动、公益性演出活动、文化下乡活动、四进社区活动等，主要是一些政治性、宣传教育性的大型群众文化活动，一些在全省、全市大范围开展的群众文化活动，一些带有导向性的群众文化活动。

政府通过设置群众文化事业机构向公民提供群众文化服务。在我国，政府设置的文化馆（站）在多元化供给主体中发挥着骨干带头作用，成为向公民提供群众文化产品和服务最主要的实现形式。目前,我国已经建设起省、市、县、乡、村五级群众文化服务机构网络，基本实现群众文化服务的全覆盖。

政府通过政策鼓励扶植社会力量资助和兴办公共文化服务机构，以此向公民提供公共文化服务。国家通过制定各种优惠政策、搭建平台，引导和鼓

励社会力量捐助群众文化活动项目；引导和鼓励社会兴办文化馆、文化站、文化室等群众文化机构或场所；引导和鼓励机关、企业、学校的文化设施向社会开放，为群众提供群众文化活动的场所；政府通过公共文化服务的中介组织向公民提供公共文化服务。

政府通过购买社会资源，向公民提供公共文化服务。采用政府购买、补贴等方式，向基层、低收入和特殊群体提供免费文化服务。许多地方建立了公益性文化项目政府采购制度，实现群众文化服务项目（如文化下乡）的市场化运作模式。

政府鼓励公民参与群众文化服务。包括组织文化志愿者队伍参加群众文化机构和群众文化活动的服务，组织群众业余文艺团队向公众提供群众文化服务，组织文化户向公众提供群众文化服务，等等。

（二）群众文化服务的主要特点

服务性是群众文化重要的工作性质，也是群众文化理念的重要体现。群众文化以所有社会成员为服务对象，为广大人民群众提供基本而有保障的群众文化服务。群众文化服务的主要特点：普及型服务、提高型服务、保障型服务和个性化服务。

普及型服务，即面向广大群众开展的文化艺术普及活动。群众文化服务的一个鲜明特征是普及。普及，是面对社会所有成员的，是具有普惠性质的、人人都可以享受的；普及，还说明群众文化服务是一种文化艺术的普及活动，其目的是提高全民的文化素质和艺术素养。普及型服务涵盖了群众文化的所有领域，包括群众文化艺术的辅导培训。普及不等于低水平或低质量，群众文化服务应提供高水平、高质量的艺术鉴赏活动、群众文化活动和文化艺术辅导培训。

提高型服务，即面向业余文艺骨干和业余文艺团队开展的指导、培训和辅导活动。提高型服务具有普惠的性质。首先，它是面向全体社会成员的，即所有社会成员都可以成为业余文艺骨干，都可以参加业余文艺团队，也就是都有接受提高型服务的权益。其次，群众文艺骨干、文艺团队对群众文化起着凝聚、鼓舞、示范作用，提高他们的水平，是为了发挥他们的作用，提高全社会成员的文化素质和艺术素养，推动群众文化的繁荣和发展，从而惠及全民。

保障型服务，即面向社会弱势群体提供的公益性文化活动和培训等。在以人为本的和谐社会建设中，政府和社会对弱势群体始终给予特别的关怀。群众文化作为国家公益性文化事业，要把对残疾人、外来务工人员、特殊困难群体、老年人、未成年人、边远山区农民的文化服务，常态化地纳入群众文化服务中，给予特殊的关怀，保障他们的权益。即使是一些不属于基本文化服务的项目，在对社会一般成员实行有偿服务的情况下，也应对弱势群体实行免费或优惠服务。

群众文化的个性化服务包括两个方面的含义。其一，是基本文化服务的个性化。针对个体的不同需求、不同爱好、不同基础开展服务，满足不同个体的基本文化需求。其二，群众文化服务也包括非基本文化服务，即为群众的特殊文化需求提供的个别化、对象化、深度增值性质的文化活动和培训，其服务对象是特定的，不具有普惠性质，不属于应当由政府予以保障的群众基本文化权益。如个体性技能培训（钢琴等器乐演奏培训、非普及性的舞蹈培训、考级性质的培训、非物质文化遗产技艺培训等）、专业性技能培训（音响师、灯光师等专业技能培训）等。这些服务属于文化市场的服务范围，不能成为群众文化服务主要内容，文化馆（站）在提供这些服务时，可以实行有偿服务和优惠服务。

第三节　群众文化形态

一、群众基本文化权益和群众文化的群众性

（一）群众性是群众文化在其主体方面所固有的显著特征

群众性是群众文化的重要特征，是党的群众观点和群众路线在文化中的重要体现。群众文化是面向社会大众的文化，是群众广泛参与实践的文化，

是社会主义文化建设的基础。

群众性表明群众文化是人民群众应当拥有和享受的精神文化，是人民群众的基本文化权益。这种权益不是带有强制政令性的义务，也没有市场利益的驱动，而是群众自我参与、自主选择的权利。人民群众的基本文化权益，是指人民群众享有充分发挥文化才能的机会、条件和享受文化生活的权益。人民群众不仅享受日益丰富多彩的文化艺术生活的权益，还享有不断提高自身文化艺术素质、直接参与各种形式的旨在表现自我价值的文化艺术活动的权利。群众文化建设的目标就是要保障人民群众的基本文化权益，使人民群众在良好的社会环境和丰富的文化实践中实现身心健康与综合素质的全面提高，促进社会和谐、文明与进步。

群众性表明群众在群众文化中占有主导地位。群众是群众文化的主体，人民群众不仅是群众文化的享有者，更是群众文化的创造者。在推进群众文化事业和建设的过程中，人民群众是生力军。创造主体、享有主体和表现主体，是人民群众文化主体的具体表现，这是保证中国特色社会主义群众文化建设始终沿着正确轨道发展的根本前提。还应该注意到，群众在从事自己的文化创造的过程中尚存在"不自觉"的一面，只有承认这样的一个客观存在，并努力促成其向群众文化的"自觉创造主体"转变，才能有针对性、有步骤地将人民群众的文化创造活动牵引到自觉自为的境界。要做好人民群众在文化享有上的"由粗放向精致境界转变"的工作，确保群众文化主体所享有的文化产品不断获得审美价值的提升。如果群众仅仅将自己创造的文化停滞在原始、毛坯状态，不习惯或不乐于将自己所创造的文化由粗放向精雅的文化境界转变，或是仅仅满足于自己所创造的这样一些原始的、散漫的文化资料，那么即便这种文化创造具有的潜质再优秀，也不会产生巨大的文化感染力。

群众性还表现为群众在群众文化活动中具有自我性和自主性。自我性是指群众文化是人民群众自我进行的业余文化活动，其目的是满足自身的精神文化需求。具有中国特色的社会主义群众文化，为人民群众提供了充分发挥文化才能的机会和条件，使人民群众不仅能享受丰富高雅的文化生活，还能在参与群众文化活动的过程中充分表现自我，发挥自我的创造才能，用群众文化的手段去表现人民群众自己。自主性，主要体现在人民群众对群众文化内容与形式的选择、群众文化管理的参与和群众文化服务的评判上。人民群众有选择群众文化服务内容和形式的权利，有参与群众文化事业机构管理的权利，有对群众文化服务评价的权利。

（二）群众性的社会要求

群众性表现在群众对于群众文化和群众文化服务的客观要求上。

群众性要求社会的群众文化供给、服务对象是全体人民群众。这些供给与服务应是公益性的，即免费或优惠的，符合均等性和便利性的原则，不应因社会阶层、民族、地域和人们的职业、年龄等方面的不同而产生差异。

群众性要求政府努力满足群众的基本文化需求，包括根据群众文化的需求提供群众文化服务，改变群众文化服务供给的主观倾向，努力解决群众文化的产品供给脱离群众文化需求，服务方式和服务手段陈旧单一的问题。满足群众基本文化需求包括"面"和"质"两个方面：在"面"上，要实行群众文化服务的全覆盖；在"质"上，要提供高质量的群众文化设施，高素质的群众文化工作者和高标准的服务。

群众性要求社会的一切群众文化活动必须符合群众的意愿。尊重群众意愿，首先是尊重作为整体的社会性的群众意愿，即与社会发展和全体人民群众利益相一致的意愿。其次是对于个体的正当的意愿，应提供丰富多彩的服务项目，建立群众对群众文化形式和内容的选择机制。最后是对于个体不符合社会要求的意愿，应加以引导，改变其不符合社会要求的价值观念。

群众性要求不断地提高群众的文化实践能力和占有水平。通过群众文化服务提高人们的文化素质和艺术素养，激发他们的创造精神和提高他们的创造能力。这与群众文化培育"四有"新人的目标是一致的。

群众性要求建立群众文化服务机构运营的公众参与制度，形成政府、社会、服务群体共同参与的群众文化服务的监督管理体系。

群众性要求建立群众文化服务的公众评价机制。把群众满意、群众赞成、群众高兴作为衡量群众文化工作的标准。

二、群众文化生活的直接目的与群众文化的自娱性

（一）自娱性是群众文化的外在特征

娱乐是群众参与群众文化活动的最直接的目的。以文学艺术为主要内容的群众文化的一个外在特点，就是娱乐性。人们在求乐心理的驱使下，怀着满足自身娱乐需求的期望，通过群众文化活动获得心理和生理上的满足，群众文化的主客体以娱乐为中介构成紧密的联结。

群众文化活动从某种意义上说是一种群体的娱乐活动，它的艺术要求不高，老少皆宜，可同时参与的人数较多。兴趣爱好相同的人们往往在一起活动，他们主动参与，而不是被动地接收信息，这样的群众文化活动能给人带来真正的快乐。

群众文化的自娱性与群众文化精神文明建设的功能是不矛盾的，在加强社会主义精神文明建设的情况下，活跃人民群众健康向上的娱乐生活，使人民群众在娱乐中受到启迪和教育，发挥群众文化提高全民文明素质、促进和谐社会建设的重要作用。

（二）"寓教于乐"是群众文化教化功能的实现形式

群众文化具有教化功能，而教化功能的实现是以自娱性为前提的，"寓教于乐"是群众文化的特点，也是它的优势。群众参与群众文化活动有娱乐和求知两方面的动机，但是，大多数的群众参加群众文化活动是以娱乐为目的的，自我教育的作用是在活动过程中潜移默化实现的。

群众文化活动中"娱乐"与"教化"有密切的内在联系："乐"是群众文化活动的表现形式，是人们的期望所在；"教"是群众文化活动的思想内容，是潜在的效力。寓教于乐，"乐"和"教"是和谐统一的。

寓教于乐的形式是多样的，要力求形式和内容的统一，不断提高群众文化活动的思想内涵和群众文化活动、作品的档次和水平，增强活动和作品的渗透力和吸引力。

三、群众文化需求的引导与群众文化的倾向性

（一）群众文化的倾向性

群众文化的倾向性是指反映在群众文化中的阶级立场、政治思想和审美意识所表现的方向，是从思想内容上反映群众文化本质的一个内在特征，是群众文化的灵魂所在。

群众文化的倾向性具有必然性和多样性。任何群众文化都有倾向性，这是一种必然现象。群众文化倾向性的必然性是由两个因素形成的，一是文化产品创造者和文化活动组织者的倾向性，从事创造群众文化生活领域的一切文化产品的作家、艺术家，从观察生活、选择题材到形成作品，都表现了他们对现实生活的评价，反映一定的政治、思想和审美意识的倾向性。任何群众文化的组织者，也总是在其所组织的文化活动中体现他的思想倾向性。二是群众文化主体的倾向性，群体中的一切个体，也都有一定的阶级立场、政治思想和审美意识。这种个人价值观所规定的倾向性，表现在他选择什么样的群众文化活动客体，决定他在群众文化活动中流露什么样的思想内容。倾向性的多样性表现在群众文化活动中的主体和客体，由于思想、立场、世界观的不同和审美观、文化艺术素质的区别，以及社会阅历、处事经验等的差异，其倾向性呈现丰富而复杂的具体表现。在一定的社会生活中，符合社会历史发展趋势的某种倾向的总和，构成了这一历史阶段的时代精神。这种占主导地位的倾向性，总是同违背和阻挠社会发展、有悖于社会价值观的倾向做斗争。

群众文化的倾向性是由群众文化需求的倾向性决定的。群众文化需求都具有一定的倾向性，当群众文化的主体对客观需求处于自在状态时，其对于群众文化的需求也呈现丰富而复杂的具体表现，有正确的、积极的、进步的和理性的需求，也有错误的、消极的、落后的甚至盲目的需求。

群众文化的倾向性包括：群众文化的阶级性倾向、群众文化的人民性倾向、群众文化的民族性倾向、群众文化的时代性倾向等。群众文化的阶级性倾向，表现在大量渗透在群众文化产品和群众文化活动中的阶级思想。以我

国目前来说，群众文化的阶级性色彩已经不突出了。群众文化的人民性倾向，是指它反映社会生活所达到的与人民群众的思想、感情、愿望和利益相一致的态度，也是人民群众的生活在群众文化上的反映。群众文化的民族性倾向，是指群众文化在民族的历史与现实中形成的独特性模式，呈现民族的社会生活和民族的文化传统、审美意识、风俗习惯等民族个性内容所达到的程度。群众文化的时代性倾向，是指在不同社会经济发展的阶段，不同的时代特征在群众文化的形式和内容上的不同体现。

（二）群众文化的可诱导性

群众文化的客观需要向主观心理要求转化：在进程中，文化环境有较强的吸引力，能够改变需求的倾向，称为需求的可诱导性。需求的盲目性越大，可诱导性越强。群众文化工作者的一切工作既要以满足群众文化需求为前提，又要对其需求进行积极诱导。

人的文化需求既是多种多样的，又是不断变化伸展的，群众文化的倾向性也不可能是一成不变的，因此诱导也是群众文化工作中常常使用的方法。比如，一个人从想唱歌到学唱歌，从学会唱歌到想登台演唱、想参赛获奖，都是其文化需求的延伸，这里面有无数次群众文化工作中的诱导和环境的诱导，诱导他对音乐的兴趣，对困难的克服，对进步的渴望。群众文化良好的环境也是这个人成才的重要因素，帮他融入良好的教学环境和成才环境，对他的成长是大有益处的。群众文化的可诱导性使得许多原本封闭的心灵敞开心窗，融入群众文化的团队中；群众文化的博大和丰富使很多人的文化需求从客观需要发展到主观要求，不断向更高层次变化。我们群众文化工作者，要善于使用可诱导性这一法宝，对群众的文化需求予以积极诱导，让更多的群众参与到丰富多彩的群众文化中来。

四、群众文化的创新与群众文化的传承性

（一）传承性是群众文化独特的发展方式

群众文化的传承性是指群众文化通过不断传承而形成群众文化传统，并

在此基础上发展和创造出新的群众文化的内容与形式，使群众文化形成不间断的、连续存在的特性。

群众文化的传承性是一个历史的联系和循环的过程，是群众文化发展的一种永恒的方式。任何时代的人们都必须从前辈那里接过群众文化的一些内容和形式，注入现实的生活内容，创造新的形式，树立一个发展阶段的里程碑。这一新的发展阶段又传给了下一代，成为下辈人民群众文化发展的必要基础。

"传承"的概念，有别于"继承"。继承是指继续和接续，是承受前人遗留之物或做前人未完之事，是一种继承者的自觉行为。而传承则包含继承和下传，是指承上启下、承前启后的历史关系，它包含创造的成分，是下传的必要条件，是一种"承"与"传"的动态过程。这种传承关系体现了继承与创造的辩证统一：一方面，"传"与"承"前人积累的文化成果即文化遗产；另一方面，又批判地分析和创造性地革新了这些群众文化遗产。

传承性中的创造性在群众文化的传承过程中具有关键的作用，群众文化就是在不断地创新过程中得到继承和发展的。群众文化的创造性能够突破群众文化传承过程中的许多制约因素，使传统的群众文化在新的发展环境中生存和发展。

就传承的外在方式和客观条件而言，传承经历了口眼传承阶段、文字载体传承阶段，目前已经进入文字和多媒体相结合、远距离传播、数字化高密度和高容量储存阶段。这一新的传承方式扩展了群众文化传承的视野，加速了群众文化的传承进程，如何利用现代化的传承方式为群众文化服务，成为群众文化创新的课题。

（二）优秀传统文化的传承与创新

我国优秀传统文化（包括群众文化）凝聚着中华民族自强不息的精神追求和历久弥新的精神财富，是发展社会主义先进文化的深厚基础，是建设中华民族共有精神家园的重要支撑。

群众文化是我国优秀传统文化传承体系的重要组成部分，民族传统节日文化、少数民族特色文化、非物质文化遗产等都是群众文化的重要内容。群众文化要深入挖掘民族传统节日文化内涵，继承与发展，形成现代的节日群众文化；保护和发展少数民族特色文化，形成群众文化品牌；做好非物质文化遗产的保护和传承工作，使其成为群众文化活动的一项重要的内容和形式；广泛开展优秀传统文化教育普及活动，使其成为群众文化活动与辅导的重要内容。群众文化事业机构应当成为优秀传统文化研究和教育的基地。

我们要继承的群众文化优秀遗产，是具有普遍意义的事物，而同时又是具有历史意义、现实意义的事物辩证交融的结合体。优秀的群众文化遗产虽然是经过社会意识筛选的创造性成果，但是，它总是不同程度地表现了一定历史时期的社会生活，符合一定时期人民群众的审美需求，而全盘继承过来用于当今群众文化则不一定完全符合现实。如果不能根据时代的变化和人们的现实需求对群众文化遗产进行必要的选择和创新，也就不能有效地继承和发扬群众文化遗产的优秀成果。即使是传统的群众文化产品完整地进入现在的群众文化生活；即使其原来所赋予的意义与现在的社会生活相距甚远，现在的人们也会以新的社会意识去理解、解释它，给予它新的定义或含义。这也是潜在的群众文化传承中创造性的体现。

群众文化对传统文化的传承，要取其精华、去其糟粕，古为今用、推陈出新，坚持保护、利用与普及、弘扬并重，加强对优秀传统文化思想价值的挖掘和阐发，维护民族文化基本元素，使优秀传统文化成为新时代鼓舞人民前进的精神力量。

第四节　当前我国群众文化建设现状分析

一、群众的文化需求和群众文化的精神调节作用

群众文化的精神调节作用是指群众文化在调控参与者的意识、思维活动和一般心理状态方面所产生的效能。主要表现在娱乐休息效能、宣泄情感效能和审美效能三个方面。

（一）娱乐休息效能

人们通过参与群众文化活动，能在娱乐中得到一种积极性的休息，为劳动力再生产提供了必要条件，这就是群众文化的娱乐休息效能。

娱乐休息是群众最低层次的文化需求，是劳动力再生产的准备，娱乐休息贯穿人类生活的全过程。我们国家城市里规定每天工作不超过 8 小时，每年有一百多个节假日，在农村也有大量的农闲时间，因此休息是人民生活的重要组成部分。群众文化娱乐活动是人们喜爱的休息方式，人们在娱乐活动过程中寻求到一种与工作时完全不同的气氛，一种能够使自己暂时忘却日常生活中的自我那样一种境界，即在活动中不由自主地放松精神，在获得心理上的快感和享受的同时，参与者的身体也得到调节、休息和平衡。在当前社会中，人们工作生活的节奏加快，处于紧张工作中的工作者对于文化娱乐的需求十分迫切，随着人口老龄化，空巢家庭现象的存在，老年人参加娱乐活动的需求也越来越高。

（二）宣泄情感效能

人类的情感需要宣泄，情感的宣泄是人类自我调节的文化需求。群众文化为情感的宣泄提供了表现方式和途径，是宣泄情感的渠道。

人们在客观生活中会遇到各种复杂的事物，产生各种情感，有喜悦、爱慕、满意的情感，也有不满、愤怒、悲伤、悔恨的情感。人们可以通过意志力控制自己的情感，但控制是有一定限度的，需要通过一定的方式来宣泄、释放，以稳定情绪。

群众文化为参与者提供尽情表现自己的舞台，为参与者发挥才能、沟通社会关系、表现自身价值提供多种机会和条件，为参与者的情感宣泄提供了渠道。群众文化还能激起参与者的兴趣或使其消极的心理态势转变为积极的心理需要。自拉自唱、狂舞高歌、与参与群体一起尽情享受文化活动的乐趣，使参与者排遣了郁闷，消除了忧愁，平息了愤怒，得到精神上的调节。

群众文化活动是一种社会群体的活动，参与者的情感宣泄是在一种社会监督之下进行的，参与者受到一定的制约，其情感宣泄与道德感、理智感、美感、乐感交织在一起，使之与社会的关系通融和谐，情感得到调控而趋于平衡。这是群众文化感情宣泄作用的特点和优点。

（三）审美效能

群众文化审美效能是通过人们对自然事物或艺术品美的感受和领悟，激发人们认识美、热爱美、追求美、创造美的生活情趣和理想，给予人们情绪上的舒缓、感觉上的快适及精神上的愉悦和满足。

美的享受需要是出于人类本性的一种特殊需要。人们参与群众文化活动的过程，也是一个审美的过程，更是充分地愉悦和满足自己心理的过程。审美效能表现在文化活动的全过程中。人们对事物美的领悟往往是在群众文化的参与中产生的，爱美、追求美、享受美、创造美是人的本性，因此群众文化也就成了满足这种需要最简便的方式。人们为了满足这种需要，往往通过自我参与把理想、愿望、意志、智慧、才能、力量等，物化到有一定内容和形式的文化活动中，并通过语言、动作、线条、色彩、音韵、旋律等群众文化构成要素的组合运用，得到美的领悟和自我享受。群众文化的审美效能即由此而生。

群众文化既能满足群众美的享受需要，又是大众审美的文化表达。广大人民群众在改造物质世界的过程中创造美，在提升和丰富思想精神世界的过程中观察美。群众的文化活动是美的重要载体，是集体审美的自觉呈现。群众文化丰富和延续着代代相传的民族文化审美意识，创造着生生不息的文化发展力量。

二、精神文明建设和群众文化的宣传教化作用

（一）群众文化是精神文明建设的重要阵地

群众文化对社会主义精神文明建设的积极作用，是由群众文化与精神文明建设的内在关系决定的。群众文化是精神文明建设的重要阵地，群众文化通过其传播方式，在感化育人方面发挥着特殊的宣传教化作用；精神文明建

设是发展先进群众文化的重要内容和中心环节，它为群众文化灌注生气，是体现群众文化价值的依据和内容。二者相互渗透、相互依托、相互促进，推动着群众文化的发展。

群众文化活动是信息传播的媒体和载体，也是精神文明传播的媒体和载体，为建设社会主义精神文明提供了有效的宣传教化途径。群众文化内容十分广泛，精神文明建设是群众文化的重要内容和中心环节。中国特色社会主义共同理想，以爱国主义为核心的民族精神和以改革创新为核心的时代精神，社会主义核心价值体系，等等，既是精神文明建设的重要内容，也是群众文化的重要内容。群众文化把这些精神信仰层面的内容融入形式多样的群众文化活动和群众文艺作品中，使其具备了通俗性和趣味性的特点，有强烈的吸引力。这些反映社会主义理想观、价值观的群众文化活动和群众文艺作品，让群众看到、听到、学到，潜移默化，做到入耳、入心、入脑，在感化育人方面发挥着特殊的宣传教化作用，让人民群众在娱乐和享受中受到教育和启发。群众文化要紧密结合时代，从满足人民群众的文化需求出发，借其内在品质及独特形式和作用，教育人、鼓舞人、激励人、团结人，推动精神文明建设。

群众文化的宣传教化功能与满足人民群众的需求是统一的。如果只强调文化的宣传教化功能，只考虑希望群众接受什么教育，以致忽略群众的文化需求，也是不正确的。同样，如果只讲满足群众需求，忽视发挥文化引领社会、教育人民、丰富人民的精神世界、增强人民的精神力量的功能，那我们又会失去前进的方向，这是社会主义文化的宗旨所不允许的。

（二）群众文化宣传教化作用的实现途径

群众文化的宣传教化作用通过三个效能来表示：传播效能、陶冶性情效能和规范行为效能。

传播效能。群众文化是信息传播的媒体和载体。群众文化能在参与者之间传播信息、思想和观念，使参与者形成和谐的思想和理念，有着"随风潜入夜，润物细无声"的效果。在当今的信息时代，群众文化也成了精神文明传播的媒体，群众文化活动通过编写、创新节目，把本地区的经济发展、社会和谐及好人好事、新人新事，通过文艺表演传达给他人，通过各种文化交流，把本地区的文化风貌传达给其他地区，群众通过网络，把自己参加文化活动的喜悦，连同照片、文字传递给他人。而这些信息的传播者和接受者，都通过文化传播得到快乐和享受、教育和启发，在潜移默化中培养了社会主义核心价值观。

文化传播，是指人与人、人与社会、社会与社会间文化信息的交流与互动。在这个过程中，存在着文化的分享、增值、调适与控制等，其中分享与控制是两个关键要素。文化传播中的分享是指文化传播者有意识地将自己的文化传播给受众；文化传播中的控制是指文化传播者对自己的文化进行筛选，保留其对国家、对社会、对群众有利的信息，去除对国家、对社会、对群众无益的信息，以维系社会的安定，保障人民群众的精神文化生活的健康。

陶冶性情效能。群众文化通过作品及活动对参与者的性格、思想、情操、修养产生积极影响。群众文化陶冶性情效能的特点是"寓教于乐""自我教育"。群众文化把娱乐与精神文明建设的要求紧密地结合起来：用饱含爱国主义、集体主义、社会主义思想内涵的先进文化，引导人民群众自娱和娱人、自育和育人；用时代的、新颖的、进步的、人民群众喜闻乐见的先进文化活动形式，吸引人民群众广泛参与。在群众文化活动中，广大人民群众的心智得到启迪，情操得到陶冶，精神得到振奋，思想道德、文化素质得到提高。

规范行为效能。人们对群众文化的参与，使人们的品德行为自觉与不自觉地接受社会准则的约束。当参与群众文化活动时，即由个人爱好变成了集体行为，人们对这个集体内含的文化精神、道德伦理、价值观念要形成共识和认同。要有集体意识，就要自觉地规范自己的行为。群众文化的规范作用是在不自觉的状态中发生的，并在自觉的状态下得到强化的。人们在参与群众文化活动时，对其内含的文化精神、道德伦理、价值观念等也就不自觉、无意识地接受了。群众文化通过传播社会主义精神文明，引导并影响人们的思想、道德、行为，自觉地规范自己的行为。在群众文化中，要注重打造别具特色的品德文化、能力文化、行为文化和情感文化，通过群众文化活动，学雷锋、树新风，开展普法教育、廉政勤政教育、职业道德教育，使文化的力量内化于心、外化于行，规范群众的行为作风，凝聚群众的精神，陶冶群众的情操。

三、学习型社会和群众文化的普及知识作用

群众文化具有普及知识的作用。它在内容上具有综合性，社会科学、自然科学等各种知识包容其间；它在活动对象上具有广泛性，不同层次的人们都可以从中学习知识、发挥才智、获得教益。

在学习型社会中，人们学习和受教育的途径很多，现代传媒的发展，使人们随时随地都可以学习。其中，群众文化仍然是人们获取知识经验的重要途径，是终身教育的一个重要方面。群众文化普及知识的作用具有自己的特点和优势。

首先，群众文化具有传授知识、交流经验的效能。群众文化是一种特殊的知识经验承载体，蕴含着一代代人积累的知识、经验、技能。云南的纳西古乐，被誉为"音乐的活化石"，它就是纳西族群众一代代传承下来的，一代代人通过学习、继承、发展和提高，把它推向一个个新的高峰。群众文化活动为知识的普及提供了机会和途径，人们通过群众文化活动互相交往、相互学习，不断地充实、丰富自己。

其次，群众文化具有社会教育效能。群众文化的社会教育效能具有广泛、业余、灵活、方便、通俗的特点，对当前我国社会大众的文化启蒙、文化素质的提高有着极为重要的作用。有人把群众文化比作"没有院墙的学校"，参与群众文化活动和培训没有条件的限制，涵盖的科目多，学习与娱乐结合在一起，学习方式灵活，为那些没有机会进校园，没有实力参加社会教育，或者只有文艺爱好而没有基础的人们，开辟了继续学习的渠道，为人们所喜爱。群众文化拓宽了教育途径，扩大了教育内容，降低了教育成本，深化了教育的影响力，成为我国社会教育的有效途径之一。

最后，群众文化普及知识的特点是"乐中求知"，群众文化普及知识的作用是通过各种引起人们兴趣的群众文化活动的方式实现的。各种群众文化

活动都蕴含着丰富的知识和哲理：演出、展览等艺术鉴赏活动能增强人们的观察能力和艺术欣赏水平；棋类、猜谜等娱乐活动可以启迪智慧，提高逻辑思维能力；艺术比赛活动能提高艺术境界，发挥艺术创造力；参加业余艺术团队可以在与群体的交流中提高自己的艺术表现能力；艺术培训则为人们提供了学习各种艺术技能的机会；各地举办的"法律在我身边""科技创造未来""非物质文化遗产保护知识比赛"科普广场活动更是把知识与娱乐紧密结合在一起。群众文化活动起到了激励参与者学习知识、开发智力、启迪智慧、增强智能的作用。

四、和谐社会建设与群众文化的团结凝聚作用

群众文化以其特有的团结凝聚作用在和谐社会建设中发挥着重要的作用。它通过人们对群众文化活动的参与，起到交流思想、沟通感情、加深理解、加强团结、促进社会和谐的作用。这种作用主要表现为群众文化的沟通效能、吸引效能和激励效能。

群众文化是连接人们内心的桥梁。群众文化活动为人们互相认识、结交朋友提供了桥梁，人们通过群众文化活动走到一起，从相识到相知，从相知到沟通，以至产生情感的交流与融合，成为朋友。我国的传统节日如春节、元宵节、清明节、中秋节，以及各地群众性民俗文化活动，充分体现了人与人之间的和谐相处，饱含着人民群众千百年来对美好生活的期待和向往，同时也体现了群众文化的和谐特征。比如，蒙古族的"那达慕"，对于草原上分散放牧、平时很难见面的牧民来说，"那达慕"就是一个欢聚的节日，亲朋好友欢聚在一起，赛马、摔跤、跳舞、唱歌、看演出，增进友谊，增强了解，加深感情，构建和谐的人际关系。人们在群众文化活动中的沟通，是通过语言沟通或非语言沟通的方式进行的，集体舞蹈、民间花会等需要人们的动作和谐，成为一个整体，动作和谐也是一种间接的交流与沟通。

群众文化符合人们审美、娱乐的心理特点，有特殊的感染力、亲和力和凝聚力，吸引人们的注意力，促使人们积极参与，黏合各种裂痕，以促进社会人际关系的和谐发展。各种艺术门类的群众业余文艺团体，吸引有共同兴

趣和艺术爱好的人们聚合在一起,结成一个群体,一起排练、一起演出、一起参加竞赛、一起享受成功的快乐或分担失败的沮丧,强烈的集体意识能消除人们之间的隔阂与误解,促进人际关系的和谐。

通过具有审美意义的群众文化活动内容和形式的刺激,激发人们认识和谐、热爱和谐、追求和谐、创造和谐、享受和谐的生活情趣和理想。这是当代中国赋予群众文化社会职能的新内涵。群众文化不仅引导群众开展音乐、舞蹈、美术、书法、摄影、曲艺、戏剧、文学等艺术活动,不断增强群众对美的感知、理解、鉴赏和创造能力,还引导群众开展生活礼仪、茶艺、插花、花卉种植、服装设计、生活装饰用品设计等与生活紧密相关的讲座、培训、竞赛活动,将审美的范围扩展到日常生活中,将群众在艺术活动中积累的审美经验,延伸到日常生活中,让艺术生活化,生活艺术化,最终培养社会主体热爱生活、健康向上、情操高尚、人格健全的内在素养,促进社会的和谐。群众文化还把和谐社会建设作为群众文化活动的主题,直接参与和谐社会建设,如一些地区开展的"社区一家亲""家庭才艺大赛""欢乐在农村"等主题活动。

第二章　群众文化的发展环境

第一节　自然环境

一、自然环境对群众文化的影响

自然环境（也称"地理环境"）是指人类赖以生存的地理和生物方面的情况。一般由天然地势、地貌、资源、气候等因素构成，它被人们所改造利用，又为人类提供文化生活的物质基础。群众文化生存在一定的自然环境里，必然受到其影响。

自然环境对群众文化的影响体现在三个方面。

首先，自然环境是群众文化形式和内容的存在基础。自然是人类之本、人类之根，是人类的起点与归宿。人的发展、社会的发展必须与自然相和谐。人类的一切活动都是在一定的自然环境中进行的，人类文化的特征和差异，追根溯源在于自然环境的不同。群众文化是人类创造的一种文化现象，因此也必然产生于一定的自然环境内，不可避免地受到自然环境的影响。自然环境的不同，造就了不同的民俗、民风，造就了不同的生活、生产方式，无疑也造就不同的群众文化。

其次，自然环境对群众文化的影响是间接的。自然环境直接影响人们的生产方式和生活方式，包括生产操作方式、生产工具、居住方式、饮食等，而人们在一定自然环境中形成的生产和生活方式，又影响着人们对群众文化形式和内容的选择。

我们的祖国幅员辽阔、气象万千，东西南北跨度很大，而且地理条件、气候条件也很复杂。有山河湖海，有平原、高原，有草原、丘陵、沙漠，人们生活在不同的地方，靠山吃山、靠水吃水，祖祖辈辈在特定的地区生活，用他们的智慧和勤劳，在改造自然或与自然形成的和谐环境中，建设着自己的家园，创造着自己的群众文化。例如：在内蒙古辽阔草原生活的蒙古族群众的"那达慕"；在西双版纳热带雨林中生活的傣族群众的"泼水节"；在东北严寒地区生活的哈尔滨市民的"冰灯艺术节"；等等。都是在不同自然环境下形成的具有地方特色的群众文化形式和内容。俗语说："一方水土养一方人"，同样一方水土也孕育和传承着特定的群众文化形式和内容。

最后，自然环境影响着群众文化特色的形成和鲜明化。群众文化特色是指某地域群众文化独特的个性，是某地域人们的生产方式和生活方式等方面在文化生活上的外化。草原文化、山区文化、海岛文化、水乡文化特色的形成，往往是以其地理位置和自然环境为先天条件的。安塞的腰鼓，节奏明快、鼓点急骤、动作粗犷、充满力量，体现着黄土高原群众直爽、外露的性格和粗犷豪放的文化风格；"采茶舞""吴歌"等民间歌舞，优美、委婉，是江南风光、生产、生活，以及生活在这一环境下的妇女温柔细腻性格的反映。群众文化特色的形成又在一定程度上影响着自然环境的改变。各地域群众文化特色的鲜明化，吸引众多群众参加，促使人文与自然融合，从而也在一定程度上改变着自然环境。

二、自然环境与群众文化服务模式

自然环境影响着群众文化及特色，也影响着群众文化服务的方式、方法和内容。我国各地的自然环境不同，群众文化服务的模式也不完全一样。

建设县、乡镇、村三级群众文化服务网络，固定设施服务与流动服务相结合，是群众文化服务的普遍要求。但是，在不同地理环境下其重点和具体模式又有特殊性。在人口密集的大城市，以固定设施服务为重点，建设 10 分钟或 15 分钟文化圈；在平原地区村落密集的农村，以固定设施服务为主，辅以流动服务，建设 15 千米文化圈；在山区和牧区，居住分散，行政村与下面的自然村距离比较远，交通不便，建立流动文化服务圈，流动服务成为其主要形式。

群众文化的创新，也要从本地区的自然环境出发，探索适应本地区自然环境、适应本地区人民群众生产和生活方式的群众文化服务模式。

案例：鄂尔多斯市乌审旗的"文化独贵龙"

鄂尔多斯市乌审旗的地理环境属于荒漠草原，面积为 11 645 平方千米，人口只有 12.5 万，下辖 6 个苏木镇、59 个嘎查村。与新疆伊犁的山地草原，内蒙古的高原、草原不同，荒漠草原的牧草比较稀疏。虽然都属于一家一户的放牧，但这里的牧民采取定居的生产生活方式，由于每户牧民需要较大面积的草场，牧民居住非常分散，每户相距有 10 千米远。牧区也建有苏木镇文化站和嘎查村文化室，可是牧民居住地距苏木镇文化站或嘎查村文化室有几十甚至上百千米的路程，牧民很难经常参加文化站、文化室的群众文化活动。

在这种自然环境下，乌审旗产生了一种特有的群众文化服务模式，在嘎查村文化室下面还有一个以"文化独贵龙"为中心的文化服务圈。

"独贵龙"源自蒙古语，本义是圆圈或者环形，历史上则是蒙古族人民反帝反封建斗争的一种组织形式，类似于"小组"。现如今，"独贵龙"已经被赋予了新的内涵，成为传播先进文化的基层组织。"文化独贵龙"是以文化户、民间艺人、文化能人为主体，以带动牧民开展群众文化活动，提高牧民文化素质为主要任务的自我管理、自我教育、自我服务的民间组织。有演出文化独贵龙、马文化独贵龙、服饰文化独贵龙、科技传播文化独贵龙、马头琴文化独贵龙。以每支"文化独贵龙"为中心，形成了嘎查村下面一个小的群众文化服务圈。

乌审旗大力培育"文化独贵龙"，全旗培育了 53 支"文化独贵龙"、62 支"马头琴独贵龙"，政府给每支"文化独贵龙"每年 2 万元的活动经费，使其成为群众文化服务体系中的一个层级组织，在全旗形成了旗文化馆、苏木镇文化站、嘎查村文化室和"文化独贵龙"四级群众文化网络。

第二节 社会经济环境

一、社会经济发展环境对群众文化的影响

社会经济发展环境主要包括社会经济形态、社会经济发展水平和社会经济发展模式。社会经济发展为群众文化提供了人民群众的需求、动力和物质条件，决定着群众文化的发展水平、运行模式和社会地位。群众文化的发展又成为经济发展和社会进步的重要因素。

社会经济形态决定着群众文化的本质特征、基本方针和根本任务。中国特色社会主义决定了我国群众文化的社会主义本质特征。我国群众文化必须牢牢把握坚持中国特色社会主义文化发展道路、建设社会主义文化强国这一主线。坚持"为人民服务，为社会主义服务"这一基本方针，发挥人民在群众文化建设中的主体作用，群众文化发展为了人民，群众文化发展依靠人民，群众文化发展成果由人民共享，满足人民群众基本文化需求，促进人的全面发展，培育有理想、有道德、有文化、有纪律的社会主义公民。

社会经济形态影响着群众文化需求满足的方式和群众文化的运行模式。我国社会主义市场经济拓宽了人们满足需求的渠道，要求建立与社会主义市场经济相适应的群众文化运行模式。

社会经济发展水平决定着人民群众对群众文化需求的程度和群众文化满足这种需求的物质条件，在我国全面建设小康社会进程中，人民群众的生活水平不断提高，文化需求不断增长，群众文化的投入也不断增加，群众文化设施的物质条件有了极大改善。

社会经济的发展还影响着群众文化的地位，随着社会经济的发展，我国确立了发展先进文化，提升国家"软实力"的战略，发出了建设文化强国的号召。文化（包括群众文化）的地位由此提升到一个新的高度。我国社会经济的发展，推动着我国群众文化的大繁荣、大发展。

二、社会主义市场经济体制与群众文化运行机制

我国的群众文化是在计划经济体制下发展形成的，在社会主义市场经济发展进程中，群众文化的运行机制也经历了一个探索和发展的过程。一方面，市场经济的发展给群众文化事业注入了强大的活力，促进了群众文化的发展和繁荣；另一方面，群众文化机构简单采用市场服务方式，也带来了一些负面效应，即模糊了群众文化和群众文化机构公益性的性质。

社会主义市场经济条件下的群众文化，其本质特征、基本属性、基本方针、根本任务和基本服务方式并没有改变。但是，在社会主义市场经济体制下，群众文化需求的实现途径发生了转换，市场经济的发展促进了群众文化的市场化和社会化，影响了群众文化的管理体制和运行机制的改革与创新。主要表现在群众文化从群众文化机构内部的小循环转变为社会的大循环。要求群众文化要积极探索适应社会主义市场经济要求、保障社会公平正义的服务方式。例如，引入竞争机制，对重要群众文化产品、下乡演出等重大群众文化服务项目和公益性群众文化活动，实行政府采购、项目补贴、定向资助、贷款贴息等多种市场化、社会化的运行机制。积极引导社会力量以兴办群众文化实体、赞助群众文化活动、免费提供群众文化设施等多种形式参与群众文化服务。支持境内各类文化基金会和文化投资公司参与群众文化服务。支持民办群众文化机构、民营剧团和群众业余文艺团体参与群众文化服务，促进群众文化运行机制和服务方式的多元化、社会化。

三、全面建设小康社会与群众文化的发展

根据 1991 年国家统计与计划、财政、卫生、教育等 12 个部门研究确定的小康社会 16 个基本检测和监测值，目前我国人民生活水平基本上达到了小康水平。在这个基础上，党的十六大提出全面建设小康社会目标，并从经济、政治、文化、可持续发展四个方面界定了全面建设小康社会的具体内容，"经济更加发展、民主更加健全、科教更加进步、文化更加繁荣、社会更加和谐、

人民生活更加殷实"。全面建设小康社会是群众文化大发展、大繁荣的社会经济基础。它主要体现在三个方面。

首先，在全面建设小康社会的进程中，人民群众生活水平不断提高，文化需求不断增长，这是推动群众文化大繁荣、大发展的社会基础。表现在：人民群众的收入水平提高，需求的层次提高，收入中用于满足文化需求的比例增加；群众对文化生活质和量的要求同时迅速增长；群众对文化生活有了新追求；群众的审美趣味和审美心理发生了变化；群众文化需求呈现多元化与个性化；人民群众文化权益和文化公平意识不断增强。这些都对群众文化建设提出了更高的要求，成为推动群众文化大繁荣、大发展的需求和动力，直接影响着群众文化的发展。

其次，随着我国经济实力的不断增强，政府对文化的投入不断加大，群众文化的设施建设、活动经费、队伍建设得到有力的支撑，这为群众文化的大繁荣与大发展奠定了雄厚的物质基础。

最后，"文化事业全面繁荣，覆盖全社会的公共文化服务体系基本建立，努力实现基本公共文化服务均等化"，成为全面建设小康社会的具体内容和奋斗目标，也成为群众文化新的要求和目标。群众文化应以保障文化民生、促进文化公平为宗旨，直接为广大人民群众提供文化服务，努力实现全体公民在利用文化空间、享受文化成果等方面的均等化，保障人民群众的基本文化权益，成为社会主义先进文化建设的基石。

四、社会经济全面可持续发展与群众文化地位的变化

全面可持续发展，是我国社会经济发展的特点和发展战略。政治建设、经济建设、文化建设、社会建设、生态建设五位一体发展，是全面贯彻科学发展观，实现全面、协调、可持续发展的重要方面。

在全面建设小康社会的关键时期，文化上升为推动经济发展和社会进步的关键性因素，越来越成为民族凝聚力和创造力的重要源泉，越来越成为综合国力竞争的重要因素。在坚持以经济建设为中心的同时，要自觉把文化繁荣发展作为坚持发展是硬道理、发展是党执政兴国第一要务的重要内容，作

为深入贯彻落实科学发展观的一个基本要求，进一步推动文化建设与经济建设、政治建设、社会建设及生态文明建设协调发展。

在这一背景下，群众文化的地位发生了变化。群众文化在创造良好文化环境、满足人民精神需求、丰富人民精神世界、增强人民精神力量、促进社会和谐方面发挥着重要作用。群众文化既是文化建设的重要组成部分，又是社会建设的重要组成部分。群众文化建设被纳入经济社会发展的全局，从后台走到了前台，从配角变为主角，这使群众文化的地位更加突出和重要。

群众文化地位变化极大地推动着群众文化的发展。一方面，群众文化运行机制更加完善、流畅。群众文化、群众文化活动、群众文化机构、群众文化理论建设等在得到群众文化政策、资金、法律保障的基础上相辅相成、协同发展，使群众文化实现了前所未有的繁荣发展。另一方面，群众文化也面临许多新的形势、新的工作核心问题，原有的工作经验、原有的服务理念、原有的理论建树，已经不能完全满足新形势、新任务、新目标的需要，如何满足人民群众的文化需求，如何发挥群众文化的重要作用，如何建立群众文化的可持续发展机制，都需要新的探索和实践，都是摆在每个群众文化工作者面前的新课题。群众文化工作者要提升文化自信、增强文化自觉，紧跟形势，不断创新，把群众文化工作推进到一个新的高度。

第三节 文化环境

一、历史文化传统对群众文化的影响

群众文化的文化环境泛指影响和制约群众文化生成、发展的国内和国际的社会文化环境，包括历史文化传统、社会主流思想和道德观念、人们的文化素质、文化产业、外国文化的影响、国际文化交流、宗教、哲学等。文化环境的因素复杂多样，本节重点分析历史文化传统、人的素质、对外文化交流和文化产业对群众文化的影响。

历史文化传统是不同国家、不同民族在长期历史发展中形成的，是支配着整个国家、民族的一种习惯势力和精神力量，是一种集体潜意识，它支配着人们的思想和行为，影响着群众文化的生成和发展，成为群众文化生态的根基。历史文化传统对群众文化的影响表现在四个方面。

（一）文化传统通过诸因素的作用，使群众文化有深厚的社会根基

传统文化因素包括：制度、风俗、道德、思想、艺术、生活方式等，也就是通常所说的文化遗产，分为物质文化遗产和非物质文化遗产。它们和群众文化有着密不可分的关系：传统节日如春节、中秋节、端午节；传统的文化习俗活动，如春节放爆竹、贴春联、看社戏，端午节吃粽子、赛龙舟；传统的民间艺术，如跑旱船、踩高跷、走花会等；传统的思想道德观念，如"忠孝节义""重伦理""和为贵"等，都反映在群众文化的形式和内容之中。其中，传统文化节日是在长期传承和发展中形成的中华民族的特色习俗，各民族有各民族的传统节日，汉族的春节、傣族的泼水节、白族的三月节，彝族的火把节等。这些传统节日直到今天，依然是群众文化的重要载体。许多传统的群众文化活动还与宗教有着密切的关系，如伊斯兰教的开斋节、佛教的灯节、基督教的圣诞节等，也构成了群众文化的组成部分。这些历史传统文化流传上千年，已经成为本民族的传统、习惯和精神力量，渗透到各民族群众文化形式和内容之中，影响和制约着群众文化的生成和发展。

（二）文化传统成为影响和调节群众文化生产和发展的超稳态系统

由于文化传统具有相对的稳定性和独立性，历史发展了，时代变化了，传统文化也在发展、变化，其对群众文化的影响程度也不相同，但是文化传统的潜意识依然深深地渗透到社会生活的各个方面，影响着社会心理和人们的思维，使群众文化表现为一种内在自我制约的历史惯性运动。春节逛庙会是北京人的传统习俗，这一传统文化活动尽管一度销声匿迹，改革开放的春风一吹，就迅速恢复，并不断发展，逛庙会依然是北京参与人数最多的一项春节活动。

（三）文化传统的消极作用

中国文化传统历经数千年，漫长的历史、封闭的社会环境等独特的社会历史条件使中国传统文化具有更加鲜明的两重性。中国的文化传统有其积极的一面，比如，"天下为公""公而忘私，国而忘家""先天下之忧而忧，后天下之乐而乐""天下兴亡，匹夫有责"等千古传诵的名句名言。但也不可避免地存在着糟粕和消极因素，如"官本位""学而优则仕""劳心者治人，劳力者治于人""男尊女卑"等言论和思想，以及封建迷信等。消极的文化传统也渗透到群众文化的内容与形式之中，产生消极的影响，造成群众文化中落后文化与先进文化的冲突。因此，改造底蕴深厚的文化传统，也是群众文化需要正视的课题。

（四）建设优秀传统文化传承体系

由于群众文化与历史文化传统有着密不可分的关系，群众文化在建设优秀传统文化传承体系中有着重要的地位和作用。群众文化要抓好非物质文化遗产保护传承，使其成为群众文化活动的重要形式和内容，成为不同民族、不同地域特色群众文化的重要载体。群众文化还要深入挖掘民族传统节日文化内涵，阐发优秀传统文化思想价值，普及优秀传统文化教育，使优秀传统文化成为新时代鼓舞人民前进的精神力量。同时，也要全面认识祖国传统文化，取其精华、去其糟粕。

二、社会主义核心价值体系建设对群众文化的影响

（一）人的素质对群众文化的影响

群众文化作为人类的一种创造，与人的素质密切相关，人的素质是影响群众文化发展的动力因素。其中，起决定性影响作用的是人的文化素质和思想素质。

人的文化素质指导着人们对群众文化形式和内容的现实性选择。群众文化的形式和内容是人类知识经验的结晶，人们对群众文化形式和内容的选择

取决于人们的审美兴趣和审美心理，群众文化活动的参与需要一定的知识和艺术技能，而知识、审美、技能都取决于人的文化素质。

人的思想素质影响着社会对群众文化的评价，制约着群众文化的价值取向。思想素质是指人的理想、道德、纪律等方面的精神修养，思想素质健康向上的群体和个人，追求真、善、美，喜爱和参与内容健康向上的群众文化活动，这是当今社会的主流。而思想素质低俗、颓废甚至道德败坏的某些个人和群体，则追求低俗、腐朽的文化。

人的素质是可以提高的。群众文化不仅反映着人们的思想、文化素质，而且应当通过健康向上的活动、艺术辅导和培训推动人们思想、文化素质的进步；人们思想、文化素质的进步又为群众文化灌注生气，使其获得价值的依据和内容。二者相互渗透、相互依托、相互促进，推动着群众文化的发展和人们素质的稳步前进。

（二）社会主义核心价值体系建设与群众文化

社会主义核心价值体系是精神文明建设的思想基础，是社会主义文化、思想建设的核心。群众文化参与面广、深受群众喜爱，可以润物无声地提供是非、善恶、真伪、好坏的判断标准，潜移默化地影响人们的文化、思想素质，群众文化可以大张旗鼓地宣传优秀、鞭挞丑恶，是用社会主义核心价值体系引领社会思潮的有效途径。

群众文化必须把社会主义核心价值体系的精神贯彻到群众文化建设中，把以爱国主义为核心的民族精神和以改革创新为核心的时代精神，社会公德、职业道德、家庭美德、个人品德、中华传统美德教育融汇在丰富多彩的群众文化活动中，作为群众文化活动内容的主旋律，发挥社会主义核心价值体系对群众文化的引导作用，提高人民群众的文化鉴别能力和文化选择能力，消除群众文化中的负面消极因素，引导群众文化健康发展。

三、对外开放不断扩大，新形势下的群众文化

随着对外开放不断深入，我国与各国的政治、经济、文化交流不断扩大，

国际文化生态对民族文化的影响越来越明显。因此，保持群众文化与国际文化生态的平衡，推动中国群众文化走出去，就显得十分重要。

（一）外来文化对本土群众文化的影响

首先，外来文化对本土群众文化产生影响是历史的必然，是不以人的意志为转移的。外来文化对本土群众文化的影响表现在三个方面。

第一，对群众文化传统审美意识的影响。这种影响表现在人们的生活中，同时也波及群众文化。如中国人喜爱红色，认为它象征吉祥，传统的婚礼也以红色为基调。红色的中国结、大红灯笼、红绸舞，装点着传统的群众文化活动场面。西方人喜欢白色和蓝色，认为它们是纯洁、祥和的象征，随着外来文化的冲击，人们的审美观念发生变化，西式的婚礼以白色和蓝色为基调。群众文化活动中的服饰、娱乐活动场所的布置也常常采用冷色调。

第二，对群众文化形式的影响。在群众文化活动形式中，大量吸收了外来因素，钢琴、小提琴、电声乐器与古筝、二胡、琵琶一起进入了社区，外国的舞蹈和中国舞蹈共同展现在群众演出的舞台上，西方的情人节、圣诞节和中国的春节、端午节一同成为群众文化的载体。国外的艺术形式和文化活动形式都已经不可避免地融入我国的群众文化活动中。

第三，对群众文化内容的影响。群众文化的形式和内容是不可分割的，在采用外来艺术形式和活动形式的同时，其内容也进入了我国群众文化的活动内容。

其次，在与外来文化的交汇中发展和繁荣中国群众文化也是历史的必然。人们总是不断吸收外来文化养分来发展自己的文化，在中外交往日益增多的今天，中华文化要想在世界上成为强势文化，必须要从了解外来文化，到接纳外来文化，最终消化、吸收外来文化精髓"为我所用"。我国群众文化是在坚持继承和弘扬优秀民族文化传统，吸收和借鉴世界各国优秀文化成果，以及与外来文化的交汇整合中不断发展的，不同文化之间的碰撞、交流和交融，可以使我们的群众文化在自身发展过程中不断地汲取其他文化的先进因素，更好地促进自身的发展。"输入—吸收—整合—输出"是国际文化生态的循环规律。

（二）中国群众文化面向世界、走向世界

中国群众文化在中华文化面向世界、走向世界中担当着重要使命。中华文化之所以绵延数千年长盛不衰、历久弥新，其内涵在于兼容并蓄和博采众长，其力量在于文化自觉和文化自信。群众文化深深扎根于中华民族传统文化之中，群众文化中蕴含着许多原汁原味的文化形态，这些都是最受国外观众欢迎和喜爱的。拓展群众文化对外交流和传播渠道，就要充分利用各种资源，创新群众文化"走出去"的形式和手段，吸收借鉴世界各国优秀文化成果，提升我国群众文化的影响力和竞争力，积极推动中国群众文化面向世界、走向世界。

在经济全球化的背景下，各个国家间的竞争不仅表现在以经济、军事为基础的硬实力竞争，而且表现在以科技、文化为核心的软实力竞争。应当看到，我国文化在全球展现独有风采和魅力的时机已然成熟。我国与世界各国经济、政治联系日益密切，生产投资贸易遍布全球，为中华文化传播奠定了雄厚的物质基础，也提供了广阔的发展空间。进入 21 世纪以来，随着对外文化交流更加频繁，文化传播手段更加丰富，文化创新更加活跃，我国的群众文化队伍不断地走出国门，在异国大展风采。在与各国之间开展的中俄文化年、中法文化年、中意文化周等政府间的文化交流活动中，群众文化成为重要的内容。群众文化走出去，不仅传播了中华文化，也学习和吸收着世界文化的精华；在吸纳世界文化的同时，也极大地丰富了我国群众文化，扩大了群众对文化的需求面。

四、文化产业的发展与群众文化的发展

中国共产党第十五届五中全会第一次提出了"文化产业"的概念。在实践中，公益性文化事业与经营性文化产业协调发展，文化产业体系基本形成。文化产业与群众文化互为环境、交互作用、循环互补，共同影响着人们的文化生活。

（一）群众文化是文化产业衍生和发展的土壤

群众文化为文化艺术产品的生产提供了丰富的材料，为文化产业队伍提供了人才资源。许多文化产业直接把民族民间艺术和民族民间艺术团队引进产业园区，与旅游结合在一起，向旅游者展示我国各民族各地区的民间风情，如一些民族园；有些文化产业是把民族民间艺术加以提炼、加工，形成现代舞台艺术精品，经久不衰，如杨丽萍根据云南民族歌舞加工整理成的歌舞节目《云南映象》；有些文化产业本身就是非物质文化遗产的产业化，如各地的非物质文化遗产园。丰富的群众文化资源为文化产业的发展提供了丰富的材料。

群众文化培养了人们对文化艺术的兴趣，扩大了文化产品的市场。群众文化辅导培训和群众文化活动提高了人们的艺术素养，增强了人们的艺术欣赏能力，使人们掌握了一定的艺术技能，也为文化产业培育了消费市场。如马头琴是蒙古族群众喜爱的乐器，鄂尔多斯市乌审旗就有马头琴制造产业，乌审旗通过举办马头琴艺术节，牧民在欣赏马头琴演奏艺术的同时，产生了对马头琴艺术的爱好，乌审旗组织文化馆（站）在全旗开展马头琴免费培训，参加培训的群众在培训班结业式上进行技艺比赛，获胜者奖励一把马头琴。通过培训，全旗培养了 6 000 名群众马头琴手，50 余支马头琴业余文艺团队，既活跃了群众的文化生活，又为马头琴产业培育了市场。

（二）文化产业的发展促进了群众文化的繁荣

文化产业和文化市场的繁荣，满足了人民群众多样化、个性化的文化需求，使群众的审美鉴赏能力不断提高，刺激了文化需求的增长，推动了群众文化质量的提高。例如，石家庄市新华区兴办的文化夜市，把最能代表该区的地域文化、民俗文化和原生态文化艺术的于底舞龙、康庄跑驴、岳村秧歌、赵陵铺火流星、东三庄舞狮等非物质文化遗产项目引进广场夜市，为辖区内传统木偶、剪纸、糖画、捏面人、脸谱、刀画、彩线编织、风筝、烙画、布艺等各具特色的民间艺人提供空间，组织辖区内文化团体、民间艺术家、广场文化志愿者队伍，开展"经典电影""广场表演"等"文化套餐"进入夜市活动。文化夜市中注入群众文化元素，不仅满足了人民群众的需求，繁荣了文化市场，也提高了群众文化水平。文化产品的创新，特别是创意性文化产品的传播，刺激着群众文化新形式和新内容的生成。文化产业的注入，使得原有的群众文化变得丰富多彩。成都国际非物质文化遗产博览园的博物馆内有一个儿童非物质文化遗产体验中心——"魔幻城"，是一个文化与娱乐并存的空间。它以现代及未来科技中的建筑意象为载体，打造具有时尚风情的非物质文化遗产体验区，再现非物质文化遗产世界的锦绣繁华。儿童非物质文化遗产体验中心作为非物质文化遗产体验和教育的基地，融合科技展厅、卡通剧场等功能，实现非物质文化遗产立体式的参与和互动。如川剧脸谱，能让群众切切实实感受一把什么叫变脸，可以由群众拨动的琴弦也处处皆是。户外露天演出，国际非物质文化遗产时尚舞蹈和世界各地的狂欢节庆都将在这里轮番上演。大大丰富了非物质文化遗产的宣传与传播手段。

文化产业和专业文化工作者参与群众文化活动，发挥着指导、辅导与骨干作用。有许多文化产业直接参与群众文化活动，在各地的品牌性文化艺术节上，都有文化产业出资或冠名支持，专业与业余文艺工作者同台演出，已经是屡见不鲜的现象，专业文艺院团送文化下乡，进基层，到工地，已经成为常态，文化产业和专业文化工作者参与群众文化活动，为群众文化带来了新的生机。

第四节 科学技术环境

一、现代科学技术发展对群众文化的影响

科学技术是影响群众文化的一个重要因素，在信息时代，现代科学技术的发展，特别是现代传媒手段的发展和应用，对群众文化的创新和发展起到不可估量的作用。

科学技术的发展不断开拓群众文化的新领域。互联网成为文化与科技融合最广泛的使用载体，它在实体的群众文化，如实体的文化馆（站）、演出、

展览、培训之外，又开拓了一个虚拟的群众文化新领域——网上文化馆（站）、网上演出、网上展览、网上培训，它不受时间、场地、人数、距离的限制，使群众文化有了更大的沟通范围和更多的施展影响力的时间与空间。

科学技术推动社会生产力的发展，同时也为群众文化的繁荣提供了新的技术支撑和物质基础。现代化的科学技术设备和手段广泛应用于文化馆（站）和群众文化活动，2011年，第三次全国文化馆评估标准提高了对文化馆现代化设备配置的要求，把信息网络传输和数字化服务设备，电化教育和资源数字化加工设备，现代化灯光、音响等演出和展览设备作为文化馆的必备设备列入了评估标准。要求提高了，达到等级标准的文化馆比例也增加了，以西部地区9个省、市、自治区为例，有652个地市和县级文化馆达到等级标准，占55.39%，比第二次评估增长了30.56%。2011年，全国文化馆拥有计算机25 130台，文化站拥有计算机28 690台。说明文化馆数字化、网络化设备的配置有了很大的提高。

科学技术的发展要求人们具有较高的文化知识水平，从而刺激群众文化，强化教化功能，为业务培训和终身教育开辟多种途径。科学技术的发展，开阔了人们的视野，对人的文化知识水准也提出了更高的要求。人们要想顺应时代发展和科技进步，就必须学习，这就为群众文化提出了新课题——强化教化功能，拓宽培训途径。现代科技为群众文化提供了电化教育和远程教育的手段。电化教学在文化馆（站）已经普遍应用，远程的辅导培训也在一些文化馆网站展开。远程教育是指使用电视及互联网等传播媒体的教学模式，它突破了时空的界限，使学习者可以随时随地上网学习，还可互相交流，极大地扩展了群众文化培训的覆盖面，为更多的人民群众提供了学习的机会。

现代科学技术产品在群众文化活动中的广泛应用，丰富了群众文化的内容和形式，提高了群众文化活动的质量。数字化设备使群众文化资源记录、保存和应用更加全面、更加方便；网络技术使群众文化信息的传播更加快捷，网上的群众文化活动（展览、比赛、征文等）成为群众文化活动新的形式，成为群众业余文艺作品发表和传播的新平台；移动传媒的普及使人们可以随时随地了解群众文化的信息，欣赏群众文化艺术作品和参加群众文化活动。随着现代科学技术知识的普及，特别是面向农村的农业新技术的普及，计算机三维动画、计算机音乐制作和视频制作、网络文化和短信文化等都成为群众文化的新内容。科技创新使群众文化表现形式和内容更加多姿多彩，大大丰富了群众文化的表现力，提升了群众文化的发展活力。

科学技术的发展减少了人们做家务的时间，减轻了劳动生产的强度，为人们享受文化生活提供了更充裕的时间和更广阔的空间。特别是现代科学技术减轻了农业生产的劳动强度，增加了产量，给农民提供了参与群众文化更充裕的时间；家用电器的普及，减少了人们家务劳动的时间；现代交通的发达和便利，缩短了人们的距离；现代通信手段的迅捷，增强了人们之间的联系和交流。现在的人们，有了更多的闲暇时间，有了更广阔的空间和更便利的选择，这为群众文化的发展奠定了广泛的群众基础。

科学技术的发展，影响着人们文化观念的更新，推动了群众文化的创新。科技与群众文化密切结合，使得群众文化保持了新鲜的活力。随着科学技术的进步，一个个大自然的奥秘不断被揭示，原来神秘的事物，变成了常识性的东西，这使得群众文化中带有科学性形式和内容的活动逐渐增多。现代社会科学的发展，又使群众文化成为哲学、历史学、民俗学、文化社会学等学科的研究对象之一，它们从不同方面、角度，认识、评估了群众文化的价值和作用。

二、群众文化的繁荣促进科学技术进步

群众文化的繁荣能提高人们学习科学知识的积极性，发展人们的智能，增强群众文化对科学的感受力、领悟力、理解力和想象力。群众文化的宣传、教化和普及知识的作用，使大量的科技信息在群众中传播，拓展了人们认识的深度和广度，群众文化中也有大量的集散性信息载体，可以通过活动达到传播的目的，群众文化活动又通过演出、图片、美术展览等载体来传播信息，通过讲座、辅导等活动直接把科学知识传播给群众。群众文化的全面性、丰富性，使群众文化的信息载体流通量日益增大。群众文化活动是人们最普遍、

最广泛的一种文化活动，因而也是最普遍、最广泛普及科学知识的途径。群众文化活动对提高全民族科学文化水平有重要意义，群众文化的繁荣，激发全体人民学习科学技术的积极性，发展人类的智能。

群众文化的繁荣，促进了人们生活方式的变化，特别是文化消费的增长，而文化消费的增长又刺激了科学技术的进步。群众文化不断繁荣使人们原来的生活方式不断改变，这种变化涵盖多个方面，包括生活方式的变化、科学技术产品的融入、求知欲的增长，而这种变化中最显著的是文化生活上的物质消费和精神消费不断增长。这在移动传媒技术的发展中最为明显。手机开始时只是通信工具，手机文化的发展，使手机的功能不断扩展，迅速地推动着移动传媒技术的发展，3G、4G、5G 手机不断更新换代。现在，人们可以用手机上网、读报、读书、看电影、看戏、听音乐、进行艺术欣赏、拍照、摄像、录音。文化的发展，使人产生新的需要，从而促进了科学的进步。

三、现代传媒手段的广泛应用与群众文化新领域

随着科学技术的发展，大众传媒由过去的广播、收音机发展到今天的互联网、手机网络、网络电视，它们不仅能给人民群众带来欢乐，也为传播信息、学习知识、宣传教育提供了新的载体，同时也给我国群众文化建设提出了新的课题。真正使互联网成为传播群众文化的新途径、群众文化服务的新平台、人民群众文化生活的新空间，关系到群众文化事业健康发展和国家文化信息安全。

2007 年以来，文化部实施了全国文化信息资源共享工程，现代传媒手段的应用迅速在各级公共图书馆、文化站和文化室推广普及，也推动了文化馆的数字化建设。2007 年 8 月 21 日下发的《中共中央办公厅、国务院办公厅关于加强公共文化服务体系建设的若干意见》中明确提出，"提高公共文化服务的信息化、网络化水平"，"发展和传播健康向上的网络文化，使之成为传播社会主义先进文化的新途径、公共文化服务的新平台、精神文化生活的新空间"的要求。2010 年，文化部、财政部在示范区创建的"创建标准"中提出"数字文化馆"的概念。2011 年，文化部、财政部下发了《关于进一

步加强公共数字文化建设的指导意见》，把数字文化馆建设列入了规划，启动了数字文化馆建设试点。

群众文化的数字化和数字文化馆的建设应当坚持统筹规划、协调发展的原则，依托全国文化信息资源共享工程，发挥文化馆文化资源和功能的特色，建设与公共图书馆、乡镇文化站、社区（村）文化室一体的，有文化馆自己特色的数字化、网络化服务体系。应坚持需求主导、应用为主的原则，建设一批丰富、适用的群众文化数字资源，加强数字文化的惠民服务；应坚持规范建设、科学管理的原则，发挥先进信息技术在群众文化数字化建设中的积极作用；应坚持共建共享、开放共赢的原则，探索社会力量参与群众文化数字化建设的机制，努力实现优秀群众文献信息资源的广泛传播和使用。

群众文化的数字化服务和信息网络建设是迎接知识经济时代的战略制高点，是群众文化现代化的重要标志之一。群众文化工作者要掌握新概念、学习新本领，建设群众文化信息网络，发展数字服务和远程服务，创建丰富多彩的网络群众文化，营造积极向上的网络文化氛围，从根本上确立群众文化传播的战略地位，为现代群众文化增添创新优势。

扩展阅读：全国文化信息资源共享工程和公共电子阅览室建设计划

全国文化信息资源共享工程是利用现代信息技术，将中华优秀文化进行数字化加工、整合，通过互联网、卫星、电视、手机等新兴传播媒体，依托各级公共图书馆、文化馆（站）、文化室等公共文化设施，结合全国农村党员干部现代远程教育工作、农村中小学现代远程教育工程、广播电视村村通工程等，实现先进数字文化在全国范围内共建共享。2007年以来，中央本级累计投入专项资金3亿元。2010年底，各级财政累计投入63亿元，已建成1个国家中心，33个省级分中心，2867个县级支中心，2.3万个乡镇基层服务点，59.7万个村基层服务点，资源总量达108 TB，其中全国文化信息资源建设管理中心的数字资源建设总量已达35.9 TB，包括视频类资源55 670部（集），共29 196.24小时，服务人次超过9.6亿。

公共电子阅览室的建设。为更好地满足广大人民群众特别是未成年人、进城务工人员日益增长的精神文化需求，2011年文化部、财政部决定于

"十二五"期间在全国范围内实施公共电子阅览室建设计划。计划到 2015 年，实现公共电子阅览室在全国所有乡镇和街道、社区全面覆盖。2011 年，中央财政安排专项资金 2 亿元，主要用于中西部设备更新和补充、东部设备奖励，以及服务和技术平台建设 3 个方面。

　　规划"十二五"期间要建立公共文化数字资源基础库群，包括文化民生基础库、中华优秀文化库、地方特色文化资源库、红色历史文化多媒体资源库等，到 2015 年，文化共享工程数字资源的建设总量要达到 530 TB，视频资料时长达到 33 万小时，资源总量不少于 500 个。

第三章　公共文化服务体系下群众文化建设研究

第一节　群众文化与公共文化服务体系的关系

一、公共文化服务是群众文化的基本功能

公共文化服务是群众文化的基本功能，群众文化事业是公共文化服务体系的重要组成部分。公共文化服务的建设原则，即公益性、基本性、均等性、便利性都是群众文化服务应遵循的基本原则。

（一）群众文化和公共文化

群众文化和公共文化是两个不同的概念。

群众文化是与专业文化、市场文化等相对应的概念，是建立在不同文化活动的主体和目的基础之上的独特概念，即人民群众以自身为活动主体，以满足自身文化需求为目的，自我参与、自我娱乐、自我开发的社会性文化。专业文化的主体是专业文化工作者，其目的是满足受众群体的文化需求；市场文化的主体是文化产业，其目的是满足文化市场的需求。

公共文化，其"文化"的界定与群众文化中的"文化"不完全相同。群众文化中的文化以文学艺术为主要内容；公共文化中的文化所包含的范围较广，包括艺术、娱乐、新闻出版、广播电视、文物、公共图书馆等。"公共"具有"共有的、公用的、共同的"含义，也常用来代表国家。现代意义上的公共（或公共性）的概念，是指建立在社会公、私二元对立基础之上的独体概念。在清晰的产权制度下，从"私人领域"之中区分出"公共领域"，从而诞生了公共领域和真正意义上的"公共性"。

群众文化属于公共文化范畴。群众文化具有突出的群众性和社会性，同时也就具有鲜明的公共性和服务性。群众文化是人民群众拥有和享受的精神

文化，群众文化供给、服务对象是全体人民群众，群众是群众文化的主体，人民群众不仅是群众文化的享有者，更是群众文化的创造者。我国《宪法》规定，国家承担着发展文化馆事业和开展群众性文化活动的责任。从这一角度来说，群众文化属于公共文化。

群众文化属于公共文化范畴，但不等于公共文化，如博物馆、公共图书馆属于公共文化范畴但并不等于公共文化。群众文化这一普遍存在的文化现象几乎贯穿了整个人类文化的发展史，渗透于各个时代、各个民族的生活、生产活动之中，有其强大的生命力和特殊的发展规律。在公共文化与群众文化的关系上，不能片面地认为"以前都是群众文化，现在就完全改成公共文化，不用提群众文化了"。

（二）群众文化事业与公共文化服务体系

公共文化服务是指由公共部门或准公共部门共同生产和提供的，以满足社会成员基本文化需求为目的，着眼于全体公众的文化素质和文化生活水平，既给公众提供基本的精神文化享受，也维持社会生存与发展所必需的文化环境与条件的公共产品和服务行为的总称。公共文化服务体系是为满足人民的基本文化需求和文化权益，提供公共文化产品和服务系统的总称。

公共文化服务体系是一个大的体系：包括公共文化产品生产供给、设施网络、资金人才技术保障、组织支撑和运行评估等分体系；同时包括群众文化事业、公共图书馆事业、博物馆事业、美术馆事业等子系统。群众文化事业是公共文化服务体系的一个组成部分。

国家发展群众文化事业，设立群众艺术馆、文化馆（站）等群众文化服务机构，从根本上说，是为了更好地组织各种群众文化活动，满足人民群众对文化艺术生活的基本需求，提高全民族的思想、道德、文化素质和修养，提供公共文化服务是其基本职能。

群众文化服务是以政府为主导，以群众文化服务机构为骨干，社会广泛参与的公共文化服务。发展群众文化事业，设立文化馆、文化站等群众文化事业机构，开展群众文化活动是政府的职能。群众文化事业机构应该努力提高自己的能力水平，夯实群众文化事业基础，起到群众文化服务的骨干作用。

群众文化事业与公共文化服务体系的关系是：群众文化事业既是公共文化服务体系的一个组成部分，又是一个相对独立的体系；群众文化事业的发展既要遵循公共文化服务的基本原则和规律，又要遵循群众文化的特殊规律；公共文化服务体系为群众文化事业的发展指明了道路和方向，推动群众文化的创新；群众文化事业的发展为公共文化服务体系建设奠定了基础，扩展了领域。群众文化服务属于基本文化服务范畴，同时，群众文化还存在着大量的群众自发组织的群众文化活动和部分的非基本文化服务内容。所以，不能简单地把群众文化与公共文化服务画等号。

二、群众文化事业是有中国特色的公共文化服务体系的重要组成部分

对于群众文化事业是有中国特色的公共文化服务体系的重要组成部分，应当从五个方面去理解。

第一，群众文化事业是有中国特色的公共文化服务体系的一个重要组成部分，这是群众文化事业与公共图书馆事业、博物馆事业等公共文化服务体系组成部分的普遍属性或共同属性。公共文化服务体系是一个大的系统，涵盖了政府文化工作的众多方面，既包括目前文化体制中的文化、广电、新闻出版等系统，也包括宣传、教育、体育、科技，以及妇联、残联、共青团、工会等系统，政府开办的公共文化服务机构包括文化馆（站）、图书馆、博物馆、美术馆、科技馆等，还有青少年宫、工人文化宫、老年活动中心、残疾人活动中心、妇女活动中心等。

第二，群众文化事业是有中国特色的公共文化服务体系的一个重要组成部分，这是群众文化普遍属性中的特殊属性。公共文化服务体系的一些重要组成部分，如公共图书馆、博物馆等，在国际上具有普遍性，各国的公共文化服务体系包括公共图书馆事业和博物馆事业。只有具有中国特色的公共文

化服务体系还包括群众文化事业。中国群众文化事业的发展有其特殊的历史条件和历史进程，这是和其他国家不同的。国外也有一些和我国文化馆（站）类似的公共文化服务机构，如日本的公民馆、英国的社区中心、新加坡的社区中心等，但它们都不是真正意义上的群众文化事业，它们没有形成相对独立的社会文化形态，以及组织、机构、制度和理论体系。

第三，群众文化是以文化艺术为主要内容，以组织群众文化活动、开展社会文化教育培训和基层文化艺术辅导为主要职能，提供公共文化服务的，这是由群众文化事业在公共文化服务体系内的特殊规定性决定的。公共图书馆以文献信息资源为依托，向社会提供文化、信息和知识服务，开展社会教育活动；博物馆以自然和历史见证物的展示为基本工作内容，开展社会教育活动。这是由公共图书馆和博物馆在公共文化服务体系内的特殊规定性决定的。群众文化事业、公共图书馆事业、博物馆事业的存在和发展都有其不可替代性。

第四，群众文化事业是公共文化服务体系的源头之一。我国群众文化事业是在革命战争时代兴起发展，在中华人民共和国成立后逐步发展形成的，成为中国特色社会主义文化的重要组成部分，成为具有相对独立文化价值的服务系统，从而成为我国公共文化服务体系建设的重要基础。公共文化服务体系是 21 世纪出现的新概念。2000 年，中国共产党第十五届五中全会第一次提出了"文化产业"的概念。2002 年，党的十六大明确提出，"要积极发展文化事业和文化产业"，在实践中，公益性文化事业与经营性文化产业的分野日渐清晰。2005 年，党的十六届五中全会提出，"加大政府对文化事业的投入，逐步形成覆盖全社会的比较完备的公共文化服务体系"的目标。它是我国公益性文化事业发展的一个新阶段，是在我国长期形成的群众文化事业、公共图书馆事业、博物馆事业等公益性事业发展的基础上建设的，群众文化事业是其源头之一。我国的群众文化事业经过 50 年的建设，已经形成了省、地市群众艺术馆，县文化馆，乡镇（街道）文化站，社区（村）文化室五级群众文化网络，公共文化服务体系的五级网络，正是以群众文化网络为骨架形成的。

第五，群众文化是公共文化服务中最普及、最便利、受众面最广，也最受群众喜爱的服务。群众文化在公共文化服务体系中占有重要的地位。

三、公共文化服务系建设原则在群众文化事业中的体现

公共文化服务的公益性、基本性、均等性、便利性原则是群众文化服务应遵循的基本原则。这也是由群众文化的基本属性决定的。

（一）公益性是群众文化事业的基本属性

公益性指公共文化服务提供的文化产品和服务是免费或者是低收费的，不以营利为目的，是区别于文化产业的根本特征。

我国群众文化事业是社会文化公益事业，文化馆（站）是公益性群众文化事业机构，它是政府为满足广大群众的基本文化需求而设立的，无偿或优惠服务是它的主要提供方式。文化馆（站）的基本属性从建立开始至今都没有改变过。即使是在文化馆为了解决经费不足，在国家政策指导下开展"以文补文"活动期间，其公益性属性也没有改变。文化馆的有偿服务和文化经营活动主要集中在营利性的演出、电影放映、歌厅、舞厅和个性化艺术培训等文化市场领域，现在也不属于基本文化服务范围，而群众文化活动、基层辅导、业余文艺队伍培训等基本文化服务始终是公益性的，文化馆用于有偿服务和文化经营的部分是少数馆舍和人员，文化馆的主要资源用于公益性服务，文化馆"以文补文"的收入，主要用于补充开展公益性服务经费的不足。即使有少数地区、少数文化馆（站）的性质一度发生改变，也很快得到纠正。从总体讲，群众文化事业始终保持着公益性的基本属性。

（二）基本文化服务是群众文化事业的基本职能

公共文化的基本性，指满足群众基本的文化需求。群众文化服务提供的主要是面向广大群众开展的文化艺术普及型服务、面向业余文艺骨干和业余文艺团队开展的提高型服务、面向社会弱势群体提供的保障型服务，等等，这些都属于基本文化服务的范畴。

一般群众文化被评价为"业余"的，但业余并不代表低水平，"业余"更多地指群众职业外的、利用闲暇时间进行的文化活动，是群众最基本、最普遍的文化需求，包括在闲暇时间里进行文化艺术鉴赏、参与群众文化活动、提高艺术技能和业余文艺创作等。群众文化机构应把基本文化服务作为主要职能，努力提供高水平、高质量的基本文化服务。

（三）均等性是群众文化群众性的内在要求

公共文化服务的均等性可以从三个方面来理解：全体公民享有基本文化服务的机会应该均等；全体公民享有基本文化服务的结果应该大体相等；在提供大体均等的基本文化服务的过程中，尊重社会成员的自由选择权。而这些正是群众文化群众性的要求。在我国，人民群众是群众文化的主体，不区分经济状况、家庭出身、受教育情况和职业背景等，人人享有、享受群众文化成果、参与群众文化活动和开展群众文化创作的权利。群众文化尊重群众的意愿，人人都有选择自己喜爱的群众文化活动的权利。至于人民群众享有大体相等的群众文化服务，既是群众文化事业建设的一个原则，又是群众文化事业发展的目标。

（四）便利性是群众文化群众性的实现方式

公共文化服务的便利性，就是建立阵地服务、流动服务、数字化服务全覆盖的公共文化服务体系，让群众可以就近、方便地享受公共文化服务。群众文化供给、服务对象是全体人民群众，为了保障人民群众享受群众文化服务的权利，必须保障这种服务具有最大限度的便利性。群众文化活动的开展，不受民族、区域、季节等时间和空间的限制，其实现方式本身就具有便利性，公园、广场，以及社区、农村的空地上，到处都可以是群众文化活动的场所，到处都可以组织群众文化活动。

在我国，群众文化机构的覆盖面是很广的，从省级、地市级、区县级文化馆到乡镇、街道文化站，再到最基层的文化室，网络延伸到最基层，从业人员数十万，这个覆盖面和影响力是其他文化机构所难以企及的。群众文化的流动服务也得到蓬勃发展，在"文化下乡""四进社区"活动中，群众文化服务是其中的主要内容。

第二节　公共文化服务体系下群众文化发展面临的机遇

一、公共文化服务体系建设与群众文化发展的政策环境

在我国群众文化的发展过程中，有辉煌，也有坎坷。公共文化服务体系建设极大地改善了群众文化发展的环境，给群众文化带来了良好的发展机遇，使群众文化事业进入了一个快速发展阶段。

公共文化服务体系建设的指导思想、目标任务、建设原则和一系列方针政策，解决了群众文化发展中的关键问题，并为群众文化发展创造了良好的政策环境。主要表现在以下几个方面。

第一，把群众文化事业和群众文化机构纳入公共文化服务体系建设，明确了群众文化走公共文化服务的发展方向和道路。

20世纪80年代到21世纪初，随着经济体制改革的深入，群众文化事业形成、发展的基础——计划经济体制逐步向社会主义市场经济体制转变，运动式的群众文化不再有吸引力，市场文化、流行文化等多种新兴文化形式的冲击让群众文化难以招架。在这个经济转型时期，群众文化机构经过了"以文补文"发展模式的实践，谈论过"文化馆的企业化发展道路"，研究过群众文化事业"产业化与事业化相结合"道路的可行性，个别地区和个别文化馆还进行了文化馆（站）转制的尝试，群众文化工作者对市场经济体制下群众文化事业的发展道路和发展方向进行了一个长时期的艰难探索。在这一探索过程中，社会上对文化馆质疑的声音不断："文化馆是干什么的？文化馆还有没有必要存在？文化馆还是否具有公益性质？群众文化事业的属性是文化产业，还是文化产业与事业的结合体，还是公益性事业？"这是在21世纪初，群众文化和群众文化事业的发展面临的根本性问题。

2005年，国家提出了公共文化服务体系建设课题，并从一开始就把群众

文化事业纳入了公共文化服务体系，从而解决了群众文化事业的发展道路和方向这一根本性问题。群众文化事业的发展要遵循公共文化服务体系建设的指导思想、目标任务、建设原则及一系列的方针政策，这一点成为群众文化工作者的共识。

第二，提出公共文化服务机构免费开放的政策，实行基本文化服务的免费服务，实现了群众文化机构服务模式的根本性变革。

让群众广泛享有免费或优惠的基本公共文化服务是公共文化服务的原则，既然群众文化事业纳入了公共文化服务体系，文化馆（站）从"有偿服务"向免费开放的转变就成为必然。2004年，文化部、财政部等12个部委联合发出《关于公益性文化设施向未成年人免费开放的实施意见》，文化馆、文化站开始实行对未成年人免费开放。随着公共文化服务的进展，一些地区的文化馆（站）从向未成年人免费或优惠开放逐步向对全社会免费开放过渡，2008年珠江三角洲等经济发达地区（深圳、佛山、东莞等）的文化馆（站）开始实行面向全社会的免费开放。2010年3月，时任国务院总理温家宝在《政府工作报告》中明确提出了"推动图书馆、文化馆、博物馆免费开放"的要求。2011年1月，文化部、财政部下发了《关于推进全国美术馆、公共图书馆、文化馆（站）免费开放工作的意见》（以下简称《意见》），到2011年年底，全国所有文化馆（站）基本实现免费开放。从而实现了群众文化服务机构服务模式的根本转变。

免费开放打造了全新的文化馆（站）社会形象，使群众文化服务迈上了一个新的台阶。

扩展阅读：全国文化馆（站）免费开放

文化部、财政部《意见》下发后，各地文化行政部门和公共文化机构积极响应、迅速行动，免费开放工作全面推进。截至2011年年底，全国15个省级美术馆已经全部向公众免费开放。2 952个公共图书馆、3 285个文化馆、34 139个乡镇综合文化站实现了无障碍、零门槛进入，公共空间设施场地也全部免费开放，所提供的基本服务项目全部免费，按时完成了《意见》的预定目标。2011年，全国文化馆组织培训班培训人数达到615.18万人，比

2010 年增长 43.1 %；全国乡镇综合文化站组织训练班培训人数达到 1 231.28 万人，比 2010 年增长 32.7 %。

第三，实施了文化馆（站）建设工程，促进了群众文化设施建设。颁布了公共文化服务机构建设标准，提出了以服务人口为依据设置和确定文化馆（站）建设规模的原则和建设指标体系，实现了群众文化机构建设的规范化和法制化。

早在"六五"规划中，国家就提出了"县县有文化馆，乡乡有文化站"的目标，但是，直到 21 世纪初，这一目标还没有实现。文化馆普遍存在基础设施落后、服务资源总量偏少的问题，特别是县、乡两级文化设施面积狭小，场馆陈旧落后，活动器材和设备奇缺，难以开展相应的文化活动。在公共文化服务体系建设中，党中央、国务院高度重视基层群众文化设施建设，2002年年初，国务院办公厅转发的文化部、国家计委、财政部《关于进一步加强基层文化建设的指导意见》（国办发〔2002〕7 号），提出了要"加快推进基层文化设施建设"，出台了文化设施建设的任务、规划、资金投入及相配套的有关政策。文化和旅游部和国家发展和改革委员会、财政部等有关部委联合实施了一系列重大文化工程，包括：县图书馆、文化馆建设工程，乡镇综合文化站建设工程，流动舞台车工程，乡镇综合文化站内容（设施）建设工程，等等。改变了基层群众文化设施落后的现象，全面提升了群众文化服务机构的服务能力，到 2010 年，基本实现了"县县有文化馆，乡乡有文化站"的目标。

我国群众文化设施的基本建设是和行政层级相对应的，其建设规模要求也是与其行政级别相对应的。一个 100 万人口的县与一个 1 万人口的县，其文化馆的建设规模要求是相同的，这显然不符合公共文化服务均等化的要求。"均等化"体现在公共文化设施建设上，就是要求每个公民拥有的公共文化服务设施的面积应是大致平等的。2008 年以来，住房和城乡建设部、国土资源部、文化部联合颁布了《文化馆建设用地指标》，提出以服务人口为依据，设置和确定文化馆（站）建设规模的原则和建设指标体系，实现了群众文化机构建设的规范化和法制化，推进了群众文化设施建设的均等化，一批设施达标、布局合理、功能完善的文化馆（站）正在全国各地兴建。

扩展阅读：国家关于群众文化设施建设的重大工程

县图书馆、文化馆建设工程。"十五"期间，文化部、国家发展和改革委员会实施了县图书馆、文化馆建设工程，中央投入资金4.8亿元，各地配套资金14.2亿元，对全国1 086个无设施或设施面积低于300平方米的县级图书馆、文化馆设施建设予以补助，建设规模达197.27万平方米。

乡镇综合文化站建设工程。文化部、国家发展改革委联合实施《全国"十一五"乡镇综合文化站建设规划》，"十一五"期间，文化部和发改委通过转移支付资金39.48亿元，新建和扩建2.67万个农村乡镇综合文化站，到2010年全国所有农村乡镇基本建有具备综合服务功能的文化站。

流动舞台车工程。从2005年到2010年，中央财政安排资金3亿元，为剧团和基层群众文化机构配备1 000余辆流动舞台车，改善了服务条件。流动舞台车深入城乡基层，开展灵活、多样、方便的文化服务，受到基层群众的欢迎和好评。

乡镇综合文化站内容建设工程。为解决乡镇综合文化站设施"空壳"问题，财政部从2008年开始安排专项资金2.59亿元，为列入规划的乡镇综合文化站配备文化共享工程和开展文化活动必需的设备、器材、图书。

第四，提出了完善公共文化服务投入机制和加强公共文化服务队伍建设等一系列政策和措施，为群众文化的发展提供了经费和人才保障。

1996年，中共十四届六中全会《中共中央关于加强社会主义精神文明建设若干重要问题的决议》就明确提出了对政府兴办的文化馆等公益性事业单位，"应给予经费保证"的政策，但是由于种种原因，这一政策在许多地方没有落实。随着公共文化服务体系建设的深入，国家提出了建立公共文化服务人、财、物保障机制的一系列政策和措施。

在实施文化馆（站）"免费开放"中，中央财政投入了18亿资金，建立了中央与地方财政"经费保障分担"的机制和补助标准，解决了文化馆（站）长期存在的经费投入没有保障的问题，以此为契机，群众文化事业的经费保障机制正在逐步建立。

　　2010年，中宣部、中组部、中编办等六部委发布文件，规定"乡镇综合文化站（中心）是政府举办的公益性文化机构，是群众文化活动和精神文明建设的重要阵地，承担着提供公共文化服务、指导基层文化建设、受委托协助管理农村文化市场等职责，要配备专职人员，每个乡镇综合文化站（中心）应有1个至2个编制，比较大的乡镇可适当增加编制"（中宣发〔2010〕14号）。此文件解决了文化站的人员编制。同年，文化部下发了《关于开展全国基层文化队伍培训工作的意见》，计划用5年时间，建立10个全国性培训基地，形成省、市、县各级文化队伍培训网络，对现有24.27万个县、乡专职文化队伍和391万左右的业余文化队伍（基层文化指导员、大学生村官等）进行系统培训，使专职、兼职结合的基层文化队伍素质得到显著提高，公共文化服务能力明显增强。

　　扩展阅读：中央与地方财政"经费保障分担"的机制

　　文化馆（站）人员、公用等基本支出由同级财政负担，开展基本文化服务项目支出由中央和地方财政共同负担。中央财政设立专项资金，重点对中、西部地区地级市和县级文化站，以及乡镇文化站开展基本公共文化服务项目所需经费予以补助，对东部地区"免费开放"实施效果好的地方予以奖励。

　　2011年，基本文化服务项目及非补助标准为：地市级文化馆每年50万元，县级文化馆每年20万元，乡镇综合文化站每年5万元。对中、西部地区中央财政分别负担50%和80%。

　　案例：成都市建立乡镇（街道）文化站和村（社区）文化室经费保障机制

　　在公共文化服务体示范区建设中，成都市构建城乡一体化和公共文化服务"均等化"的原则。建立起乡镇（街道）文化站和村（社区）文化室的经费保障机制。

　　乡镇（街道）文化站人均经费保障机制：按照中心城区、近郊区、远郊区常住人口每人每年10元、8元、6元标准纳入县级财政预算。市财政对远郊区县按照每人每年2元补贴，转移支付给远郊区县，共计1.1亿元。

　　村（社区）文化室经费比例保障机制：2012年起，将已纳入财政预算的村级社会管理和公共服务专项资金——每村（社区）每年30万元，每年按照不低于10%落实村（社区）文化室运行经费（不低于3万元），全市共计1亿元。

第五，提出了创新公共文化服务方式的要求和有关政策，为群众文化拓宽服务领域、创新服务方式、提高服务质量指明了方向。

公共文化服务体系建设是个新课题，在公共文化服务体系下群众文化事业的发展同样是个新课题。2007年8月21日，在中共中央办公厅、国务院办公厅联合下发的《关于加强公共文化服务体系建设的若干意见》中，就把"创新公共文化服务运行机制"，"创新公共文化服务方式，积极探索适应社会主义市场经济要求、保障社会公平正义的公共文化服务方式"作为公共文化服务体系建设的一个重点。群众文化机构和工作者努力探索在公共文化服务体系下群众文化服务的新机制、新方式，发展了群众文化的理论与实践。

二、公共文化服务体系建设与群众文化的发展模式

"以文补文"最早是在群众文化领域兴起的，20世纪70年代后期，广东的群众文化单位开始利用自身的业务技术、设备和场地，开展经营有偿服务尝试，有关部门也开始总结和推广"以文补文"的经验。1984年12月，文化部在天津召开全国城市群众文化工作会议，会议的内容之一就是总结交流"以文补文"的经验。以此次会议为标志，"以文补文"在全国文化馆（站）铺开。1987年，文化部、财政部、国家工商行政管理局发布了《文化事业单位开展有偿服务和经营活动的暂行办法》。"以文补文"成为一项重要政策。虽然1996年，中共十四届六中全会通过了《中共中央关于加强社会主义精神文明建设若干重要问题的决议》，明确提出"对政府兴办的图书馆、博物馆、科技馆、文化馆、革命历史纪念馆等公益性事业单位，应给予经费保证"后，从党的方针政策层面讲，已经终止了"以文补文"政策，但上述办法和规定直到2007年才正式废止。文化馆（站）的"以文补文"服务模式延续了20多年，已经形成了一整套与之相适应的政策、思路、机制和方法。如在财政

体制上，大多数文化馆（站）被划为差额补贴事业单位，只保障人头费和公务费，基本上没有正常的服务经费，一些"以文补文"搞得好的文化馆（站）变成自收自支的事业单位，个别文化馆（站）还挂了"公司"的牌子。在内部机制上，设立有偿服务项目，组成产业部门，实行经济核算，给各部室下达创收指标，参与市场竞争。

在政府公共资金不能保障群众文化服务的条件下，"以文补文"模式发挥了一定的积极作用，如弥补了财政投入的不足，改善了职工的生活，增强了自身活力，给群众提供了多样的文化选项，等等。但其负面效应也非常明显，"以文补文"挪用了公共资源，侵害了广大群众应该享有的公益性文化服务保障权（如充分保障公益性活动空间的权利），以无偿或低价的方式占有公共资源（使用建筑空间、公益性文化单位品牌效应等），进入市场竞争，造成损坏同类市场主体的利益，模糊了公益性文化单位职业形象，降低了公信力，并在内部连带产生负面影响，是走事业化发展道路，还是走产业化发展道路，或是走产业与事业相结合的发展道路，成为群众文化发展中争论不休的一个关键问题。在外部，对群众文化事业单位存在的必要性质疑声不断。

在公共文化服务体系建设的大前提下，群众文化必须迅速转变长期存在的"以文补文"的发展模式，改变与"以文补文"服务模式相适应的工作思路、工作机制和工作方法，走公共文化服务的发展道路，在"公益性、基本性、均等性、便利性"四位一体中把握群众文化的发展方向、目标、动力、格局和战略。

总体上，群众文化与我国公共文化服务体系建设的目标相适应，应当按照结构合理、发展均衡、网络健全、运行有效、惠及全民的原则，以政府为主导，以各级文化馆（站）为骨干，鼓励全社会积极参与，努力建设以群众文化产品生产供给、设施网络、资金人才技术保障、组织支撑和运行评估为基本框架，覆盖全社会的群众文化服务体系，切实保障人民群众进行公共文化艺术鉴赏、参加群众文化活动、提高文化艺术素质、参与文化艺术创造等基本文化权益。

在运行机制上，群众文化要建立与"免费服务"模式相适应的运行机制、工作思路和服务方式，主要表现在以下几点。

第一，以基本文化服务为主要职能，明确免费服务的内涵和内容。文化馆（站）提供的文化服务是一种具有非竞争性与排他性的公共文化产品，可以划分为基本文化服务与非基本文化服务两大类。按照公共文化服务的要求，免费开放的基本内涵是指，由政府买单，确保公共文化单位基本服务免费提供，确保人民群众基本文化权益公平、均等地实现。文化馆（站）免费开放包括：公共空间设施场地的免费开放，与其职能相适应的基本文化服务项目健全并免费向群众提供，以及免费提供配套管理服务。文化馆（站）与其职能相对应的全部功能用房，文化馆（站）职能内的全部服务都应当实行免费服务。这就要求取消在其职能范围内的收费项目，撤销与职能无关的非制度性、非辅助类经营项目，收回出租或用于经营的功能用房和设施，补齐按其职能应具备的基本服务的缺少项目，并根据群众的基本文化需求和社会经济发展，逐步扩展免费服务项目。

第二，转变工作重点，把主要工作转移到提供好基本服务项目上来。为满足广大基层群众多层次、多样化的需求，文化馆（站）可以保留一部分实行有偿服务的非基本服务项目，作为基本服务的补充，但不应成为业务工作的主体。基本公共文化服务以外的公益性服务，要降低收费标准，按照成本价格为群众提供服务。

第三，建立与"免费服务"相适应的工作制度。建立"免费服务"的承诺与公示制度，制定文化馆（站）服务标准，推动免费服务的制度化、规范化；完善文化馆（站）免费服务指标（开馆时间指标、免费服务项目指标、免费服务的受众率指标等），加强对免费服务的监督考核；推动体制、机制创新，深化文化馆（站）内部机制改革，优化组织结构，改进内部管理，创新服务方式，提高运营效率。

第四，完善政府对文化馆（站）"免费开放"的保障机制。各级文化、财政部门要加强对免费开放工作的组织领导，将免费开放作为群众文化事业建设的重点工作，纳入文化建设总体规划，纳入重要议事日程，纳入财政预算；要建立统筹协调、密切配合、分工协作的工作机制，加强文化馆（站）免费开放工作的组织和领导；要充分依靠专家，加强对免费开放工作方案的制度设计和科学研究，保证免费开放工作科学有序地开展。

第三节 公共文化服务体系下群众文化的创新路径

公共文化服务体系下群众文化的创新，包括群众文化工作理念的创新、管理体制的创新、运行机制的创新、服务方式的创新等，涵盖了群众文化工作的各个方面。

一、"以人为本"，保障人民群众的基本文化权益

"以人为本"要求群众文化工作要把满足人民群众的基本文化需求作为出发点和立足点，树立"以需求为导向"和"普遍均等"的服务理念，以及与之相适应的运行机制和服务方式。

首先，群众文化服务要适应人民群众多方面、多层次、多样化的文化需求，根据人民群众的需要提供群众文化服务。群众文化服务普遍存在的一个问题是，服务供给的主观倾向严重，基本沿用了计划安排的方式，"有什么，给什么"，产生了"想看的看不到，不想看的偏偏送过来"等供需背离的问题。问题产生的原因有两方面：一是受群众文化"为政府服务"理念的影响，把工作的立足点放在为政府服务，按照政府要求提供服务，围绕政府的工作开展活动，很少考虑群众的需求；二是群众文化工作局限在群众文化机构内部，由于受到群众文化机构自身资源的限制，群众文化产品的新形式、新内容不多，没有能力根据群众的需求提供服务。

"以需求为导向"的群众文化服务，要求群众文化服务要创新机制，从群众文化机构内部服务的小循环，转变为社会的大循环，依靠社会文化资源，开展群众文化服务。要创新内容，提供形式和内容丰富多样的群众文化产品；要创新服务方式，建立"群众需要什么，就提供什么"的服务模式。

案例：杭州市文化馆"群文配送服务"

杭州市文化馆为了解决自身资源不足，社会群众文化条块分割、利用率不高，群众文化活动形式陈旧、内容贫乏，以及群众文化服务供需不对称等问题，实施"群文配送服务"，并建立了与之相适应的运行机制和服务模式。创建杭州群文网，在网上设置"群文配送平台"，建立全市"群文配送网"，形成三个运行机制。一是群众需求反馈机制，通过网上的"信息平台"公示群众文化服务信息，搜集百姓需求，根据百姓需求提供需要的文艺演出和辅导。二是社会化供给机制。整合社会演出资源，联合全市 13 个艺术表演团体，提供上百个节目，在网上公布，供群众选择；整合社会艺术人才资源，有 131 名辅导教师提供音乐、舞蹈、文学创作、戏剧小品、美术书法等辅导课程供群众选择。三是基层配送机制。在全市建立群文配送基层服务点，包括杭州市 8 区、2 县、3 市的乡镇、街道、社区、企事业单位和部队共 421 家。

421 家基层服务点和 13 家艺术表演团体、131 名辅导教师可以在网上对接，可直接选择或预约演出和辅导，根据基层服务点的选择和预约配送演出和辅导。2011 年，通过网上预约，完成配送演出 800 多场，配送培训辅导 100 多次。

其次，群众文化服务要按照"普遍均等"的要求，满足社会各方面的需求，特别是基层群众和弱势群体的文化需求。文化站是最基层的群众文化机构，也是服务能力最弱的，不能把基层群众文化服务的责任完全交给能力最弱的文化站。群众文化服务要创新"文化下乡""文化进社区"活动的形式与内容，各级群众文化机构要实行定点服务与流动服务相结合，阵地服务与基层服务相结合，推动群众文化服务向社区和农村延伸。要创新对老年人、少年、儿童、农民工、残疾人等弱势群体服务的机制，保障他们的基本文化权益。

案例：福建省艺术扶贫工程

2004 年 2 月，福建省艺术馆在多次深入农村调查的基础上，以"关注农村、关注贫困、关注教育"的社会视角，开始组织实施福建艺术扶贫工程。七年来，全省文化馆定时、定点、定员为贫困地区儿童开展免费的艺术启蒙教育，截至 2011 年 8 月，已覆盖全省 9 个地市的 88 个县、乡，有 213 个偏远农村小学成为艺术扶贫活动教学基地，举办各类艺术兴趣班 300 多个，600 多名文化馆专业人员常年坚持定期、定点下乡为学校儿童免费开展艺术辅导和培训，受益学生达 26 万人，成为全省文化馆有史以来开展规模最大、范围最广、时间最长、影响深远的公益性文化活动，开创了农村公共文化服务的新途径。2009 年 9 月，福建艺术扶贫工程获得了第三届文化部创新奖。2010 年 6 月，福建艺术扶贫工程又荣获文化部颁发的全国第十五届群星奖。2010 年 7 月，福建艺术扶贫工程入选文化部十大"国家文化创新工程"。

艺术扶贫工程通过自身服务行为的纯洁和规范，创新优良的服务样板，形成无形的感召力量，这种感召力量吸引了更多的社会资源。五年来，省内外多家单位、企业分别为艺术扶贫挂钩的小学捐建操场、图书馆，捐送篮球架、床架、书包、文具等实物，折合人民币近 300 万元。艺术扶贫工程的开展，在提供公共文化服务方面，开创了一个先例，把城市文化资源无偿输入偏远农村，形成一种机制，把文化下乡转化为乡下文化，创设一个典范，把各方力量感召到扶贫帮困的队伍中来，树立一种精神，把专业人员的思想境界提升到新高度，对农村公共文化服务这个最薄弱的环节进行探索和实践，充分体现了公益型文化事业单位公共文化服务的职责和义务。

二、群众文化资源的整合与共享

我国的群众文化机构是一种条块分割的管理体系。一方面，我国已经形成了省、地市、县、街道乡镇、社区村五级群众文化服务网络，但是，由于各级群众文化服务设施实行条块管理，各级政府按照行政级别对自己建设的群众文化机构进行管理，各级群众文化机构在本级政府的领导下开展工作；另一方面，还存在工会（工人文化宫、俱乐部）、教育（少年宫）、共青团（青年宫）等系统的群众文化机构，这些机构各自为政、条块分割、分散服务、投入大、效率低，这种服务模式和机制不符合体系建设的要求。作为一个体系，应当是各级、各系统群众文化机构形成一个体系，实现资源共享、联合服务，发挥整体的效益。群众文化创新的一个重要内容，就是改变目前群众文化工作"各自为政、各自为战"的现状，消除行政壁垒和区域分割，突破体制障碍，加大跨地区、跨部门、跨领域、跨系统的群众文化项目的交流与合作。要以地市级群众文化机构为龙头，增强地市、县、乡三级群众文化机构的协调配合，统筹群众文化资源要素的合理配置和资源的整合利用，探讨多种形式的联合服务的新模式。

案例：吴江区"区域文化联动"服务模式

江苏省苏州市下的吴江区推出区域文化联动服务模式，即打破行政区划的界限，通过广场文艺联演、电影联映、书画联展等，将原本分散于各镇、村的文化资源攒成一团。通过互助互演，原本设法运作的文化活动成为现实；通过巡演，原本高昂的公共文化成本得以降低。

2003年夏天，由市文化馆带头，组织盛泽、平望、震泽三个镇的文化站开始了"区域文化联动"。文化馆在组织、业务、技术上提供服务和保障，负责策划、辅导、统筹、舞台、灯光、音响、舞美等工作，每个镇分别排练一档两个小时的综艺节目，再从中抽调部分优秀的节目组成一台联合节目，在每个镇巡回演出，深受老百姓的欢迎，在全镇引起了强烈的反响。

2004年，"三镇联动"发展成覆盖全市的"十镇联动"，形成全市区域的文化大联动。2009年始，又扩展到周边地区，实现了吴江与周边地区文化服务产品的交流、交换，这既让群众感到了熟悉与新鲜，又提升了吴江文化在江苏、浙江及上海等周边地区的文化影响力。连续八年运行"区域文化联动"，进而推动大运河沿线城市的群众文化艺术产品的交流互动，目前已建立与青浦、湖州、无锡、徐州、淮安等十几座城市，群众文化艺术产品的定期交流机制，形成了群众文化资源跨地区、跨部门、跨层次供给新方式的雏形。

案例：成都市文化馆多级联动辅导

成都市文化馆通过资源整合、工作联动的方式，探索建立市、区（县）、街道（乡镇）和社区（村）多级联动辅导模式。

在管理体制上，市文化馆建立市民公益艺术培训学校，区文化馆建立分校，文化站建立辅导站。由市文化馆组织协调全市的市民公益艺术培训学校、分校和辅导站的建设与工作。在师资上，由各类艺术院校专业教师、专业院团骨干演员、市文化馆专职辅导干部150人组成专家辅导队伍；整合各区（县）文化馆群众文化辅导资源和社会优秀艺术人才933人，登记造册，形成辅导教师队伍；在此基础上对街道（乡镇）3 799名辅导员进行登记，形成辅导员队伍。2010年，举办培训班200个，年培训10余万人。

三、群众文化队伍建设的创新

群众文化队伍的素质决定着群众文化工作和群众文化服务的水平，做好群众文化工作，人才是关键，队伍是保证。目前，群众文化队伍存在的主要问题是：基层群众文化单位缺乏稳定的专业化队伍，人员年龄偏大，观念相对落后，知识结构陈旧，能力和素质难以适应新时期基层群众文化工作的开展；乡镇文化站人员兼职过多，难以保证稳定性和专业化；培训机制不健全，培训资金匮乏；等等。这些严重影响着群众文化事业的发展。要按照"存量优化、增量优选"的原则，探索能够发现人才、吸引人才、培养人才、用好人才的体制机制，建立一支稳定的、高素质的群众文化人才队伍。包括：改革用人机制，建立健全以培养、使用、激励、评价为主要内容的政策措施和制度保障；实行职业资格管理制度，加强对群众文化从业人员的规范化管理；运用多种方式加大培训、轮训力度，着力提高群众文化服务队伍的思想政治素质和新形势下做好群众文化服务工作的能力；广泛开展文化志愿者活动，在"高校毕业生到农村服务计划"中增加文化服务内容，鼓励离退休文艺工作者、艺术院校学生和其热心公益事业的各界人士为社区和乡村提供志愿文化服务；发挥群众文化骨干的作用，培育和发展业余文艺队伍。

案例：北京市群众艺术馆的"竞争上岗"

北京文化艺术活动中心（群众艺术馆）实行"竞争上岗"，已经进行了两届。通过公布各部门岗位和岗位要求，职工自愿报名，竞聘各部门的岗位。召开职工上岗竞聘演讲大会，职工通过演讲的方式，从个人履职情况及对今后工作的设想等方面展开阐述，详细列举自己竞聘的理由和优势。由中心专家委员会成员和外聘专家组成的评委会听取竞聘者的演讲，并从10个方面进行综合打分。全体职工根据每个人的演讲，填写《民意测评表》，认定哪位同志适合哪个岗位。全体职工的竞聘演讲大会，给中心的每一位职工一个自我展示的机会，给能者一个平台，也让庸者无所遁形。

案例：广西壮族自治区群众文化业务人员技能比赛

广西壮族自治区文化厅为了提高群众文化业务人员的专业技能，在群众文化业务人员培训中引进竞争机制，开展技能比赛活动。到 2012 年，由广西壮族自治区文化厅主办、广西群众艺术馆承办的全区群众艺术馆、文化馆业务干部技能比赛已经举办了三届。在第三届比赛中，来自全区的 15 个代表队共 226 位群众文化干部各展才艺，交流艺术成果。本次比赛涉及声乐、器乐、舞蹈、戏剧、美术、摄影、书法几个门类，由主办单位组织专家对各类节目及美术书法作品进行分类评比，当场亮分，评出各类单项奖和团体奖。为鼓励选手积极参赛，还把比赛与培训相结合，特别增设了专家讲座这一环节，在往年的现场点评基础上，以讲座的形式，针对各比赛项目，邀请评委、专家上课，使选手能够全面、系统地对专业知识进行学习与交流，使比赛的平台得到延伸和拓展。

案例：天津市群众艺术馆"千村百站"农村文艺骨干培训工程

群众文化工作的重点在农村，难点也在农村。天津市群众艺术馆面向基层，着力于农村文化队伍建设，推出"千村百站"农村文艺骨干培训工程，致力于提升乡镇文化站站长、村级文艺骨干的公共文化服务能力，培养农村文化建设的带头人。此项工程于 2009 年启动，于 2011 年结束。主要做法包括以下几点。

全面覆盖，分段实施。涵盖本市 12 个农业区、县及其所属行政村的3 835 名村级文艺骨干和 156 名文化站站长，培训计划分为三个阶段。

依据需要，设置内容。包括：基本艺术技能（音乐、舞蹈等），公共文化的服务形式和内容，基层文化活动的策划与组织，非物质文化遗产保护的常识及网络操作，等等。并针对各个培训地区文艺骨干对不同门类文化的需求安排课程。

健全规章，确保实效。天津市群众艺术馆制定了相关的制度和要求，授课结束后进行结业考试，对考试合格者颁发结业证书。

"千村百站"农村文艺骨干培训工程加强了农村文艺骨干队伍建设，培养了一大批农村文化带头人，他们成为农村文化建设的引领者，带动了农村文化活动蓬勃开展。

四、群众文化的数字化建设

加强群众文化的数字化建设，探索群众文化的数字化服务模式，是群众文化的一个紧迫任务，也是群众文化创新的一个重要内容。第三次文化馆评估把数字服务纳入评估标准，促进了文化馆的数字化建设，现在，大多数省级文化馆已经有了自己的网站，在地市和区县级文化馆中拥有网站的也不在少数，前面提到的杭州市"群文配送服务"就是依托于杭州市文化馆网站开展的，说明有一些文化馆的数字化服务已经达到了较高的水平。但是从总体讲，在公共文化领域，相对于博物馆、公共图书馆的数字化建设，文化馆的数字化建设相对落后，数字文化馆相对于数字图书馆来说，也是一个新的概念。要努力提高群众文化的信息化、网络化水平，加快数字文化馆的建设，加快群众文化资源的数字化，开展网上剧场、网上展览、网上辅导、网上群众文化信息发布、网上创作和群众文化活动远程指导，使之成为传播群众文化的新途径、群众文化服务的新平台。

案例：成都市的网络文化馆

成都市文化馆建立了成都市文化馆网站（www.cdswhg.com），开办了群众文化"网络文化馆"，先后开展了多项网上群众文化活动。

群众广场舞蹈的网络视频教学，将文化馆创作的群众广场舞蹈内容编制成教学视频，通过网络视频教学的方式对全市各区、县文化馆（站）的文艺辅导员、群众文艺队伍及社区文艺骨干进行培训，参加培训的群众多达 5 万人。

在网上开展"文化馆作为与发展研究"论文征集活动，收到包括北京、深圳等地在内文化馆的论文 100 余篇。

举办美术、书法、摄影网络大赛和展览，半个月内就收到各行各业群众创作的 1 000 余幅作品。

开展重点课题研究的网上收集和研讨活动。组织"优秀网络评论员"评选等群众文化活动。

案例：浙江温岭市横峰街道文化站"越剧戏迷 QQ 群"

为了保护、继承传统戏曲文化，满足群众戏曲艺术生活的需求，横峰街道文化站凭借"中国台州鞋网"和"台州越迷俱乐部"等三个 QQ 群，成功打造了"鞋乡戏迷会"交流新平台，吸引了大批戏迷朋友参与越剧文化交流，成为该站文化品牌项目之一。该项目被评为 2009 年度温岭市宣传思想工作创新奖。

文化站的网络管理员通过整顿成员设置、戏迷活动策划宣传、对活动疑问的解答、记录参演人员节目，以及展演结束后的意见汇总 5 项措施保证 QQ 群的正常活动。戏迷联欢活动之前，文化站先拟好一份通知和活动海报，通过 QQ 发布到戏迷群里，每天两次，使戏迷群的成员对将要开展的活动有所了解。管理员时刻关注戏迷群动向，及时对提出的疑问进行解答。每次活动之后，管理人员对参加的表演节目、人数及演唱形式进行统计汇总，并将结果在网上发布。

通过 QQ 群既宣传了戏迷会活动，也确定了演出的节目及形式。每个活动结束之后，管理员都会把演出的剧照和视频整理好传到戏迷群空间里面，方便大家观看；同时，管理员会在戏迷群里组织一次讨论，汇集各方意见和建议。

"越剧戏迷 QQ 群"服务模式超越了传统意义上的文化群体，培育了新型戏迷团队；超越传统文化工作格局，逐步形成品牌影响力；超越传统文化发展局限，展现了优秀文化的传承力。QQ 网络虽然是虚拟的，但在横峰街道文化站的用心管理下凸显了高科技的"链接"魅力，"孵化"了新型的越剧戏迷文化群体。"越剧戏迷 QQ 群"的加盟链接包括"新青年越剧群""越迷来吧""大溪水泵戏迷文化""台州海上新芳梨园""浙江—台州杜桥戏迷群""台州戏迷群""越剧艺术群""越迷聊吧""台州越剧网听友群""林家小妹观影团""台州戏迷群"等 18 个 QQ 群，使文化信息发布、越剧信息收集范围达到最大。

2010 年浙江（横峰）"鞋乡戏迷会"首届联谊活动展演，有 200 多位来自杭州、温州、宁波、绍兴、丽水、台州等地的戏迷自带伴奏带或伴奏曲目，自费前来参加，吸引了当地群众前来观看，盛况空前。

五、群众文化活动的创新

一方面，随着群众文化需求的变化，人民群众对群众文化活动的要求（活动的形式、内容、质量）越来越高，越来越多样化；另一方面，群众文化活动的新载体、新形式、新内容不断出现和发展。这些都要求群众文化活动要不断创新。群众文化活动的创新，要广泛动员社会力量，利用各种载体和有效形式，在社区、乡村、企业、校园和军营搭建群众文化活动平台。要不断创新群众文化活动的内容，依托传统节日、重大节庆日和民族民间文化资源，组织开展群众乐于参加、便于参与的群众文化活动。要建立群众文化活动的长效机制，做到经常化、制度化。在群众文化活动创新中，特别要注重打造反映时代精神、具有地域特色、深受群众欢迎的群众文化活动品牌，扩大群众文化的影响力。本章所举的案例，可以看作群众文化活动创新的典范，属于群众文化的品牌活动。2009 年，中国群众文化学会和中国文化报社主办了全国首届"群文品牌"评选，从参评申报的 90 多个群众文化品牌中，选出20 个全国首届"群文品牌"，包括北京市的"社区一家亲"系列文化活动，天津市的"和平杯"中国京剧票友邀请赛、"天穆杯"农村小品展演，河北省的"彩色周末"文化活动等 20 个项目。

案例：江城人民的精神乐园——"武汉之夏"

武汉地势如盆，夏季时间长、温度高，被国人戏称为长江流域三大"火炉"之一。很早以前，武汉人就形成了在街头纳凉消暑的习惯。随着时间的推移，人们纳凉时的娱乐活动越来越丰富，拉琴的、唱戏的、赛歌的、说书的，比比皆是。这便是享誉全国，深受江城市民喜爱的特色群众文化活动"武汉之夏"的地方特色和群众基础。

自 1978 年至今，"武汉之夏"已连续举办 33 届，从 6 月至 9 月的 100余天里，遍及江城大街小巷的"武汉之夏"活动，以其丰富的内容、广泛的参与性和浓厚的娱乐性，吸引了众多江城市民参与其中，发挥出文化服务社会、服务大众的作用。

早期的"武汉之夏"以群众自娱自乐为主，活动规模小，形式简单、重娱乐性而轻艺术性。随着经济社会的发展，"武汉之夏"也随着时代的发展与时俱进，以不断创新的内容和形式，满足人民群众日益增长的文化生活需求。除市民自娱自乐的文化活动外，武汉邮政艺术团、武汉电信艺术团、武钢文工团、星海合唱团等知名的社会艺术团队也加入"武汉之夏"的活动中，武汉京剧院、武汉汉剧院、武汉楚剧院、武汉市说唱团等市属文艺院团也参加"武汉之夏"的活动，这些专业文艺院团除开展专场演出外，还按照就近的原则，派出专业老师指导辖区的群众文化活动。

每届"武汉之夏"活动均从实际出发，活动规模有大有小。"武汉之夏"的开闭幕式往往集中组织开展广场文艺演出活动，活动规模大，演出阵容强，社会影响广，显示出了活动的示范性和指导性。而各个街道、社区开展的"武汉之夏"活动，则因陋就简，就地取材，活动规模较小，突出了活动的娱乐性和参与性。较有特点的有露天电影、露天寿会、街头卡拉 OK 及楼台对歌、"家家乐"趣味游艺、青少年之家、文化夜市等活动形式。

案例：浙江省庆元县"月山春晚"

"月山春晚"起源于 1981 年一个偏远山村——浙江省庆元县举水乡月山村农民自编、自导、自演的春节联欢晚会，如今被誉为"中国最山寨的春晚""中国式过年之文化样本"，并入选浙江省高中语文教材。

"月山春晚"的特色包括以下几点。

一是举办时间的持续性。"月山春晚"不受环境、经费、人员等因素制约和影响，从未间断，坚持举办了 30 届。"月山春晚"的演出平台从最初简陋的操场到如今灯光音响设施齐全的村大会堂；表演形式从最初简单的自演自唱、自娱自乐到如今汇集歌舞、器乐演奏、小品、舞台剧等门类齐全的文艺节目。"月山春晚"从简单到精美，从简陋到完善，在月山全体村民的不懈坚持下，演了 30 年。

二是参与群体的广泛性。当地农民的自发性极强，村民广泛参与"月山春晚"，童叟同台演出，上至 90 多岁的白发老人，下至 4 岁孩童，村民男女老少齐上阵，一同体验，一同快乐。一直以来，"月山春晚"的组织者、参与者和观看者都是月山村的村民群众，随着它的逐年发展壮大，组织群体从老少兼有的非专业人员发展成具有高效组织和执行水平的年轻志愿者专业团队，参与群体从几个孤单年轻的身影发展成全体村民，并吸引了月山村以外的人群参与其中。由于组织规模和表演水平逐年提升，"月山春晚"已成为一台集聚农民思想文化，不断创新发展，有着深刻内涵的高质量乡村级春晚。

三是节目内容的独特性和创新性。近年来，在月山村一批称作"月山芽儿"的青年有序组织、精心策划及文艺工作者的指导协助下，"月山春晚"的参与人群更加广泛、内容更加丰富、形式更加新颖、特色更加鲜明。广受媒体报道和赞誉的"月山春晚"品牌和王牌节目——"农装秀"和"农活秀"，展示了犁田、捉泥鳅、插秧苗、打稻谷、编草鞋、种香菇等原汁原味的农业生产场景，其创意和包装显示出极强的创新意识，是浙江农民"种文化"活动最到位的诠释和展现。此外，在"月山春晚"中农民十二乐坊、"天黑赶路、天亮卖鲜"等情景剧，以及根据该村国家级非物质文化遗产保护单位"如龙桥"（廊桥）爱情传说改编的舞台剧《如龙与来凤》等极富创意的特色节目，都充分体现了"月山春晚"扎根基层的草根属性。它所表现的内容和形式，所反映的主题都来自群众日常生产生活，为群众所喜闻乐见。其生活真实与艺术真实的有机融合，抒写的是人民群众生产生活中喜、怒、哀、乐的场景。将其淳厚质朴的农味，加以恰到好处的艺术设计，使群众能参与、看得懂、体验深。这些特色使"月山春晚"能持久延续，历久弥新，也使"月山春晚"走出大山，走入都市，走向全国。

第四章　群众文化事业

第一节　群众文化事业与工作

一、群众文化事业的概念

群众文化事业是指群众文化活动，以及为开展群众文化工作，组织、辅导和研究群众文化活动而设置的组织机构和文化设施，它是开展群众文化工作和群众文化活动的物质条件和组织保证。在我国，群众文化事业已发展成为当代文化的几种主要形态之一，是社会主义精神文明建设的重要标志之一。

文化事业是具有中国特色的称谓，群众文化事业更是我国一种独特的社会文化现象。我国群众文化事业的产生和发展有着特定的背景。开展群众文化活动是中国共产党在第一次国内革命战争时期形成的传统。中华人民共和国成立后，在计划经济体制下，为开展群众文化活动，我国开始建立由国家核拨经费的文化馆和文化站，按照国家关于编制管理的规定，文化馆（站）属于事业编制，从而产生了群众文化事业的概念。随着我国社会主义政治、经济等各方面的长足发展，群众文化也逐渐明确了目标、宗旨和发展方向，建立了完整的系统，具备了相当的规模，从而发展形成群众文化事业。群众文化事业的形成是群众文化走向成熟的标志。

作为文化形态的群众文化事业，它包括群众文化活动、成果，以及机构、组织、设施、工作、队伍、理论、方针政策等各种要素。其中，群众文化活动及其成果是群众文化事业的核心要素，群众文化方针政策和理论是指导群众文化活动和群众文化工作机构的基本原则，规定了群众文化活动的目的、宗旨和发展方向，群众文化的机构、组织、设施、队伍则为群众文化活动的开展提供多层次、多方面的保障。群众文化事业的各要素之间相辅相成、互为补充。

二、群众文化事业的性质

我国的群众文化事业是公益性的文化事业，是公共文化服务的重要组成部分，带有社会福利性质。

群众文化事业的公益性包括两个方面：一是提供公益性文化产品，包括公益性的群众文化活动；二是提供公益性服务，即群众文化服务。群众文化事业是以整个社会为对象，社会的每一个成员都可以无偿或优惠获得，用以满足自己基本文化需求的群众文化活动和群众文化服务。

作为公益性的群众文化事业需要国家的政策法规保护，需要建立完善的遍及城乡的服务网络，需要雄厚、持久、巨大的财力支撑，需要独立的、公正的运作，需要提供大量免费或优惠的群众文化活动和服务，只有政府作为群众文化事业的主体才能实现。所以，群众文化事业是政府兴办的文化事业，发展群众文化事业是政府的责任。

由于国有文化资源的有限性与群众文化需求的多样性和无限性的矛盾，在政府加大对群众文化事业投入的同时，也要鼓励社会参与群众文化事业、兴办群众文化机构、从事群众文化服务。群众文化事业是群众自己的事业，人民群众既是群众文化事业发展的受益者，也是群众文化事业建设的参与者，要鼓励人民群众参与群众文化事业。只有调动政府、社会、群众三个方面的积极性，才能更好地推进群众文化事业的发展。

我国的群众文化事业具有相对独立的文化价值、组织机构、物质基础、理论体系、文化队伍和文化制度，在社会经济发展中发挥着越来越重要的作用。群众文化事业的发展是群众文化实现的保障，只有坚持发展群众文化事业，才能保护与实现人民群众基本文化权益，体现社会主义文化的优越性，为全面建设小康社会、实现社会和谐提供重要保障。

三、群众文化事业的专业化、科学化、现代化

近年来，群众文化事业的发展呈现良好的态势，群众文化设施明显改善，群众文化事业的投入逐步增加，群众文化活动蓬勃开展，群众文化服务创新

不断取得新的成果。但是，由于各种原因，群众文化事业发展还存在着发展不平衡，投入不足，设施利用率不高，服务水平不高、能力不强，基层群众文化队伍人员结构不合理，专业素质整体偏低，管理和运行机制不科学、活力不强，数字化服务设施不齐备，数字化服务水平较低等问题。必须遵循新的历史使命，努力实现群众文化事业的专业化、科学化、现代化。

（一）群众文化事业专业化

人民群众文化需求的增长，文化消费方式的变化，群众文化活动质量的提高，都要求不断提高群众文化事业的专业化水平。这里所提及的专业化主要是群众文化专职队伍的专业化。

群众文化有自身的发展规律，是一个专门的学科。群众文化专业技术人才与其他文化团体中专业技术人才不同，除自身要具有专业素养和技能外，最重要的是要能够组织基层群众文化活动，辅导没有受过专业艺术训练的基层群众进行艺术创作和文化艺术活动。群众文化专业技术人才不只是"专才"，更要"一专多能"。

群众文化事业的发展，需要有一支专业从事群众文化的、具有群众文化所需要的专业技能的高素质的队伍。群众文化专职队伍的素质决定着群众文化活动的水平，影响着群众文化设施的利用率，影响着群众业余文艺团队的发展，从而影响着群众文化服务的水平。

群众文化专职队伍的专业化要解决四个问题：第一是群众文化人才培养的专业化，在大学开设群众文化专业，专门培养群众文化专业人才；第二是探索建立群众文化专业人员的专业技能标准，实施群众文化专业人员的职业资格准入制度；第三是加强对现有群众文化专业人员的培训，更新知识和技能，提高服务本领；第四是重点解决文化站"专干不专"的问题。文化站从业人员的"专干不专"，包括两个问题，一是兼职过多，没有专门从事文化站工作的专业人员，二是缺乏专业技能，专业人员比例过低。2011 年，全国乡镇综合文化站从业人员有 95 728 人，其中专职人员有 52 718 人，占 55 %；专业技术人员有 20 869 人，占 21.8 %。

（二）群众文化事业科学化

现代社会，群众文化与经济、政治、文化产业、公共文化服务等相互交融，与科技的结合日益紧密，要以科学发展观为统领，研究新形势下群众文化事业发展的新要求，实现群众文化事业的科学化。

群众文化事业的科学化包括设施建设的科学设计，设施应用的科学管理和评价体系的科学构建。在群众文化设施的建设中，要根据服务人口和功能要求科学布局和确定建设规模，按照功能优先和方便群众利用为原则科学设计，避免单纯追求规模、外观的政绩工程。要开展对于文化馆（站）建筑设计的研究，使其成为群众文化学的一门学科。群众文化管理的科学化，包括：科学划分各级政府对群众文化事业的管理职能，建立政府对群众文化的宏观管理和人财物保障体系；科学设计群众文化事业的组织管理体制和机制，实现群众文化资源的共享共建；加强文化设施的管理，改革内部的管理机制，如实施目标管理、竞争上岗等。硬件设施只有得到科学管理和有效运用，才能转化为群众文化服务的能力和水平。群众文化事业评价体系的科学构建，主要包括评价体系的科学化、指标选取的科学化和指标量化的科学化。评价体系包括评估的内容（服务资源、服务效能、服务效益、服务监督与反馈等），也包括评估的形式，如文化馆（站）服务标准（规范）、评估标准、政府评估、第三方评估等。评价指标的选取，既要包括群众文化服务提供者的工作内容，又要包括被服务群体的内容，如群众文化活动的群众参与率、群众收益率和群众满意度等。指标量化是将群众文化服务的评价指标数量化，以直观、系统、可比的指标来衡量群众文化事业的发展水平。

（三）群众文化事业现代化

社会经济的发展决定着群众文化事业的发展。我国现代化建设的发展，为群众文化事业发展注入了新的活力，同时也对群众文化产品、基础设施、资源建设和服务手段等提出了新的要求，即要实现群众文化事业的现代化。

群众文化产品的现代化，要在群众文化活动和群众文化产品中融入时代精神，树立品牌意识和精品意识，倡导创新精神，推出一批贴近时代、贴近生活、贴近实际、深受群众喜爱的优秀作品和品牌活动，特别是有影响力、知名度的国际性、全国性的群众文化品牌，以品牌的影响力、辐射力和凝聚力带动和促进人民群众参与文化活动。加强群众文化基础设施的现代化建设，装备和完善现代化设备，包括现代化的演出设备、数字化服务设备、数字化资源加工设备。采用现代化科技手段，拓宽群众文化的内容和形式，运用互联网和现代传媒手段，提升、扩大和延伸群众文化服务，推动文化资源数字化、信息化、网络化，建设群众文化服务平台和资源共享工程平台。

案例：上海东方社区文化艺术指导中心的"社区文化指导员派送体系"

上海东方社区文化艺术指导中心通过政府"买单"、社区"点菜"的"派送"形式，建设社区艺术指导人才的派送平台，让优质的文化指导资源走进社区，走向基层。2011年9月，实现了已建的全市185家社区的全覆盖，并建立起科学的管理机制和新型的派送体系。

上海东方社区文化艺术指导中心在指导员派送工作上进行了以下几方面的探索。

院团推荐和社区招募相结合，保障丰富与优质的指导员来源。社区文化指导员主要来自专业院团推荐和面向社会招募。现在，全市经推荐或报名担任文化指导员岗位的有2 518人，经过培训或资格认证并进入"指导中心"社区文化指导员人才库的指导员的有2 335人，指导员队伍主要由四部分构成：专业院团推荐，艺术类专业院校教师和大二以上（含大二）的学生，社会各界有志于基层文艺工作的、有时间保证的、能够胜任社区文化活动策划、组织、辅导、培训，以及创作指导工作的专业艺术人才，全市各区、县文化馆（站）推荐的在职群众文化业务骨干。对于专业院团、院校师生、社会招募的指导员，指导中心采取按需直接派送社区辅导的方式，并给予一定的辅导补贴；对于群众文化系统内的指导员，主要是由各区县文化馆（站）安排到本地区基层社区开展指导工作，市里不承担经费补贴。

专业培训、资格认证，确保指导员辅导的资质要求。"指导中心"对符合准入条件的人员都将进行上岗前的资格认证培训。资格认证培训分两种：

一是由市文广局颁证的培训；二是由市职业能力考试院颁证的社区文化指导员资格认证培训。为此，指导中心组织专家编写了上海市社会艺术教育（群众文化指导）专业技术水平认证专用教材《上海社区文化艺术指导和管理》，同时制定了相应的《资格认证暂行办法》。目前，持有市文广局颁发的社区文化指导员证书的行业人员达 2 335 人，其中有 578 人获得上海职业能力考试院认证。

建立网上派送的管理平台和社区文化指导员数据库。指导中心在 2010 年建立了数字化派送服务系统。通过网络信息平台，开展指导员的网上招募、报名、认证，建立指导员人才网络数据库，经过网上推介，供社区文化活动中心按需自主选择，更加便捷、高效地实现直达社区终端的"一站式"派送服务。目前，指导中心网站人才资料库内共有音乐、戏剧、戏曲、美术、摄影、书法、舞蹈、曲艺八大艺术门类共 2 335 名指导员的详细简历，包括年龄、职称、艺术经历、获奖情况及辅导情况等介绍。社区活动中心可以通过"工作平台"登录网站、查看指导员人才库，在网上完成指导员个人信息浏览、指导员预约、授课记录反馈等操作流程。从 2010 年 6 月 1 日起正式运行，截至 2011 年 9 月 30 日，综合浏览量达 31 万，目前该系统已覆盖上海市 18 个区、县的已建成的社区文化活动中心，全市社区接受实体派送辅导的人数达 1 499 528 人。

完善指导员派送运行的科学管理机制，建立新型的派送体系。

完善管理制度。"指导中心"编撰了《上海市社区文化指导员工作指导手册》，拟订了《上海市东方社区文艺指导员派送与管理办法（草案）》《上海市东方社区文艺指导员岗位说明书》《上海市东方社区文艺指导员津贴发放指导》《指导员的招募办法》等一系列规范性文件，基本确定了指导员的准入条件、培训要求、派送流程、岗位职责，以及指导员的权利、义务等内容，为有序地推进指导员派送工作奠定了基础。

开展社区需求调研。每年年初"指导中心"针对社区文化发展情况、市民文化审美需求，以及社区文化活动中心实际工作要求等方面进行了专门调研，通过发放调查问卷、召开座谈会、听取区县文化局（广）和街镇领导及活动中心负责人的需求意见，制订一年的派送计划，以此合理配置资源，推进派送工作。

拓宽派送途径。为了弥补专业院团的指导员以个体形式下社区辅导的数量不足，为了满足更多社区居民的文化需求，"指导中心"还与院团签约，让院团设置专题的艺术课程，以院团的专业人员为师资主体，组成团队，以"市民艺术大课堂"的形式，对社区居民进行音乐、舞蹈、京剧、越剧、沪剧、杂技等艺术知识的辅导、讲解和普及。2009 年以来，16 个专业院团共为上海市各社区文化活动中心选送了近 300 场音乐、舞蹈及戏剧、戏曲等内容的"市民艺术大课堂"讲座，以团队的形式派送指导员 9400 人，社区受众逾 10 万人。

加强社区文化指导员的管理与监督。为了确保社区文艺指导工作的质量和水平，及时了解文化指导员在基层辅导的情况，"指导中心"同步建立了派送监督机制。由社区文化活动中心每月对指导员辅导情况进行考核，考核内容为道德修养、服务意识、专业技能、教学能力、日常考勤、教学态度等方面，考核结果通过网络反馈给"指导中心"，作为发放补贴的依据。同时，"指导中心"委托区所在区文化馆根据本区实际情况，派专人不定期地对指导员辅导情况进行抽查，监督指导员辅导情况。另外，"指导中心"还定期召开社区活动中心主任座谈会、社区文艺团队学员座谈会、指导员座谈会，掌握反馈信息。根据对反馈信息的综合统计得出，社区对指导员的总体满意率高达 95％。

四、群众文化工作的概念

群众文化工作是指群众文化有关部门和工作人员所从事的领导、指导、管理、辅导、研究群众文化活动的工作。它是群众文化需要在社会化满足过程中的中介性活动，是群众文化事业中不可或缺的重要一环。

群众文化工作的主要职能是推动群众文化活动和群众文化事业的健康发展，满足人民群众的基本文化需求。

由于群众文化机构的职能、任务不同，其群众文化工作的内容和性质也不相同，政府设置的群众文化管理机构是群众文化事业的管理部门，政府设置的群众文化事业机构是群众文化的服务部门。

政府和政府设置的群众文化机构是群众文化事业的管理部门，其工作的重点应是寻求政府、社会、市场三者之间的合作和互动，调动各种力量和资源发展群众文化事业，满足公民的基本文化需求，而不是直接举办群众文化活动和从事群众文化服务。

我们通常所说的政府群众文化管理职能的"错位"，首先，表现为"管办不分"，政府直接举办群众文化活动。按照政府职能定位和"管办分离"的原则，政府应尽量避免或减少直接举办群众文化活动。目前，一些政治性、宣传教育性的大型群众文化活动，一些在全省、全市大范围开展的群众文化活动，一些带有导向性的群众文化活动，往往采取由政府直接主办的方式。政府直接提供公共文化服务产品和服务的形式依然存在。但是，从发展的角度看，这样的活动，应逐渐采取市场化、社会化的运作方式。

其次，"错位"还表现为政府群众文化管理重点的错位。一是社会群众文化管理的错位，政府把工作的重点放在了对政府设置的群众文化机构管理上；二是制度和机制建设的错位，政府把群众文化工作重点放在了对具体事务的管理上。

政府管理要把工作的重点放到全社会，把群众文化从文化部门内部的小循环转变为社会的大循环。政府作为群众文化事业的主管部门，要承担好其宏观管理职能，包括：确定群众文化事业的发展战略；提出群众文化事业发展的宗旨、原则和目标；制定和实施群众文化事业发展规划；制定群众文化事业的政策和法规；建立群众文化事业的保障机制；对群众文化机构进行监管和绩效评估；维护文化安全；等等。政府应将一些具体事务的管理工作交给中介机构、服务机构或行业组织。

五、群众文化工作的基本方针政策

群众文化工作与群众文化事业发展的要求相契合，关键在于执行群众文化工作方针、政策的程度和水平。群众文化工作的基本方针政策是在马克思主义指引下，根据群众文化发展规律制定的。它随着群众文化实践的发展而发展。群众文化工作的基本方针政策包括以下几方面。

（一）坚持"二为"方向和"双百方针"

"二为"方向即指为人民服务、为社会主义服务。为人民服务，就是为全体人民群众服务；为社会主义服务，就是为社会主义的经济、政治、军事、文化等各项事业的需要服务，在今天，就是为社会主义现代化建设的伟大事业服务。"为人民服务、为社会主义服务"概括了社会主义时期群众文化工作的总任务和根本目的，完整地反映了社会主义时代对群众文化的历史要求，而且符合群众文化的客观规律。

"双百"方针，即"百花齐放、百家争鸣"的方针。在群众文化工作中贯彻"双百"方针，是提倡在群众文化、群众文艺创作和群众文化理论研究中有独立思考和辩论的自由，有创作和批评的自由，有发表自己意见、坚持自己意见和保留自己意见的自由，是提倡建立在科学理论基础上的学术论争。同时，提倡群众文化工作者要学习马克思列宁主义，学习党的方针政策，要以马克思列宁主义的科学理论和党的方针政策作为群众文化工作的指导。贯彻"双百"方针，有利于群众文化活动和群众文化服务的创新，使群众文化工作与时俱进、不断发展；有利于群众文化的多元化、多样化发展，满足人民群众日益增长的多层次、多方面、多样化的文化需求；有利于群众文化形成尊重艺术个性、保护艺术风格、彰显艺术追求的良好环境；有利于引导群众文化工作者施展聪明才智、发挥个人的创造精神，以大胆的创新思想打造群众文化的精品力作，从而推动群众文化大发展、大繁荣。

（二）坚持以人为本，保障和实现人民群众的基本文化权益

群众文化事业的主体是人民群众，其服务的对象也是人民群众。群众文化事业的发展目标是促进人的全面发展，这里的人既包括群众文化事业的服务对象，也包括群众文化事业机构、组织中的人员。

发展群众文化事业"以人为本"，就是把作为群众文化事业服务对象的人的发展当作事业的出发点和落脚点，不断满足人民群众的基本文化需求，

尊重和保障人民群众的基本文化权益，让人民群众享受文化成果、参与群众文化活动、开展群众文化创造，促进人的全面发展。这些体现了党全心全意为人民服务的根本宗旨和以人为本的发展理念。

发展群众文化事业"以人为本"，还必须促进群众文化事业从业人员的发展。群众文化事业从业人员素质和服务能力的提高，对群众文化事业发展目标的实现起着重要的作用。在发展群众文化事业，满足人民群众基本文化需求的同时，使群众文化事业的从业人员得到同步发展，二者相互促进，是群众文化事业发展的客观要求。

（三）坚持继承、弘扬优秀民族文化传统，吸收和借鉴世界各国优秀文化成果

发展群众文化，必须坚持继承、弘扬优秀民族文化传统。优秀传统文化凝聚着中华民族自强不息的精神追求和历久弥新的精神财富，是发展社会主义先进文化的深厚基础，是建设中华民族共有精神家园的重要支撑。群众文化与优秀传统文化有着密切的联系，要全面认识祖国传统文化，取其精华、去其糟粕，古为今用、推陈出新，坚持保护利用与普及弘扬并重，加强对优秀传统文化思想价值的挖掘和阐发，维护民族文化基本元素，使优秀传统文化成为新时代鼓舞人民前进的精神力量。

发展群众文化，必须吸收和借鉴世界各国的优秀文化成果。在尊重外来文化的基础上，坚持"以我为主，为我所用"的原则，博采各国文化之长，特别要善于吸收发达国家那些为现代化所需要的又适合我国国情的优秀文化成果。

随着改革开放的逐步深入，我国文化与外国文化交流的渠道不断拓展，群众文化应充分利用各种资源，将外国优秀文化"请进来"，带着中国优秀传统文化"走出去"，在积极吸收、借鉴世界各国优秀文化成果的同时，推动中华文化走向世界。

（四）坚持普及与提高相结合

群众文化的普及性可以说是全民性的，普及是其重要的特性。群众文化

工作的重点是在覆盖面上要把先进文化推广到全体群众中去，尽可能达到最广的面和最多的人员。

普及不等于低质量、低水平。随着人民群众文化艺术素质的提高，人民对群众文化产品和活动的质量要求也不断提高。群众文化工作要坚持普及与提高相结合的原则，要努力提高群众文化活动的水平，为人民群众提供高质量、高水平、普及性的群众文化产品和服务。

群众文化工作的普及与提高还体现在普及性和骨干性相结合，群众文化要培养、辅导基层文艺骨干，提高其文艺专业技能和素养，并通过他们把群众文化推广到广大的人群中，提高整体群众文化的水平。

（五）坚持树立新的文化发展观

文化引领时代风气，是最需要创新的领域。我国文化领域正在发生广泛而深刻的变革，群众文化的发展既具备许多有利条件，也面临一系列新情况、新问题。我国群众文化发展同经济社会发展和人民日益增长的精神文化需求还不完全匹配，与公共文化服务体系建设的要求还不完全适应。新的文化发展观要求把群众文化创新作为群众文化发展的战略基点和前进动力，积极推进群众文化与经济、科技融合发展，大力提高我国群众文化自主创新的能力。

群众文化的主体是人民群众，群众文化创新，必然离不开人民群众的实践智慧和自由选择。要适应社会生活的新变化，进一步完善政策、拓展渠道、丰富载体，充分挖掘运用各方面的文化资源，畅通人民群众投身文化建设的渠道，使群众真正成为群众文化繁荣发展的主角。要积极鼓励群众的创新创造，支持群众自我教育、自办文化，开展多层次、多形式的群众性文化活动。精心培育植根群众、服务群众的文化载体和文化样式。及时总结来自群众、生动鲜活的文化创新经验，推广群众文化优秀成果。要大力营造良好社会氛围，千方百计保护好、发挥好群众参与群众文化创新的热情，进一步解放文化生产力，让蕴藏于人民中的文化创造活力竞相迸发、充分涌流。

（六）坚持把社会效益放在首位

群众文化事业是公益性事业，以满足人民群众基本文化需求为目的，而不是以为国家积累资金为直接目的。群众文化的社会效益要符合社会主义意识形态要求，体现社会主义核心价值，为经济社会发展提供思想保证和精神动力，保障和实现人民群众的基本文化权益，提供贴近实际、贴近生活、贴近群众的优秀群众文化产品，从而提高群众文化活动带来的非经济性效果和利益。

在群众文化服务模式从"以文补文"转变为"免费服务"以后，坚持把社会效益放在首位要注意三点：一是在群众文化事业机构的部分"有偿服务"和文化经营项目，以及市场化运作的群众文化活动中，要坚持把社会效益放在首位；二是要有投入产出观念，以最小的投入，实现最大的社会效益；三是要提高群众文化设施的服务功能，使有限的文化资源得到充分利用，提高设施运行的社会效益。

（七）坚持以基层为重点，推动城乡群众文化事业的协调发展

目前，我国群众文化事业的发展现状仍不均衡。城市发展较好，农村相对滞后，东部发达地区相对较好，中西部落后地区相对滞后，特别是一些边远地区的人民群众连基本文化权益都未能享受。因此，为了满足人民群众的基本文化需求，使所有人民都能够享受到群众文化服务，必须坚持以基层为重点，推动城乡群众文化事业的协调发展。尤其，要向农村基层倾斜，向中西部地区、革命老区、民族地区、边疆地区和贫困地区倾斜，切实改善这些地方的基础设施条件，实现群众文化服务的均等化，更好地满足全体人民的基本文化需求。推动城乡群众文化事业的协调发展，缩小城乡文化发展差距，对推进社会主义新农村建设、形成城乡经济社会发展一体化新格局具有重大意义。

第二节　群众文化的服务机构

一、群众文化服务机构的概念与类型

群众文化服务机构是指国家政府、群众团体或集体为开展群众文化工作而建立的公益性事业单位，是国家提供群众文化服务的主要形式，是群众文化服务体系的主要组成部分。

群众文化服务机构分为两大类：一类是由政府文化部门设置的群众文化事业机构；另一类是由人民团体、产业部门和军队设置的群众文化事业机构。

政府文化部门设置的群众文化事业机构包括：群众艺术馆、文化馆、文化站。政府文化部门设置的群众文化事业机构的服务对象，是本辖区内的全体居民（也可组织跨辖区的文化活动），工作任务由国家规定。它们的工作内容是综合性的，越靠近基层则工作内容越广泛。

我国政府设置的群众文化机构构成了五级群众文化网络：省（群众艺术馆或文化馆）级、地市（群众艺术馆或文化馆）级、区县（文化馆）级、乡镇（街道）（综合性文化站）级四级群众文化机构，以及社区村（文化室）级群众文化服务设施。

人民团体、产业部门和军队设置的群众文化事业机构包括：工会系统的文化宫、俱乐部；共青团系统的青年宫；教育系统的少年宫、少年之家；产业部门设置的教工之家、海员之家；军队的连队俱乐部；老干部局系统的老干部活动中心；等等。这些机构设置，由主办单位按照需要和条件而定，在本系统中不构成完整的群众文化事业机构网络，其服务对象具有定向性，即本机构所指向的是辖区内的一部分群众。它们同政府系统的群众文化事业机构之间，一般是横向协作的关系。

扩展阅读：教育和工、青、妇系统群众文化服务机构基本情况

教育系统。青少年综合实践基地 328 个，校外活动中心 2 045 个，少年宫 325 个，乡村校外活动站 194 个，其他校外活动场所如科技馆、美术馆、少年之家等。外活动场所 101 个。工作人员总数为 44 569 人。

工会系统。全国各地现建有工人文化宫（俱乐部）约 1 302 个。其中，省级 32 个，地市级 360 个，区县级 910 个，职工 28 839 人。

共青团系统。青少年宫 639 个，其中省级 12 个，地级 207 个，县级 420 个。职工约 6 万人。

妇联系统。县级以上妇女儿童活动中心共有 1 200 多个，具有独立法人资格的有 614 个，其中国家级中心 2 个，省级中心 30 个，地市级中心 213 个，县级中心 369 个。

二、群众文化事业机构的基本特征与职能

（一）群众文化事业机构的基本特征

政府兴办的群众文化事业机构是公益性文化单位，是公共文化服务的骨干。这一性质和职能决定了它在群众文化体系中的主导地位和主导作用，决定了它服务性的工作性质，以及它在工作内容上的普及性与综合性。

主导性。是指群众文化事业机构在群众文化体系中地位和作用的主导性特征。群众文化具有多方面的倾向性，表现不同群体或个体对于群众文化不同内容和形式的追求。对于一般的由于不健康的审美情趣、风俗习惯等原因出现的一些低级、庸俗、迷信、消极的群众文化现象，不能用行政的、法律的手段去解决。群众文化事业机构则可以通过示范性群众文化活动、辅导或培训去提高人们的审美能力，引导人们接受健康向上的群众文化活动。发挥群众文化事业机构的主导性，要明确自己的群众文化工作目标，把握好群众文化工作的方向，发挥自己的优势，用社会主义先进文化占领群众文化的阵地，使其成为群众文化活动的主流。

服务性。是指群众文化事业机构工作性质的服务性特征。服务性体现在两个方面。一是为人民服务。要以保障公民基本文化权益，满足人民群众基本文化需求为出发点，要从群众的需要出发去开展活动，要面向全体群众开

展服务，要以人民群众的满意度为衡量服务的标准，要让群众参与群众文化事业机构的管理。二是为国家的经济建设、精神文明建设、政治建设和社会建设服务。包括宣传党和国家的各项方针政策，围绕中心工作开展主题性群众文化活动、专题性演出和群众文艺创作等。这两个服务是高度一致、密不可分的。

普及性和综合性。是指群众文化事业机构在工作内容上的普及性和综合性特征。主导性和服务性是公共文化服务机构的普遍性特征，而普及性和综合性是群众文化事业机构的特殊性特征，它是与公共图书馆、博物馆等其他文化事业单位明显的区别。群众文化事业机构的服务以文学艺术为主要内容，以全体人民群众为服务对象，这就决定了它的服务必然具有普及性，要适合普通群众的兴趣和爱好，适应普通群众的文化艺术素质，满足普通群众的基本文化需求。群众文化机构的工作内容既要普及，也要提高，重点在普及，提高是在普及基础上的提高，普及是在群众文化需求普遍提高基础上的普及，提高（如提高群众文化骨干的艺术水平）是为了更好地普及。群众文化需求是多样化、多层次的，群众文化事业机构的工作内容也是综合性的。它的工作内容涉及广泛，不仅涉及文学艺术的各个门类，还延伸到体育、科技、法律等各个领域；它的服务方式多种多样，有群众文化的艺术鉴赏服务，有群众文化活动的参与服务，有群众艺术素质和技能的培训服务，有群众文艺创作的服务，有群众文化活动的指导服务，等等。

（二）群众文化事业机构的基本职能

宣传教育、开展活动、普及知识、满足需求、保护遗产、理论研究是群众文化服务机构的基本职能。

组织开展群众文化活动是群众文化事业机构区别于其他文化事业单位的独特职能，也是群众文化事业机构的中心工作内容。开展群众文化活动，是满足群众文化需求的主要方式，也是宣传教育、普及知识、保护非物质文化遗产的载体。群众文化事业机构要利用设施阵地和社会这两个"大舞台"，通过各种群众文化活动来开展宣传教育活动，"寓教于乐"，宣传政府的路线、方针和政策，正确引导社会舆论和需求，潜移默化地影响和改造人们的精神世界，提高人们的思想素质水平。以组织与辅导的方式开展综合性的群众文艺活动，普及文化艺术知识和技能，培育群众文化骨干，开展群众文艺创作。

非物质文化遗产是群众文化活动的重要形式和内容。要把非物质文化遗产搜集、整理、保护工作，非物质文化遗产的展示，非物质文化遗产的传承有机地结合起来，使其成为群众文化活动的重要内容。

国家开办的群众文化事业机构是群众文化的专门机构，它拥有庞大的群众文化专业工作者队伍，拥有大批群众文化实践专家和理论专家。因此，逐步建立健全群众文化理论体系，促进群众文化的发展，已成为群众文化事业机构的一项重要任务。

三、群众文化事业机构的工作原则

（一）方向性原则

为人民服务、为社会主义服务是群众文化事业机构的生命线，也是它自身发展的内在要求。把"为人民服务、为社会主义服务"作为群众文化事业机构的方向性工作原则，就要求群众文化事业机构在工作中时时刻刻、全心全意地把广大人民群众作为服务对象，要求它从群众的利益出发，千方百计地去满足他们的文化需求，使社会主义时代的人民群众真正成为群众文化活动的主人，也要求它在服务内容上着力于表现人民群众的愿望和他们所从事的社会主义事业，着力于表现时代生活和时代精神。此外，还要求它所开展的各项文娱活动要有助于人们陶冶情操，提高精神境界，使人们精神振奋地投入社会主义现代化建设。

（二）目标性原则

群众文化事业机构要以保障公民基本文化权益、满足人民群众基本文化需求为目标，以"百花齐放、百家争鸣"方针为基本内容。群众文化事业机构应该有自己的特色活动和品牌活动，但是，特色和品牌活动是建立在满足人民群众基本文化需求基础上的，是建立在综合性文化服务基础上的。群众文化事业机构要根据群众不同的文化需求，促进不同形式和内容的群众文化活动的开展，"百花齐放"，让拥有各种文艺爱好的群众都能在这里得到文化生活的享受，培育多样化的群众文艺骨干，促进群众在文化创造和文化欣赏中获得充分的民主和平等。

（三）政策性原则

政策性原则包括：坚持古为今用、洋为中用和推陈出新；坚持普及与提高相统一；坚持教育与娱乐相结合；坚持把社会效益放在首位；坚持业余自愿、丰富多样、健康有益、勤俭节约。"业余自愿、丰富多样、健康有益、勤俭节约"是现阶段开展群众文化工作和活动要坚持的基本原则。业余自愿，体现了群众文化活动的基本特点。丰富多样，才能满足广大群众的文化需求，并且体现"百花齐放"的方针。健康有益，是指所开展的一切群众文化活动都要对群众身心健康有益。勤俭节约，反映了现阶段经济状况的要求，开展群众文化活动要适应群众的经济水平，不造成群众的负担。

四、群众文化事业机构建设与改革

"突出公益属性、强化服务功能、增强发展活力"是对公益性事业单位改革的总要求。改革的目的是促进文化繁荣，更好地满足人民群众的基本文化需求。

"突出公益属性"是群众文化事业机构改革的前提。改革不是要改变群众文化事业机构的公益属性，不是走产业化或产业化与事业化相结合的道路，而是保持和突出其公益属性。文化馆（站）的"以文补文"服务模式已经存在 20 多年，形成了一整套与之相适应的制度和机制，强调改革要"突出公益属性"对于文化馆（站）有着特殊的重要性。2011 年 1 月，文化部、财政部下发了《关于推进全国美术馆、公共图书馆、文化馆（站）免费开放工作的意见》，是突出文化馆（站）公益属性，推进文化馆（站）服务模式改革的重大举措。目前，免费服务已经扩大到工人文化宫（俱乐部）等群众文化服务机构。"免费开放"带来了新的挑战与机遇，群众文化事业机构应在"免费服务"的模式下创新基本服务内容、改善服务方式，有效提升群众文化服务能力和水平，增强发展的活力，不断满足广大人民群众对群众文化的新期待、新需求。

（一）建立群众文化事业机构基本文化服务的经费保障机制

"免费开放"是在公共财政支撑的服务模式，"突出公益属性、强化服务功能"首先要增加投入。加大投入不仅是加大对硬件设施建设的资金投入（这是必要的），还要加大对运行经费的投入，同时保障群众文化事业机构的建设和运行。加大投入不仅是资金的投入，更重要的是建立群众文化事业机构基本文化服务的经费保障机制。"免费开放"建立了中央财政与地方财政共担的经费保障机制，以及文化馆（站）免费开放经费补助的量化标准，这一模式还需要进一步完善。改革"专项经费"的投入方式，将群众文化事业机构的"主要公共文化产品和服务项目、公益性文化活动"纳入公共财政经常性支出预算。改革按照群众文化服务机构行政级别制定经费投入标准的方法，建立省、地、县级文化馆基本文化服务项目的经费保障机制和乡镇综合文化站人均经费保障机制，按照实际服务内容和服务人口确定经费投入标准。完善街道文化站和社区、村公共文化服务经费保障机制。

（二）全面推进群众文化事业单位人事、收入分配、社会保障制度改革

深化群众文化事业机构内部人事和内部收入分配制度改革，全面实行聘用制度和岗位管理制度，加强财务管理和经济核算，建立健全竞争、激励、约束机制，努力提高群众文化服务能力和水平。

在"以文补文"服务模式下"收费项目有提成"，形成了价值取向的激励机制。在"免费开放"服务模式下，随着文化事业单位绩效工资的逐步实施，如何建立与"免费服务"相适应的工作评价、绩效考核机制，成为内部管理改革的新课题。许多文化馆在这方面进行了成功的探索，如北京市群众艺术馆的"演讲竞争上岗"，北京市朝阳区文化馆的"项目负责制"，河南

省郑州市文化馆的"目标量化考核机制"，等等。另外，建立群众文化专业技术人才吸纳、培养机制，也是人事制度改革的一个重要课题。

（三）建立健全群众文化机构服务公示制度

服务公示制度是强化服务功能，提高群众文化事业机构服务与管理水平的一项措施。"服务公示"扩大了宣传，方便了群众，可以使更多群众了解服务的项目、时间，提前一周或一个月选择并安排自己参加的群众文化活动和服务项目，提高群众的参与率，提高"免费服务"的社会效益。更重要的是"服务公示"使群众文化事业机构的服务透明化、承诺化，"服务公示"是群众文化事业机构对社会公开的服务承诺，通过"服务公示"把自己的服务置于广大群众监督之下。

要规范服务公示的内容，公示的内容不仅是开放时间，还包括项目和具体活动时间、地点、人数要求，组织者或教师，组织者或教师的介绍，等等。公示时间应提前一个月。公示方法包括公告牌、发放活动材料、网上公示、建立公共文化服务的导航平台等。还应在窗口接待、场所引导、资料提供及内容讲解等方面下功夫，努力创造良好的服务环境，增强吸引力，让人民群众乐于走进群众文化事业机构，参与群众文化活动。

（四）群众文化事业机构服务的规范化

制定文化馆（站）服务标准（服务规范），开展文化馆（站）的评估定级活动，推进文化馆（站）服务的规范化和均等化。服务标准是文化馆（站）最基本的服务要求，是最低服务指标；评估定级是对文化馆（站）服务和管理水平的评价。在群众文化服务标准和评估标准的制定上，应坚持由群众评判，把人民群众是否满意作为服务到位与否的准则。群众意见是一把最好的尺子，最能衡量文化馆（站）服务工作的长短优劣。

五、社会性群众文化服务组织

社会性群众文化组织包括群众文化协调组织、社会办群众文化机构和群众性群众文化组织。

群众文化协调组织是在政府统一领导下，由政府各部门组成或由辖区各有关单位组成的机构，其主要职能是组织协调好本地区的重大群众文化活动，协商解决群众文化工作中的重大问题。群众文化活动涉及面广，需要协调各方面的力量共同管理。

社会办群众文化机构是由社会资金兴办的各类公益性群众文化机构。国家"十一五"文化发展规划纲要明确指出，支持民办公益性文化机构的发展，鼓励社会力量捐助和兴办公益性文化事业，积极引导社会力量提供公共文化服务，机关、企业、学校的文化设施要尽可能地向社会开放，积极开展文化服务。

群众性群众文化组织是由群众自发组织的群众文化组织，包括群众业余剧团、团体、协会等，一般采取自愿组合的形式，由群众自己管理。社会性群众文化组织是支持群众文化事业发展的重要辅助力量，其发展还需要相关政策的扶持。

案例：北京市朝阳区文化馆的"项目负责制"

朝阳区文化馆把群众基本文化需求转化为文化馆服务"项目"，建立"群众需求项目化"的管理机制。实施"统一协调、区域管理、项目负责、指标控制"的"项目负责制"管理办法，实行岗位分类、全员聘任，公开选拔、竞争上岗，按岗定酬、优劳优酬制度。

2011—2012年，全馆设置共五大类，48个项目，120个岗位。

1. "国家公共文化服务体系示范区"调研

岗位职能：协助完成调研，完成文字材料报送工作。

任务标准：按照"国家公共文化服务体系示范区"要求，协助主管领导完成"政府公共文化服务主体地位研究"课题调研，做好课题会务等工作；完成"公共文化服务建设机制和统筹协调机制市级高级研修班"课题组织工作；完成各类文字材料的编写报送，信息报送全年不少于350条。

岗位职数：负责人1名，成员1名。

2. "社区一家亲"活动

岗位职能：巩固全国群众文化活动品牌。

任务标准：围绕"庆祝中国共产党建党 90 周年"的工作重点，提供公共文化服务，加大社区文化建设，加强文艺作品创作，做好优秀原创节目推荐展演工作，关注残疾人、外来务工人员等弱势群体的文化权益保障，管理朝阳区集邮协会活动。

岗位职数：负责人 1 名，成员 1 名。

3. 社区电影管理

岗位职能：加强对农村数字影厅和流动放映的管理服务，做好影片配送服务，定期检查基层放映状况，完成数字电影的政府折子工程。

任务标准：做好全区数字影厅、流动放映的设施设备和队伍的管理，督促完成流动放映 2 150 场和固定影厅 4 120 场的折子工程放映任务，举办"建党 90 周年优秀国产影片献映"活动，将"创建文明城区"工作纳入基层放映宣传重点，开展文明放映周活动，巩固"民工影院"品牌。

岗位职数：负责人 1 名，成员 2 名。

第三节　群众文化的队伍建设

一、群众文化专业队伍

群众文化专业队伍，从广义上讲，包括政府文化主管部门的群众文化行政工作人员和群众文化服务机构的工作人员，这里所说的群众文化专业队伍，是从狭义上讲的，专指群众文化服务机构的群众文化业务工作人员。

群众文化专业人员的工作特点：群众文化工作涉及面广，综合性强，从事群众文化工作不仅要接触不同职业、不同层次的群众，还会涉及不同的艺术门类；群众文化活动参与人员多，安全要求高，组织协调工作量大；活动、辅导是其主要工作，需要直接面对群众进行宣传、指导。

对群众文化专业人员的基本要求可以概括为"两个素质，三种能力"。两个素质：①具有较高的政治思想素质，能自觉践行社会主义核心价值体系，有强烈的社会责任感，热爱群众文化事业和公益性服务事业；②具有较高的艺术素质和技能，具有较广博的知识和较强的专业技术能力，掌握较为先进的专业技术知识，在培训和辅导中能真正为参与者答疑解惑。群众文化专业人员应接受过相关专业技术教育并取得相关学历，没有学历，但实际专业技术能力特别突出的人员，也要通过在职教育等方式，取得相关专业技术教育学历。

三种能力是指开展群众文化工作所需要的三种特殊能力要求，是群众文化专业人员和一般文化团体对专业文艺工作者要求不同的地方。群众文化专业人员不但要具备较高的专业素养，同时还应具备以下三种能力。一是较强的学习能力。群众文化专业人员不能仅仅是某一门类艺术的专业人员，而应是"一专多能"的专业人员。群众文化专业人员面对的是群众多样化的文化艺术需求，群众文化工作人员除本身专业外，还应学习其他艺术专业，涉猎各类科学文化知识。尤其是基层文化机构，人员编制相对较少，要求群众文化工作人员必须是"一专多能"，才能适应群众的需求。二是较强的组织协调能力。群众文化专业人员既从事艺术创作，又进行艺术表演，不少群众文化专业人员有很高的艺术水平，他们的作品和演出可以在专业性比赛中获奖。但是，群众文化专业人员的主要职责和主要能力不是自己创作和演出，而是组织群众参与文化活动和文艺创作。作为群众文化活动的组织者，除自身具有较高的艺术素质和技能外，还必须有较强的组织能力，包括制定活动方案，组织人民群众开展活动，指挥和协调活动中各方的行动以保证活动的顺利进行，对突发状况的应变和总结经验教训的能力，等等。一个群众文化活动的成功举办，与群众文化工作人员的组织协调能力息息相关。三是较强的语言表达和传授能力。语言是沟通的桥梁，而群众文化工作需要面对广泛的群众，他们职业不同，文化水平不同、基础参差不齐，接受能力有高有低，无论是培训、辅导还是开展其他文化活动，较强的语言表达和传授能力都能帮助群众文化工作人员事半功倍地完成其工作任务。

二、群众文化骨干队伍

群众文化骨干是指在群众文化活动中自然形成的，并在群众文化活动中起着组织、辅导和管理作用的中坚分子。包括各种业余文艺组织的领导骨干和活动骨干，职业、半职业民间艺人，等等。

（一）群众文化骨干的类型

群众文化骨干包括技艺专长型、热心组织型和结合型三种类型。技艺专长型骨干有比较高的艺术水平和艺术技能，起辅导及组织、管理的作用；热心组织型骨干以社交能力和组织文化活动的能力见长，其文化艺术水平虽不是出类拔萃的或者是没有文化艺术特长，但有较强烈的文化艺术爱好，以积极、善于组织和管理而成为群众文化骨干；有技艺专长又热心组织管理的骨干，则属于结合型（或称"全能型"）骨干。

（二）群众文化骨干应具备的素质

群众文化骨干应具有以下素质。一是具有较好的思想素质，勇于进取、自强不息、立志奉献。群众文化骨干需要在业余时间义务地为群众文化活动进行组织、辅导、管理工作，如果在品行上无法成为他人的楷模，参与群众文化活动的其他人员必定不愿接受骨干的辅导和管理。二是具有一定的文化艺术素质，在一定的成员范围内，骨干的技艺水平应是最高层次的，有能力辅导别人，在某方面具有发言权和影响力。三是具有一定的组织才能，群众文化骨干要在群众文化活动中担当组织者、辅导者和管理者的角色，要对成员之间的关系进行协调，要同社会各界进行文化活动所必要的联系，就须有一定的社交活动和组织管理的能力。

（三）群众文化骨干形成的特点

群众文化骨干的形成具有自然性与自愿性特点。群众文化骨干产生的基础是群众文化活动。人们在群众文化活动中相互交往、相互了解，当其中有人在思想素质、文艺素质、社会品质等方面达到一定的水平而超越其他人时，就在一定的时间和影响范围内，自然地成了相关群众文化活动中的"领头羊"。可见，这种骨干人物不是社会政权组织任命的，不是骨干自封、自吹或其他外部力量干预而扮演的角色，而是在一定范围内得到了公众认可，或是受到其他文化艺术爱好者的拥戴而自然形成的。与自然性相联系的是群众文化骨干义务工作的自愿性。他们从事群众文化活动的组织、辅导和管理等工作，是在业余时间进行的义务工作，是出于为满足自身的精神文化需要与实现所追求的目的而自觉、自愿进行的工作。

群众文化骨干的形成具有相对性与可变性的特点。有些骨干的地位可以保持数年甚至一生，有些骨干则属昙花一现。一是因为群众文化骨干进行的文化活动是业余性质的，一般是出于他们的志趣和爱好，若兴趣爱好发生转移，骨干对自己的骨干地位也就放弃了；二是客观条件的变化，如职业的变动、工作或家庭情况的变化、年龄的增长等，都可能影响到骨干能否继续尽义务；三是骨干条件的变化，在一个文化区域内，群众的思想素质、技艺水平和社会交际能力等骨干构成的条件因素会产生变化，进步较快的人在某些方面超过了原先的骨干，就有可能形成新的"领袖人物"，骨干地位就发生了转移。

（四）群众文化骨干队伍的作用

辐射功能。群众文化骨干是群众文化活动的"带头羊"，是群众文化事业机构与广大群众密切联系的桥梁和纽带。群众文化事业机构通过他们辅导群众，组织群众文化活动，建立群众业余文艺团队，并向周围群众辐射，从而促进文化艺术的普及与群众文化活动的开展。

聚合功能。群众文化骨干是群众文化活动和群众业余文艺团队的组织者。群众文化骨干所具备的思想、艺术素质和组织指挥的才能，对其周围的文艺爱好者甚至其他群众产生着极强的吸引力，易于聚合成各种形式和规模的具有不同特色的文化群体，构成一支支群众业余文艺团队。在有高层次骨干、骨干群的地方，有关门类的群众文化活动和群众业余文艺团队必定是比较活跃的。

导向功能。群众文化骨干是群众文化的引领者。群众文化骨干由于具有高于一般群众的思想文化修养和辨别是非、美丑的能力，往往在一定范围内因为德高望重、技艺超群而取得其他活动主体的信任。因而，艺术骨干的世界观、价值观和艺术爱好对周围群众具有一定的熏陶和感化作用。群众文化事业机构有一批具有较高思想和艺术素质的骨干群体，能够按照社会和时代的要求自觉地完成其导向作用，这就能更好地引导当地群众文化活动沿着健康的轨道发展。

承递功能。群众文化骨干是群众文化发展的支撑者和传人。在漫长的群众文化发展历史中，群众文化骨干肩负着历史赋予的继承、发展、下传的重任，一代代群众文化骨干，通过口授、身传等方式，承递了民族传统的群众文化艺术，使各民族各地区形成鲜明的民族文化特色和浓郁的地方艺术风格。在当今与未来，虽然完整的学校教育系统发挥着群众文化的承传教育作用，但许多优秀文化遗产仍要靠骨干挖掘整理，许多文化艺术活动形式主要靠骨干推陈出新。

创新功能。群众文化骨干在群众文化的传承中有着重要的创新作用。作为群众文化骨干的群众个体，必定受当时的经济、社会、民族、地域、自然等因素的制约，他要以相适应的文化活动形式和内容来表现特定时期的社会生活，使群众文化与所处的时代合拍。因而，必然要对传统的文化活动形式进行选择、改造、补充和发展，不断丰富文化活动内容。这样，就形成了群众文化骨干的创新机制，发挥了其创新功能。

（五）群众文化骨干队伍建设

群众文化骨干队伍的建设是群众文化工作的重要内容，也是群众文化事业机构的重要职能与业务。在社会主义群众文化工作中，要增强群众文化骨干队伍建设的自觉性，有意识地培养、引导群众文化骨干在群众文化活动中担任重要的角色。群众文化骨干队伍的建设应遵循系统性、经常性、稳定性原则。

系统性原则。群众文化骨干队伍建设的系统性包含三个方面。一是各艺术门类骨干的系统性，骨干专业门类要齐全。群众文化骨干包括文学、音乐、舞蹈、绘画、戏剧、曲艺、摄影、书法等文艺创作和表演活动方面的骨干。对于一个乡镇（街道）和社区（村）来说，不要求艺术骨干的门类齐全，应当有特色、有重点，即重点建设与乡、村特色群众文化发展相对应的群众文化骨干。对于一个县以上地区来说，各门类的骨干都是需要的，应建立一支门类较为齐全的群众文化骨干队伍，促使群众文化活动全面发展。二是群众文化骨干队伍建设工作的系统化。群众文化骨干队伍建设应制订发展计划，建立群众文化骨干"艺术档案"和人才库，建立群众文化骨干的发现和培养机制，研究群众文化骨干发展规律，制定群众文化骨干的有关政策和激励机制。山东省肥城市实施的"把优秀的文化爱好者培养成文化骨干，把优秀的文化骨干培养成公共文化辅导员，把优秀的辅导员培养成弘扬社会主义核心价值体系的文化服务志愿者"，就是一个群众文化骨干队伍建设的系统工程。三是群众文化骨干培训的系统化。要把群众文化骨干的培训纳入群众文化骨干队伍的培训计划，按照了解群众文化基本规律，提高两个素质和三种能力的要求，制定群众文化骨干的培训大纲，系统性地进行培训。天津市群众艺术馆"千村百站"农村文艺骨干培训工程，就是群众文化骨干队伍系统化培训的典型事例。

经常性原则。群众文化骨干队伍的建设是一件经常性的工作，应列为群众文化事业机构的日常工作内容，并贯穿于各项群众文化工作之中。要在群众文化活动中发现和培养骨干，要在群众文艺比赛和群众文艺创作中发现和培养骨干，要在指导和辅导基层群众文化中发现和培养骨干，要在指导企业、校园群众文化工作时发现和培养骨干。要尊重和相信骨干，充分发挥他们参与集体文化活动的积极性和主动性，为他们搭建活动的平台，让他们在文化实践中锻炼与成长。

稳定性原则。稳定性包括：要保持骨干队伍的稳定性，培养对象的相对稳定性，骨干队伍建设计划和有关政策的稳定性。稳定性原则还要求建立不同年龄梯次的群众文化骨干队伍，特别是少年儿童文艺骨干，尽早为少年儿童的文化天赋的发挥创造条件，可以培养他们对文化艺术活动的兴趣，为群众文化骨干队伍培养后备力量。"福建艺术扶贫工程"就是从农村儿童抓起的群众文化骨干建设实例。

案例：山东省肥城市"县级城市公共文化服务志愿者递进培养工程"

山东省肥城市实施"把优秀的文化爱好者培养成文化骨干，把优秀的文化骨干培养成公共文化辅导员，把优秀的辅导员培养成弘扬社会主义核心价值体系的文化服务志愿者"为主要内容的公共文化服务志愿者递进培养工程。其特点是，把群众文化骨干、群众文化辅导员、文化志愿者三个队伍的建设有机地结合在一起。其目标是，壮大文化志愿者队伍，力争通过3～5年的努力，使县域内所有社区、村居全部配备2～3名思想觉悟高、业务素质强、具有组织协调能力、传播先进文化的公共文化服务志愿者。具体做法包括以下几方面。

开展调查。对文化爱好者进行摸底排查，并通过歌手大赛、票友大赛、"桃乡大寿台"等活动发现文化人才，对3 200多名文化爱好者逐一登记，建立业余文化人才库。

健全组织。成立公共文化服务志愿者俱乐部，负责全市公共文化服务志愿者队伍的注册、登记、日常管理、活动规划和协调运作。

开展培训。采取集中培训与具体指导相结合的方式，下发菜单式培训目录，让文化骨干根据自身需求，参加不同专业的培训。2009年以来，举办培训班24期，对2 600多名文化骨干进行了培训辅导，培育了700多名文化辅导员和400多名文化服务志愿者。

建立考核督导机制。将基层文化队伍建设列入民生实事，成立了领导小组，出台了实施方案，明确了责任主体和工作进度，月汇报、季检查，严格督导。

建立经费保障机制。2009年以来，市财政每年拿出100万元用于文化队伍建设，市、乡、村先后投入460多万元，用于"递进培养工程"的器材配备，并组织开展各类学习培训活动。

建立表彰激励机制。按照职业、特长和业务能力对公共文化辅导员评定星级，引导他们自愿报名成为公共文化服务志愿者；开展了公共文化服务志愿者标志评选，推出了彰显志愿精神、体现肥城特色的文化志愿者标志；每年对公共文化服务志愿者进行评比，表彰奖励，推出十佳"优秀文化服务志愿者"、十佳"优秀业余文化团队"；建立起志愿服务与社会认同相对接的考评机制，鼓励机关、学校和企事业单位在同等条件下优先录取和聘用优秀志愿者。

文化志愿者充分发挥农村文化建设中的带头作用，牵头组织各类文艺队伍，全市正常开展活动的民间业余文艺队伍有200多个，包括歌舞文艺队伍160多个、庄户剧团40多个。推动了群众文化活动的开展。如今，在农村文化广场、文化角，随处可见健身操、戏曲演唱等文化志愿者自发组织的文化活动。

案例：曾昭兰和她的艺术团队

优秀的群众文化骨干能带动街区群众参与打造优质的群众文化活动团队。

曾昭兰是天津市友谊路街市民学校服装模特班教师，也是该街银光服装服饰表演团团长。她退休后组建了银光服装表演队，广泛吸纳社区爱好者，运用教学与实践相结合的方式，先后培养300余人。她根据团员自身特点，结合现代舞蹈特色编排表演方式，并不断在表演内容上创新改革。《中国百年婚礼》《情满海河》等表演屡获国家级和市级奖项。为抗击"非典"排演的《祝福天使》、为抗震救灾排演的《中国民族魂》等在社区巡回演出中取得了积极的社会反响。表演团还多次赴马来西亚、韩国、法国等地进行文化交流，中外媒体予以关注，曾昭兰也赢得了"中国老年形象大使"的赞誉。

三、群众文化志愿者队伍

群众文化志愿者是自愿贡献个人时间、精力和专业技能，在不计物质报酬的前提下为开展群众文化活动、推动群众文化事业而提供服务的人员。群众文化志愿者没有年龄限制，任何人不论年龄大小，只要具备参加志愿服务的基本条件，皆可自愿参与不同层次及能力要求的志愿服务。

群众文化志愿者应具有志愿者精神，自愿地、不计报酬地参与推动社会进步、促进人类自身全面发展的社会公益事业，即做到奉献、友爱、互助、进步。

群众文化志愿者参与群众文化服务可以按三种类型划分。按参与服务的类型划分，有群众文化活动服务和群众文化事业机构服务。群众文化活动服务指志愿者在群众文化活动中协助组织者管理、协调、维护、完善整个活动过程，以保证群众文化活动顺利进行；群众文化事业机构服务指志愿者自愿在群众文化事业机构中承担志愿服务岗位，为群众文化事业机构开展各项群众文化活动提供时间、精力或技术支持。

按提供服务的内容划分，有时间型服务和技能型服务。时间型服务指群众文化志愿者无论是否具有特殊文化技能，只要愿意奉献个人的时间就可以从事群众文化志愿者服务；技能型服务指群众文化志愿者须具备一项或多项文化技能，并利用其所具备的技能开展群众文化志愿服务。

按服务时间划分，有定时性服务、定期性服务及临时性服务。定时性服务指志愿者能够在日常生活中抽出某一固定时间（如每星期三的上午 9:00—11:00），连续参与群众文化志愿服务，服务时间相对稳定，服务时间是间隔的、不连续的但周期较长；定期性服务指志愿者自愿按照与群众文化事业机构约定的时间，不间断地参与群众文化志愿服务，如某项重大群众文化活动，从开始到结束期间均从事志愿服务；临时性服务指志愿者自愿参与群众文化服务机构举办的各类临时性活动，并为活动提供志愿服务。

群众文化志愿者参与群众文化服务的动机大致分为三类：第一类是自我取向，依个人的文化爱好参与志愿服务获取个人内在的满足感；第二类是人际取向，其目的是参与群众文化活动和群众文化群体，结识朋友，获得他人的肯定；第三类是情境取向，是为了回应社会责任，并获得社会的认可。

群众文化志愿者目前已经成为群众文化事业中的重要力量。群众文化志愿者队伍建设要抓好服务项目推介，使志愿者深入了解服务内容；建立健全志愿服务制度和管理办法，使志愿者顺利、高效地开展工作；开展志愿者业务技能培训，使其在服务中不断提升个人文化艺术素质，具备该项目或岗位所需要的服务知识和能力；要注重报道志愿者服务，使大众了解这一服务，并愿意参与进来，要使志愿者在履行社会责任的同时获得社会认可。

案例：北京市群众艺术馆"文化志愿者服务体系建设"

北京文化志愿者服务体系从 2008 年开始建设，目前已形成了以北京市文化志愿者服务中心为龙头，以全市 16 个区县 18 个分中心为基础，广泛吸纳各行各业的文化志愿者队伍，开展了一系列公共文化服务。在全国第十五届"群星奖"评选活动中，"北京市文化志愿者体系建设"获得项目类"群星奖"。

北京市文化志愿者队伍组建和管理一般经过宣传招募、考核、输入备案、培训、选派、激励等工作流程。文化志愿者从参与群体属性上分为个人型和团体型。从专业技能和人员结构上大致分为四类：专家型、专业型、特长型、支持型。经过 4 年建设，目前基本形成了全市性的文化志愿者队伍和相应的管理体系，已发展了 8 300 余名文化志愿者及 10 个志愿者团队，共开展了 72 个服务项目，包含艺术演出、辅导培训、大型活动保障、展览展示等四大类，近 4 万人参与文化志愿服务，近 200 万名各界群众享受服务成果。

北京市文化志愿者服务中心大力扶持各分中心文化志愿服务项目的开展和品牌建设，确定了艺术演出、辅导培训、大型活动保障、展览展示四大服务方向。2010 年，与各分中心负责人签订了《北京文化志愿者示范品牌项目委托书》，重点扶持并推出了 4 个示范性志愿服务品牌项目，包括密云区的"暖心工程"、怀柔区的"基层文化辅导站"、延庆区的"走进绿色文化空间"工程和房山区的"5285 工程"。

北京市文化志愿者服务中心不断提高文化志愿服务的水平，对文化志愿者和文化志愿服务工作管理干部进行培训，5 000 余人参加了培训。搭建文化志愿者信息服务平台，形成及时、共享的交互式网络管理机制。文化志愿者信息数据库和网站目前已经建成并投入使用，成为及时发布信息、加强成员联系、展现文化志愿者风采和志愿服务工作实绩的阵地。

案例：活跃在社区的文化志愿者刘淑芹

北京市密云区果园街道季庄社区文化志愿协会会长刘淑芹是一位退休的音乐老师。在居委会的支持下，她先后在檀城、果园北区、季庄等多个社区组建舞蹈、合唱、曲艺、绘画、手工制作等 6 支群众业余文艺团队，先后编排了舞蹈、演唱、相声、小品等 60 多个文艺节目，参加了市、县各种演出和展览 100 余场，多个节目已成为基层文化建设的品牌，带动了社区群众参与文化活动的热情。

她为了克服社区文化设施及资金不足等困难，拿出近 5 万元退休金购买服装、道具、照相机、摄像机、音箱等器材，并亲手制作 100 多件道具。个人累计志愿服务时间超过 1 万小时，还培养了 200 多名社区文化志愿者骨干，文化活动的足迹遍布全县 36 个社区，使越来越多的居民和志愿者参与社区文化活动和服务。

四、群众文化群体

群众文化群体是指群众文化爱好者通过一定的社会关系自愿结合进行文化活动的集合体。它包括四个要素。首先，它是由群众文化爱好者组成的。共同的艺术爱好和兴趣，共同的文化需求和参与意识是群众文化群体形成的基础。群体中的群众文化骨干，是群体形成的必备条件。其次，它是通过一定社会关系组合而成的。这种社会关系基于成员共同的兴趣爱好和共同的文化需求。这个群体自然、暂时地聚集在一起，不一定有固定的组织形式和联系方式。再次，它是自愿的结合体。群体没有强制的要求，成员完全凭自己的意愿集合在一起，可以自愿参加，也可以自由退出。最后，它是进行文化活动的集合体。它是以群众文化活动为唯一目的而聚集在一起的，有组织而又相对松散的群体。

（一）群众文化群体的类型

从组合方式上划分，群众文化群体有四种类型。一是自由组合、自然形成的群众文化群体，这是常见的组合方式。是由几个群众文化骨干有意识地带头，聚集一批兴趣相同的群众文化爱好者，开展活动，在活动中逐渐扩大队伍，有了固定的活动时间、地点和内容，以及约定俗成的制度，逐步形成趋向一致的价值观念、活动目的和相互联系，有的群体有自己的名称，但没有形成明确的组织章程和机构。北京景山的群众文化群体就属于这种类型。二是有社会组织、机构、团体倡导，并提供一定条件，以一些群众文化骨干为核心形成的群体。包括文化馆（站）等群众文化机构、企事业单位、机关学校、工会共青团、居（村）委会出面组织的群众文化群体，一般有群体的名称，但没有形成明确的组织章程和机构。三是上述两种类型的群众文化群体在发展中逐步形成较稳定的联系和组织，制定了群体的章程制度和机构，但没有正式登记成为正式的社会组织。如云南省腾冲市大村的"农民演艺协会"和一些群众业余艺术剧团、社团和协会。四是群众文化群体经过长期发展，形成了稳定的联系和组织，正式在民政部门登记注册，从群众文化群体转变为社会群众组织。

从艺术门类上划分，有文学、戏剧、曲艺、绘画、音乐、舞蹈、摄影、美术等各艺术门类的群众文化群体。各艺术门类的细化分支都可自成群体。

从活动频率上划分为，有常年活动、定期活动和不定期活动的群众文化群体。

从活动性质上划分为，有创造型、求知型、康乐型等群众文化群体。创造型的群众文化群体，从事的是创造性的文化活动。如文艺创作、文化理论研究等。这类群体成员的素质较高，具有更高层次的理想和追求。求知型的群众文化群体，是以学习、掌握文化、科学、知识，以提高自身文化修养为目的，这类群体大都在各级学校和工厂企业中，成员多为上进心强的青少年。康乐型的群众文化群体，则以休闲、娱乐为价值取向，这类群体由中老年组成，特别是离开工作岗位的老年人，他们通过参与群众文化活动来充实晚年生活。

（二）群众文化群体的特点

群众文化群体产生和发展与一定的社会生产和生活状况紧密关联，与人们的文化生活权利和群众文化的发展状况紧密关联，与人们的个体素质紧密关联。它具有两组特点。

自发性和易散性特点。群众文化群体的产生不排除当地文化部门或其他有关方面的倡议、扶持、帮助与辅导、管理，但不存在隶属关系，都是以相同兴趣、爱好、追求等文化生活需要为引力，以感情共鸣为纽带，自发、自主、自愿地组成，其成员有较大的自主性。与此同时，正由于群体的自发性，组织结构较为松散，一旦参与受众的兴趣、需求、环境等发生变化，尤其是骨干的退出，这一群体就极易解散。

内聚性及心理相容性、从众性特点。群众文化群体中自然形成的领袖人物，由于素质较高、善于团结、协调能力较强等原因，在群体中拥有一种自然影响力。这种影响力的作用，可形成比较显著的内聚力。领袖人物在群体中发挥着核心作用，使群体成员之间有较多的共同语言、较强的信任感和归属感。内聚性还说明了群众文化群体的成员是在心理相容的基础上自愿结合的。他们互相依托、互相关心、感情真挚。因此，成员的从众行为倾向性较强，信念和行为有较高的一致性，易于产生群体性行为。

（三）群众文化群体的社会效应

群体对成员个体具有育人效应和教化效应。通过群体活动，人们的思想意识相互影响，通过对自我存在的思考，会激发人们在生活理想、人生追求等更高的层次上形成精神的关联。这样，在一个正气占主流地位的群众文化群体中，必定会形成携手共进的氛围和良好的循环。人们在群众文化群体的文化活动中切磋技艺、互帮互助、共求上进，既得到娱乐休息，又丰富了知识；既提高审美能力，又陶冶情操，从而使群体活动具有育人效应和教化效应。

群体对群众文化发展具有辐射、聚合和导向作用。群众文化群体中骨干人物的辐射、聚合、导向等作用，使得整个群体对群众文化发展都具有极强的辐射、聚合和导向的效力。不仅促使社会的群众文化活动由分散、自流的状态逐步转变为自觉、有序的状态，而且增强了群众文化自身传承与创新的能力。因此，在任何时候和任何地方，这种群体越多，群众文化活动就越普及、越深入；这种群体越活跃，群众文化就越有生气、越有活力。

群众文化群体是群众文化机构开展群众文化工作的依靠对象，如戏剧活动是一种群体性活动，没有群体组织就无从开展。群众文化群体的骨干分子，是群众文化活动的支撑者。群众文化活动的开展靠他们去筹划、组织，丰厚的民族民间文化传统和遗产靠他们去继承、弘扬，群众文化活动的内容和形式，靠他们去探索、发展，继往开来的文化活动人才靠他们引导、培养。群众以满足自身精神文化需求而聚合成文化群体，其群体在各种运转中又产生出推动整个群众文化发展的动力。

（四）群众文化群体建设

群众文化群体建设是群众文化工作的重要内容，也是群众文化事业机构的重要职能。群众文化群体建设应遵循大力倡导、积极引导、培养向导、热情辅导的原则。

大力倡导。要提倡、鼓励、支持一切积极的群众文化群体，促其发展。群众文化群体是人们在权利与自由的范围内对文化活动的一种自然的选择，它是社会生活的一个有机组成部分，是不以人的意志为转移的客观现象。因此，群众文化群体的建设既不能采取行政命令的方法，也不能放任自流，任其自由发展，应大力提倡和鼓励。提倡和鼓励不是空泛的宣传和号召，而应当有具体的政策和措施。应确定群众文化群体建设的方针、政策、计划和目标。在本书的许多案例中都把群众业余文艺团队建设纳入了公共文化服务体系建设的总体计划，纳入了群众文化活动的内容中，有计划、有目标地推进群众文化群体的建设，如成都市龙泉驿区的"百人农村特色乐器队伍"建设，河北省霸州市的"队伍发展规范化"，等等。甘肃省金昌市在示范区建设中还提出了群众文化群体建设的目标：群众业余文艺团队人数占全市总人口的5%。每个村、社区业余文艺队伍不少于两支。

积极引导的目的是克服群众文化群体可能出现的消极面，指引群体走高雅、健康的文化生活之路。群众文化生活领域同时存在着有序与混乱、高雅与低俗、文明与愚昧、新生与腐朽等文化现象，这些现象也会反映到群体的活动中来。特别是处于青少年时期的群体成员，易被一些思潮所左右，被群体的自主性引入歧途。所以，对群众文化群体的引导是十分必要的。积极引导，不仅要通过因势利导的宣传教育和组织群体参与相关的文化活动来实现，更重要的是要建立完善的群众文化群体建设的长效机制，包括群众文化业余团队的管理机制、扶助机制、奖励机制等。如云南省腾冲市大村的"农民演艺协会"自我管理机制，鄂尔多斯市乌审旗的"文化独贵龙"扶持政策，宁夏回族自治区银川市等地区的群众业余文艺团队的星级评定机制，等等。

培养向导是指要注重培养群众文化群体中的核心人物。这些带头人的意志和行为，对于群体的努力方向和进取目标有决定性的引导作用。他们是所属成员心理需求在某一层次上的集中反映者，也是所属成员爱好、志趣、利益的主导者。因此，要把群众文化骨干的培养与群众文化群体的建设紧密结合起来，通过培育群众文化骨干来推动群众文化群体的建设与发展，发挥群众文化骨干对群众文化群体中其他成员的引导和辐射作用，使群体朝着正确、健康的方向发展。

热情辅导。要把对群众文化群体的辅导纳入群众文化队伍培训的计划，有计划、有步骤地开展对于群众文化群体的普遍辅导。文化部制定的"十二五"期间《关于开展全国基层文化队伍培训工作的意见》把群众文化群体的培训纳入了方案，并提出明确要求：用 5 年时间，对现有 24.27 万县乡专职文化队伍和 366.85 万左右的业余文化队伍（业余文艺骨干、村／社区文化活动室工作人员等）进行系统培训，使专兼职结合的基层文化队伍素质显著提高，公共文化服务能力明显增强。对群众文化群体的辅导，包括帮助和指导。辅导内容不只是指点如何组织文化活动，还要在文化活动的专门知识技能、方法等方面进行教授。辅导的方法应当因地制宜，从群体的实际情况和辅导者的具体情况出发，帮助他们各展其能。

案例：银川市社会民间文艺团队"星级"评定

为进一步加强银川市社会民间文艺团队的管理，充分发挥其在公共文化服务体系建设中的作用，促进全市群众文化事业的大繁荣、大发展，银川市开展了争创星级社会民间文艺团队的工作。制定了《银川市社会民间文艺团队（星级团队）考核细则》，明确了星级团队的人数、管理、制度、活动等指标。2011 年，经过自评申报、实地察看、群众测评、综合评定等环节，共评出三星级团队 3 个，二星级团队 5 个，一星级团队 10 个，优秀团队 6 个，并给予表彰奖励。获奖团队包括宁夏老干部活动中心艺术团、胜利街祥和社区夕阳红银翔艺术团、长信乡的长欣文艺协会、云阳街道的银梦艺术团、银平苑社区的秦腔艺术团等。这些星级团队都是成立多年，比较稳定，有管理制度和组织章程的团队。他们常年活动、有自己创编的节目，并经常参加公共文化服务的演出，有较好的业绩。银川市把参加银川市组织的大型群众文化活动与文艺团队的星级评定挂钩，推动社会民间艺术团队加强自身建设，争星创优。

第五章　群众文化活动

第一节　群众文化活动的地位

一、群众文化活动的概念和地位

群众文化活动是指人们在职业外为满足自身精神文化生活需要而采取的文化行为，是群众文化功能、价值的承载体。

我国的群众文化是由群众文化活动、群众文化事业、群众文化工作、群众文化群体、群众文化理论等要素构成的一个完整的体系。在构成群众文化体系的诸要素中，群众文化活动是核心要素，处于核心地位。

人民群众的基本文化需求，包括文化艺术的鉴赏、文化活动的参与、文化艺术的学习，以及文学艺术创作等，这些都是通过丰富多彩的群众文化活动来满足的。发挥群众文化宣传教化、普及知识、团结凝聚等功能，培育"四有"新人，也是通过群众文化活动来实现的。

群众文化活动的存在和发展，决定着其他处于次要和服从地位要素的存在和发展。在群众文化"四基建设"——基本阵地、基本队伍、基本活动内容、基本活动方式的建设中，"基本活动内容"和"基本活动方式"建设是核心。"基本阵地建设"旨在建设群众文化活动的阵地（文化馆、站），解决开展群众文化活动的物质载体问题，是人民群众开展群众文化活动的物质保障；"基本队伍建设"旨在培养和提高群众文化活动组织者和骨干的能力，是群众文化活动发展的人才保障。基本阵地和基本队伍建设的成果，要在群众文化活动中来体现。

群众文化的本质，就是由取得支配地位的群众活动的内容中的主要方面规定的。在我国，群众文化活动应当坚持社会主义先进文化的前进方向，以科学和发展为主题，以建设社会主义核心价值体系为主要内容。群众文化活动可以利用传统和外国的活动形式，吸收传统和外国的内容，但必须取其精华、去其糟粕、推陈出新，保证群众文化的社会主义本质。

群众文化工作的重心是组织开展群众文化活动。广泛开展群众性的文化活动，为社会主义文化事业整体发展奠定坚实的基础，倡导文明健康的生活方式，提高人民群众的文化生活质量，是群众文化工作的主要任务。

二、群众文化活动的发展与群众文化体系的形成

从宏观上分析，我国群众文化发展的历史，我国群众文化体系的发育、形成、成熟的过程，都是以群众文化活动的发展为内在动因的。群众文化需求催生了群众文化活动，群众文化活动为群众文化群体的产生奠定了基础，根据群众文化活动发展的要求，开展群众文化工作，设置群众文化设施和机构，建设群众文化队伍，制定群众文化的方针政策，从而形成了群众文化事业。群众文化活动的开展需要群众文化理论的指导，也孕育和形成了群众文化的科学理论。群众文化活动的发展推动着群众文化诸要素的发展，最终形成了群众文化体系。

从微观上分析，一种群众文化现象的产生也是以群众文化需求为依据、从群众文化活动开始的。活动的发展形成了群众文化群体，群体的发展产生群众文化的团队和阵地，文化馆（站）通过对其的扶持使其成为群众文化工作和群众文化事业的一个组成部分，并在群众文化事业发展中发挥着作用。天津越友会的诞生和发展就是一个很好的实例。

在文化大发展大繁荣的今天，人民群众的文化需求不断增长，群众文化活动的内容和形式也在不断发生变化，人民群众对群众文化活动质和量的要求也在不断提高，群众文化活动在不断创新，群众文化工作者要用新的群众文化活动来满足群众日益增长的文化活动需求，群众自身也在创造和发展新的群众文化活动内容和形式，推动群众文化事业进入全面创新的发展时期。

案例：天津越友会

在天津市有一批越剧的爱好者（越剧票友），最开始时就是几位票友聚在一起经常活动，随着活动的开展，越来越多的越剧票友加入其中，队伍不

断壮大，从而形成越剧票友群体，提出了建立越剧票友社团的要求。1995年，经市文广局批准、市社团管理局登记注册，成立了天津市第一家越剧社团组织——天津越友会。15年来，他们架起了普及、传播越剧的桥梁，培养了新生代青年越剧迷，发展了百余名能登台演出的会员，排练了多部大戏和一批折子戏，经常深入社区和一些剧院公演，多次举办赈灾募捐义演，带动了多家越剧团相继成立，推动了群众性演唱越剧的文化活动，填补了天津市没有专业越剧团的空白，为天津市群众文化事业的发展做出了贡献。

第二节 群众文化活动的构成与原则

一、群众文化活动的内容和形式

群众文化活动的内容，是指群众文化活动形式所表现的实质和意义；群众文化活动的形式，是指群众文化活动的内容得以表现的形态。群众文化活动的内容与形式的关系是辩证统一的关系。

群众文化活动是以文学艺术为主要形式的，文学艺术作品通过艺术形象反映客观现实生活，客观地反映社会生活是群众文化活动内容的主要组成部分。文学艺术活动包含着人的智力、审美等因素，渗透着活动者思想情趣和审美评价的主观性，文学艺术作品反映了社会生活的客观性和人们文学艺术活动的主观性的统一，构成了群众文化活动的主要内容。文学艺术属于意识形态，具有一定的思想内容，群众文化活动同样具有一定的思想内容。群众文化活动还包括一些以娱乐、健身为主要内容的活动。

群众文化活动形式包括群众文化活动得以传达的物质手段，如网络群众文化活动、电视群众文化活动等；群众文化活动形式包括群众文化活动的文学艺术的形式，如歌舞、曲艺、戏剧、器乐等；群众文化活动形式包括群众文化活动的组织形式，如展览、比赛、庙会等。

群众文化活动的内容起着主导和决定的作用，形式由内容决定并为内容服务。群众文化活动的形式又能给内容以积极的影响，与内容相适应的、完美的形式能使内容得以充分表达，从而达到较好的活动效果。群众文化活动的形式是各民族在长期的群众文化实践中形成和发展的；活动形式的创新又促使活动内容更为丰富和新颖。群众文化活动的形式也有相对的独立性，不同的形式可表达相同或相似的内容，相同的形式也可表达不同的内容。

二、群众文化活动的类别

群众文化活动内容丰富、形式多样，群众文化活动的类别也有多种划分方式。本节所讲的是三种主要的类别划分方式 —— 活动样式、活动类别和活动总类。

（一）群众文化活动的样式

群众文化活动的样式，是指按不同文化艺术门类区分的基本活动组成种类。例如：群众文学活动、群众戏剧活动、群众音乐活动、群众舞蹈活动、群众美术活动等。

每种群众文化活动样式都具有相对的独立性，以其相对稳定的活动形式存在着。它们都以独特的形式和方式来表现群众文化活动的内容，同时也都以不同的形式和方式成为客体作用于群众文化活动的主体。从文化艺术门类层次上划分的群众文化活动样式，既包括这个门类的群众文化活动的过程，也包括与这个门类的活动成果有关的其他活动。

（二）群众文化活动的类型

群众文化活动的类型，指以共同的活动形态特征所形成的群众文化活动类别。例如，创作活动、表演活动、展览活动、观赏活动、培训活动等。它是更高层次的群众文化活动形态。

对群众文化活动类型的划分，是从其外部活动形态的共性上区别的一种分类方法。从其所包含的活动量（规模和参与人数）来说，有大型和小型之分，无论大小都是同类特征的活动组成的一个集合体。各种类型之间存在着相互作用、相互联结、相互依赖的内部联系，有的活动同时具有多种类型的特点，如农村题材小戏的创作活动就包括小戏的演出活动和演出中观众的欣赏活动。

（三）群众文化活动总类

活动类型更高的层次，是群众文化活动的总类。它是按活动主体在活动中的角色地位的不同来区分的，大体上划分为接受性群众文化活动和表现性群众文化活动两大类。活动总类是指活动类型的归属，阅览活动、观赏活动、培训活动等归属于接受性群众文化活动；创作活动、表演活动、展览活动、健身活动等归属于表现性群众文化活动。

接受性群众文化活动是群众的艺术鉴赏性活动。群众作为活动主体从活动客体上获得愉悦和审美享受，去认识客观世界。表现性群众文化活动是群众参与性活动，群众通过自身的文化艺术活动和文艺创作，来表现自己的思想情感、智慧和价值。

接受性和表现性两大类群众文化活动是紧密地联系在一起的。接受中可提高表现能力，表现中可接受新的知识技巧。有些活动中主体的接受角色和表现角色可能反复变换；有些活动把接受与表现紧紧交织起来；有的活动同时具有接受和表现两种性质。

三、群众文化活动的基本原则

群众文化活动要把满足广大人民群众的需求作为根本立足点和出发点。群众文化活动贯彻这一原则要注意三点。一是要了解群众需求，根据群众的需求开展活动，把群众需求变为活动项目。二是建立群众对群众文化活动的选择机制，群众的文化需求是多种多样的，群众文化活动的组织者不可能完全满足群众个体的多样化需求，就需要建立选择机制，由群众选择并参与自己需要的群众文化活动。三是建立群众文化活动的群众评价机制，一项活动的效果如何，应由群众去评价，根据群众的评价意见去改进和提高。

群众文化活动要坚持"业余、自愿、小型、多样、节约"的原则。群众文化活动的参与者主要是人民群众，他们的文化活动应该在业余时间进行。

违背了"业余"原则，必然妨碍生产，损害群众的利益，遭到群众的抵制和反对。群众文化活动应当有更多的群众参加，使更多的群众受益，但这是建立在群众参与活动的自主性上的。群众文化活动要不断提高活动质量，增强吸引力，让广大人民群众自愿参与丰富的群众文化活动。"小型"是与"业余"相适应的，又是受"业余"制约的，群众文化活动只能在业余时间进行，而业余时间是有限的，在业余时间开展小型活动，比较切实可行。"小型"又是与"多样"相联系的，"小型"容易"多样"，符合群众对文化活动多种多样的需求和喜好。提倡"小型"不排除在有条件的地方，农闲期间和节假日适当组织一些中型或大型活动。群众文化活动还应该注意"节约"，要讲求投入产出，用最小的投入，获取活动的最大效益。

群众文化活动的重点应放在基层。基层特别是农村，文化资源相对缺乏，基层文化站活动能力较低，是群众文化活动的薄弱环节，又是群众文化发展的基础。应把群众文化活动的重点放在基层，建立基层的群众文化活动机制，使基层的群众文化活动常态化。

第三节 群众文化活动的特征与规律

一、群众文化活动的基本特征

群众文化活动具有存在的广泛性。存在的广泛性体现在三个方面：从时间上看，群众文化活动过去、现在、未来都是人们不可缺少的一种精神生活内容；从空间上看，每个地区、每个民族、每个单位都有着一定的群众文化活动；从包含的内容上看，群众文化涉及如经济活动、政治活动、教育活动、宗教活动、军事活动、科学研究活动、人类情感活动等社会活动的各个方面。

群众文化活动具有时间上的闲暇性。群众文化活动在劳动生产之余的闲暇时间进行，休闲是人们正常生活的重要组成部分；闲暇活动是人心理平衡、生理调节的必需活动；闲暇文化娱乐活动是人的多样性发展和创造潜力充分发掘的重要途径。社会的发展使人们的闲暇时间越来越多，群众文化活动的重要性也越来越突出。

群众文化活动具有目的上的功利性。人们参加群众文化活动的目的是期望通过群众文化活动获取一定的功效和利益。对于人民群众来说，参加群众文化活动，都自觉地带着娱乐审美、提高文化素养、消遣休息、美化生活等的目的。可以说，任何人都是从精神需要出发并抱有一定的动机目的去展开群众文化活动的。

群众文化活动具有效应上的双向性。由于人们参与群众文化活动的目的是多种多样的，人们参与群众文化活动的目的与活动结果也是不完全一致的，这就带来了群众文化效应上的双向性，即群众文化活动可以产生正作用与副作用两种效应。一般来说，内容健康的群众文化活动所产生的是正作用，即正效应；内容不健康的群众文化活动所产生的是副作用，即负效应。

群众文化活动具有内容上的丰富性。群众文化的内容所涉及的方面广、种类多，是群众文化活动内容量的特点。群众文化的群众性与群众文化的多功能性，决定了群众文化活动内容的丰富性。群众文化在其内容上几乎涉及人类文化需求的所有方面，各种形态的社会客观现实生活，都可以直接或间接地从中得到表现。

群众文化活动具有形式上的多样性。群众文化内容表现出形式繁多的特点，它包含群众文化活动的类型、文化艺术的种类、群众文化的内容组织结构和外部形态。

案例：天津市北辰区"天穆杯"全国小品比赛活动

天津市北辰区"天穆杯"全国小品比赛活动从 1989 年到 2019 年已经成功举办了六届。活动的内容以"新农村、新文化、新风貌"为主题，以农村题材为主要内容，反映农民生活，展现新农村、新农民的时代风貌。活动选取了"小品"这种小型、灵活、深受群众喜爱的艺术形式，采取了全国范围的比赛展演形式，展演活动通过剧场演出、广场演出由北辰电视台进行现场直播，颁奖晚会在天津卫视、文艺频道、公共频道播出，使老百姓不出家门就能欣赏到高水平的节目。此外，主办方制作了展演节目光盘、编印展演大型画册并作为文化交流宣传品对外赠送，使得内涵丰富、底蕴深厚的"天穆杯"小品展演活动的外延不断扩大。

"天穆杯"小品比赛活动是一个综合性的群众文化活动，活动样式上属于群众戏剧活动。在活动类型上，把创作、表演、观赏、培训紧密结合在一起，开展小品的创作和演出培训，培育小品创作、演出队伍，推动群众小品创作和演出。"天穆杯"小品展演活动既是展现群众艺术才能的舞台，又为北辰区群众提供了艺术鉴赏平台。

"天穆杯"小品展演活动为全国农村小品创作搭建了平台，对全国农村题材小品的创作起到了很大的推动作用。2006年第十一届"天穆杯"小品大赛，在全国范围内组织剧本征集活动，共征集作品315件，209件获创作奖，82件获表演奖。"天穆杯"小品大赛的作品多次在全国群众文化赛事中取得优异成绩。《南墙根》获全国第四届电视小品比赛优秀奖，《老人坡》获全国"曹禺杯"剧本文学创作三等奖，复排的《路口》荣登中央电视台1996年春节晚会，《风车》获全国第十一届"群星奖"金奖。

二、群众文化活动的基本规律

群众文化活动有着自身的规律性，群众文化活动的组织者应当了解群众文化活动的规律，遵循群众文化活动规律。群众文化活动的特点和原则，都是群众文化活动规律的体现。群众文化活动的基本规律有以下几点。

（一）群众文化需求与群众文化活动相互制约的规律

群众文化需求决定着群众文化活动的发展，群众文化活动刺激了群众文化需求质量的提高，不断激发出新的文化需求，群众文化需求和群众文化活动相互作用，形成良性循环，从而提升群众文化活动发展水平。

首先，群众文化活动主体在需要和动机作用下产生群众文化活动，而需要随其活动的实现获得一定期望程度的满足之后，接着又会产生新的群众文化需要。新的群众文化需要不仅表现为需求的增多，而且表现出需求品质要求的提高。从宏观上说，群众文化活动的发展是社会物质文明和精神文明发展的结果；而从微观上说，在群众文化活动中不断激发出来的新的需要，是推动群众文化活动不断发展的直接动力。其次，群众文化活动的一次次进行，可以使群众不断提高群众文化活动的能力，提高了的活动能力又会作用于群众，产生新的文化需要及动机、兴趣，刺激着群众文化活动水平的上升，形成良性循环。

（二）群众文化活动与政治、经济、社会、文化发展相互制约的规律

这是指群众文化活动与宏观社会环境的关系。政治、经济、社会、文化构成了群众文化活动的外部社会环境，影响和制约着群众文化活动的发展；同时，政治、经济、社会、文化的发展又为群众文化活动的发展创造了良好的客观条件。政治、经济、社会制度决定群众文化活动的性质，社会物质生活水平决定群众文化活动的水平。

群众文化活动已不仅仅是单纯精神范畴的情感表达和自我宣扬，它已融入政治、经济、社会、生活各个领域，对内凝聚了力量，鼓舞了斗志，激发了群体的热情和智慧，形成了无形的生产力；对外树立了形象，展现了风貌，成为人们关注的焦点和亮点，为文化生产力的拓展和延伸创造了条件。群众文化活动起到了政治释放器、经济助推器、社会调和器的作用，在政治、经济、社会生活各个领域产生了广泛而深刻的影响。

（三）群众文化活动与活动客观条件相互制约的规律

这是从微观上讲的群众文化活动与活动的客观条件的关系。开展群众文化活动特别是大型活动需要一定的客观条件，包括资金、技术设备、人才、场地、交通工具等，这些客观条件制约着群众文化活动的开展。一方面，开展群众文化活动必须考虑客观条件，选择与客观条件相适应的形式、规模、范围，不能不顾客观条件盲目追求活动的规模、效果；另一方面，群众文化活动的开展又可以改善活动的客观条件，创造客观条件。有一些群众文化活动开始时受客观条件制约，只是文化馆开展的小范围、小规模的活动，后来影响扩大，受到政府和社会关注，客观条件改善，发展成为全市、全省，甚

至全国性的群众文化活动。例如，北京朝阳区文化馆的"社区一家亲"活动，最初只是由文化馆举办一些简单的文艺演出。由于活动深受社区群众欢迎，影响逐步扩大，受到政府关注，活动发展成为由朝阳区委宣传部、区精神文明办、区社工委、区农委和区文化委五家单位联合主办的全区性的活动，每年有700余场的演出、展览、培训、比赛、作品征集、生活体验等活动，参与人数达200万人。

第四节　群众文化产品

群众文化活动的主题更加鲜明。群众文化活动越来越具有鲜明的主题，弘扬主旋律，讴歌新风尚，激发热爱祖国、热爱社会主义的真挚情感。在中国共产党成立一百周年的大背景下，从山区到海岛，从城市到乡村，从首都北京到全国各地，开展了上千项庆祝中国共产党成立一百周年的群众文化活动，表达了人们对党的生日的衷心祝福。其中，以唱红歌代表的红色文化成为一种潮流，红歌以其时代性、励志性、向上性的特点深受青年人喜爱。

群众文化活动的常态化和制度化。群众文化活动遍布城乡、长年不断，有的已经形成制度。如长沙市的群众文艺百团会演，每年举办大大小小的演出12 000余场，辐射全市180多个街道（乡镇）、400多个社区，惠及600多万人民群众，已经形成常态化机制，被群众誉为"永不落幕的舞台"。

群众文化活动特色与品牌逐步形成。群众文化活动与传统民俗文化、地域文化相融合，形成了斑斓多姿、特色鲜明的群众文化活动，有的已经成为品牌活动。以天津市为例，仅全国性的群众文化品牌活动就有"和平杯"中国京剧票友邀请赛、"天穆杯"全国小品展演、"文化杯"群众文学评奖活动、"北仓杯"环渤海地区青年歌手电视大赛四项。这些活动都已经举办了十余届，享誉全国。

群众文化活动的社会化。群众文化活动走出群众文化事业内的小循环，走向社会、市场的大循环，扩大活动范围，提高活动质量，增强活动效益。例如，天津市现有40多家民营剧团，一年演出场次3 200场，刘荣升京剧团、哈哈笑、众友、名流等相声艺术团深受观众的喜爱。2010年，由市文化广播影视局、市群艺馆、今晚传媒集团和达仁堂京万红药业公司组成联合体，建立天津民营剧团产业孵化基地。市群艺馆所属的群星剧院，作为全市民营剧团演出的固定场所，更名为"今晚大舞台"。达仁堂京万红药业公司提供专项资金，支持民营剧团为群众提供公益性演出，形成了由企业、民营剧团、群众文化服务机构联合开展群众艺术鉴赏服务的格局。

群众文化活动的网络化。群众文化活动资源正转向数字化，人们可以利用网络观赏群众文化活动，通过网上艺术比赛、网上展览等，开展网络群众文化活动。很多省、市文化馆在各自的网站上开辟了很多代表自己特色的栏目：有的介绍民族民间文化、品牌活动，开展网络比赛，宣传非物质文化遗产项目；有的开展网上展览、网上艺术培训等活动；有的已经形成网上的群众文化活动品牌。例如，浙江省群众艺术馆的群众文化网站首页开辟了数字远程辅导点播平台，群众在家里就能参加文化艺术培训。

第六章　群众文化管理

第一节　群众文化管理概述

一、关于群众文化的基本法律与政策

（一）《宪法》是我国群众文化事业发展的基本法律依据

《中华人民共和国宪法》是我国群众文化事业发展的基本法律依据。《宪法》明确规定了文化活动，文化创造，文化行政，文化服务对象，文化意识形态，文化服务性质、范畴、设施建设等方面的内容，形成了比较完善的有关文化方面的最高法律体系。

《宪法》第二十二条规定，"国家发展为人民服务、为社会主义服务的文学艺术事业、新闻广播电视事业、出版发行事业、图书馆博物馆文化馆和其他文化事业，开展群众性的文化活动"。这一条是群众文化事业发展及其设施建设的基本法律依据：第一，把群众文化事业最核心的要素（群众文化活动）和群众文化服务网络构成的主要机构（文化馆）写进了《宪法》；第二，明确了发展文化馆事业，开展群众性文化活动是国家的职责；第三，明确了文化馆属于事业机构；第四，明确了群众文化和文化馆事业的服务对象、服务性质和服务宗旨——"为人民服务、为社会主义服务"。

《宪法》第二章"公民的基本权利和义务"第四十七条规定，"中华人民共和国公民有进行科学研究、文学艺术创作和其他文化活动的自由。国家对于从事教育、科学、技术、文学、艺术和其他文化事业的公民的有益于人民的创造性工作，给予鼓励和帮助"。这一条规定了公民的文化权利，以及国家对从事文化馆事业人员的工作要求（有益于人民和创造性）和政策（鼓励和帮助）。有益于人民和创造性是《宪法》对于文化馆和文化馆工作人员

工作的基本规定和基本要求。

同时，《宪法》还规定了各级政府文化管理的职能。

（二）新形势下群众文化的基本政策

2011 年 10 月 18 日，中国共产党第十七届中央委员会第六次全体会议通过的《中共中央关于深化文化体制改革、推动社会主义文化大发展大繁荣若干重大问题的决定》（下文简称《决定》），是新形势下推进群众文化事业改革发展的基本政策依据。

2000 年，党的十五届五中全会第一次提出了"文化产业"的概念。2002 年，党的十六大明确提出"要积极发展文化事业和文化产业"，在实践中，公益性文化事业与经营性文化产业的分野日渐清晰。2005 年，党的十六届五中全会提出要"加大政府对文化事业的投入，逐步形成覆盖全社会的比较完备的公共文化服务体系"，初步提出建设公共文化服务体系的目标。2007 年 6 月，胡锦涛同志主持中央政治局会议，专门研究公共文化服务体系建设，明确提出了我国公共文化服务体系建设的目标任务是：按照结构合理、发展平衡、网络健全、运行有效、惠及全民的原则，以政府为主导、以公益性文化单位为骨干，鼓励全社会积极参与，努力建设以公共文化产品生产供给、设施网络、资金人才技术保障、组织支撑和运行评估为基本框架的覆盖全社会的公共文化服务体系。2007 年 8 月 21 日，中共中央办公厅、国务院办公厅《关于加强公共文化服务体系建设的若干意见》提出了关于公共文化服务的指导思想、目标任务，以及一系列方针政策。

《决定》全面总结了党领导文化建设的成就和经验，深刻分析了文化建设面临的新形势和新任务，阐明了中国特色社会主义文化发展道路，确立了建设社会主义文化强国的宏伟目标，提出了新形势下推进文化体制改革的指导思想、重要方针、目标任务和政策举措，是当前和今后一个时期推进我国文化改革和发展的行动纲领，也是群众文化事业发展的行动纲领，具有长远的指导意义。

《决定》把人们对文化建设（包括群众文化建设）重要性和迫切性的认

识提到一个新的高度，增强了群众文化事业建设的自觉性，激励着群众文化工作者增强责任感和紧迫感，解放思想，转变观念，抓住机遇，乘势而上，在全面建设小康社会进程中、在科学发展道路上奋力开创社会主义群众文化建设新局面。

《决定》明确了我国文化改革发展（包括群众文化改革发展）的指导思想和目标任务：高举中国特色社会主义伟大旗帜，以马克思列宁主义、毛泽东思想、邓小平理论和"三个代表"重要思想为指导，深入贯彻落实科学发展观，坚持社会主义先进文化前进方向，以科学发展为主题，以建设社会主义核心价值体系为根本任务，以满足人民精神文化需求为出发点和落脚点，以改革创新为动力，发展面向现代化、面向世界、面向未来的，民族的、科学的、大众的社会主义文化，培养高度的文化自觉和文化自信，提高全民族文明素质，增强国家文化软实力，弘扬中华文化，努力建设社会主义文化强国。这段话，是我们推进文化改革发展的指导思想，也是发展中国特色社会主义群众文化的指导思想。

《决定》提出的文化改革发展奋斗目标，也涵盖了群众文化的发展目标：社会主义核心价值体系建设深入推进，良好思想道德风尚进一步弘扬，公民素质明显提高；适应人民需要的文化产品更加丰富，精品力作不断涌现；文化事业全面繁荣，覆盖全社会的公共文化服务体系基本建立，努力实现基本公共文化服务均等化；文化产业成为国民经济支柱性产业，整体实力和国际竞争力显著增强，公有制为主体、多种所有制共同发展的文化产业格局全面形成；文化管理体制和文化产品生产经营机制充满活力、富有效率，以民族文化为主体、吸收外来有益文化、推动中华文化走向世界的文化开放格局进一步完善；高素质文化人才队伍发展壮大，文化繁荣发展的人才保障更加有力。

《决定》提出了文化改革发展的一系列重要方针，也是群众文化发展的指导方针，包括：推进社会主义核心价值体系建设，全面贯彻"二为"方向和"双百"方针；大力发展公益性文化事业，保障人民基本文化权益；进一步深化改革开放，加快构建有利于文化繁荣发展的体制机制；建设宏大文化人才队伍，为社会主义文化大发展大繁荣提供有力的人才支撑，等等。

《决定》提出的"公益性文化事业发展必须在构建公共文化服务体系、发展现代传播体系、建设优秀传统文化传承体系、加快城乡文化一体化发展四个方面取得突破"的要求，是当前和今后一段时期内群众文化发展的主要任务和重点工作。

满足人民基本文化需求是社会主义群众文化建设的基本任务。群众文化要以公共财政为支撑，以公益性群众文化单位为骨干，以全体人民为服务对象，以保障人民群众看电视、听广播、读书看报、进行公共文化鉴赏、参与公共文化活动等基本文化权益为主要内容，完善覆盖城乡、结构合理、功能健全、实用高效的群众文化服务体系。

发展群众文化数字服务，加快构建技术先进、传输快捷、覆盖广泛的现代群众文化传播体系，提高社会主义先进文化辐射力和影响力，是群众文化的一项紧迫任务。

群众文化在优秀传统文化传承体系中有着重要的地位，在加强对优秀传统文化思想价值的挖掘和阐发，非物质文化遗产保护和传承，开展优秀传统文化活动，发展与繁荣少数民族群众文化事业等方面发挥重要作用。

群众文化发展要按照"城乡文化一体化发展"要求，以农村和后发展地区为重点，加强县级文化馆、乡镇综合文化站、村文化室建设，深入实施文化惠民工程，增加农村文化服务总量，缩小城乡文化发展差距，推进社会主义新农村建设。

二、关于群众文化事业机构的法规

现有的群众文化事业机构的法规主要包括行政法规、规章和标准。国务院《公共文化体育设施条例》是群众文化服务机构应遵循的行政法规，原文化部颁发的《乡镇综合文化站管理办法》是《公共文化体育设施条例》具体化的部门规章，有关部门联合颁布的《文化馆建设用地指标》《文化馆建设标准》《乡镇综合文化站建设标准》是文化馆（站）建设应遵循的标准。

（一）《公共文化体育设施条例》

为了促进公共文化体育设施的建设，加强对公共文化体育设施的管理和保护，充分发挥公共文化体育设施的功能，繁荣文化体育事业，满足人民群众开展文化体育活动的基本需求，国务院于 2003 年 8 月 1 日颁布施行《公共文化体育设施条例》（下文简称"《条例》"）。《条例》关于文化馆（站）的规定包括文化馆（站）的性质、建设和规划、服务与管理、保护四方面的内容。

《条例》明确规定，文化馆（站）和图书馆、博物馆等一样，属于公共文化体育设施，确立了文化馆（站）公共文化服务的基本属性和基本职责。

《条例》关于文化馆（站）建设与规划的规定有：将文化馆（站）设施建设纳入国民经济和社会发展计划、纳入当地国民经济和社会发展计划。文化馆（站）数量、种类、规模及布局，应当根据国民经济和社会发展水平、人口结构、环境条件及文化体育事业发展的需要，统筹兼顾，优化配置，并符合国家关于城乡公共文化体育设施用地定额指标的规定。文化馆（站）的选址、设计，应当满足人口集中、交通便利、实用、安全、科学、美观等要求，并采取无障碍措施，方便残疾人使用。其建设预留地由县级以上相关部门纳入土地利用总体规划和城乡规划，并依照法定程序审批，其建设用地以划拨方式取得。任何单位或者个人不得侵占或者改变其用途。新建、改建、扩建居民住宅区，应当按照国家有关规定规划和建设相应的文化体育设施。

《条例》对文化馆（站）服务和管理的规定包括：文化馆（站）应当完善服务条件，建立、健全服务规范，开展相关服务，向公众开放，并向公众公示其服务内容和开放时间。需要收取费用的服务，收费项目和标准应当经县级以上人民政府有关部门批准，并对学生、老年人、残疾人等免费或者优惠开放。文化馆（站）应当建立、健全安全管理制度，依法配备安全保护设施、人员，保证公共文化体育设施的完好，确保公众安全。文化馆（站）的各项收入，应当用于公共文化体育设施的维护、管理和事业发展。

《条例》关于文化馆（站）的保护的规定包括：文化馆（站）因城乡建设确需拆除或者改变功能、用途的，由地方人民政府组织专家论证，征得上一级人民政府文化行政主管部门同意，报上一级人民政府批准。并依法择地重建，且一般不得小于原有规模。迁建所需费用由造成迁建的单位承担。

《条例》鼓励企业、事业单位、社会团体和个人等社会力量举办公共文化体育设施，鼓励通过自愿捐赠等方式建立公共文化体育设施社会基金，鼓励依法向社会公益性机构捐赠财产，鼓励机关、学校等单位内部的文化体育设施向公众开放的条款．

（二）《群众艺术馆、文化馆管理办法》和修订

文化部 1992 年 5 月 27 日颁布实施了《群众艺术馆、文化馆管理办法》（下文简称"《办法》"），对于群众艺术馆（文化馆）的设置、性质、任务和管理等予以详细规定。2011 年，文化部根据《公共文化体育设施条例》和文化馆发展的要求，对《办法》进行了修改。主要的修改包括以下几个方面。

关于文化馆设置的规定：县和县级以上各级地方人民政府应按照行政区域分级设立文化馆。各级群众艺术馆、文化馆应逐步统一名称、统一标志。

关于文化馆性质的规定没有改变：文化馆是国家设立的全民所有制文化事业机构，是群众进行文化艺术活动的场所。

关于文化馆任务的规定做了较大的修改。根据新的形势要求，规定了文化馆的四项基本职能和十项任务。文化馆的基本职能是组织群众文化活动、普及文化艺术知识、辅导基层文化骨干、开展社会教育培训。文化馆的主要任务：组织开展文艺演出、展览、讲座等群众性文化艺术活动，成为基层群众文化活动中心；受政府和文化行政部门委托，承担政府交办的文化下乡、开展社会教育培训等公益性文化服务工作；组织配送和传输公共文化资源，深入基层开展流动服务，保证公共文化资源进村入户；辅导、培训基层群众文化队伍，成为基层群众文化队伍的培训中心；组织、辅导和研究群众文艺创作，促进优秀群众文艺作品的创作和推广；开展群众文化政策理论研究，为当地公共文化服务制度设计和区域文化发展提供政策建议和决策咨询；协助文化行政部门开展非物质文化遗产保护相关工作；开展群众文化数字资源

建设，开设公益性电子阅览室，有针对性地开展数字文化信息服务；指导本地区老年文化、老年教育、少儿文化工作；在主管部门指导下开展与国外，以及我国港、澳、台地区的文化交流。

关于文化馆的服务与管理做了重大的修改和进一步完善。文化馆应当向公众免费开放，并免费提供基本文化服务。文化馆的开放时间应当与当地群众的工作、学习时间适当错开，国家法定节假日和学校寒暑假期间，应适当延长开放时间。文化馆应完善内部管理制度，建立、健全服务规范，并根据其功能、特点向公众开放。文化馆应在醒目位置标明服务内容、开放时间和注意事项。文化馆应当建立、健全安全管理制度，依法配备安全保护设备、人员，保证文化馆设施完好，确保公众安全。文化馆提供基本服务以外的文化艺术服务，可以适当收取成本费，但对老年人、残疾人、未成年人应当免费或者优惠。

修改稿增加了关于文化馆的人员和经费保障的条款，包括：依据文化馆性质、工作任务、所在地区经济、文化、人口状况等因素，确定文化馆编制数额。文化馆应当配备与其工作职责相适应的专业技术人员和管理人员，省、市和县级文化馆的文化艺术专业技术人员占全馆人员的比例分别不得少于 65%、70%、75%。文化馆实行职业资格制度，实行聘用制和岗位目标管理责任制。建立文化馆队伍定期培训制度。文化馆是全额拨款的公益性事业单位。其建设、维修、管理资金和人员经费、日常公用经费、群众文化活动等基本服务经费，应当列入当地政府基本建设投资计划和财政预算。

关于文化馆的规划与建设主要强调：符合《文化馆建设用地指标》和《文化馆建设标准》的要求。

（三）《乡镇综合文化站管理办法》

文化部于 2009 年 9 月 15 日颁布《乡镇综合文化站管理办法》，是指导文化站各项工作的基本依据。其内容主要包括：乡镇综合文化站建设的基本原则、规划和建设、职能与服务、人员和经费保障、检查与监督五个方面。

关于乡镇综合文化站的性质、职能的规定。乡镇综合文化站是由县级或乡镇人民政府设立的公益性文化机构，其基本职能是社会服务、指导基层和协助管理农村文化市场。文化站的主要任务有：举办各类展览、讲座，普及科学文化知识，传递经济信息。根据当地群众的需求和文化站的设施、场地条件，组织开展文体活动和广播、电影放映活动；指导村文化室（文化大院、俱乐部等）和农民自办文化组织建设，辅导和培训群众文艺骨干；协助县级文化馆、图书馆等文化单位配送公共文化资源，开展流动文化服务，保证公共文化资源进村入户；在县级图书馆的指导下，开办图书室，开展群众读书读报活动，为当地群众提供图书报刊借阅服务；建成全国文化信息资源共享工程基层服务点，开展数字文化信息服务；在县级文化行政部门的指导下，搜集、整理非物质文化遗产，开展非物质文化遗产的普查、展示、宣传活动，指导传承人开展传习活动；协助县级文化行政部门开展文物保护的宣传工作；受县级文化行政部门的委托，协助做好农村文化市场管理及监督工作。

文化站管理的规定：文化站应完善内部管理制度，建立、健全服务规范，并根据其功能、特点向公众开放，保障其设施用于开展文明、健康的文化体育活动。文化站应在醒目位置标明服务内容、开放时间和注意事项。

关于文化站的人员和经费的规定：文化站实行聘用制和岗位目标管理责任制，应配备专职人员进行管理，实行职业资格制度，文化站站长应具有大专以上学历或具备相当于大专以上的文化程度。文化行政部门负责对文化站从业人员进行定期培训。文化站的建设、维修、日常运转和业务活动所需经费，应列入县乡人民政府基本建设投资计划和财政预算。鼓励企业、社会团体、个人捐赠或资助文化站。

（四）文化馆（站）建设标准

2008年国土资源部、住房和城乡建设部、文化部联合颁布了《文化馆建设用地指标》，2010年，住房和城乡建设部、国家发展和改革委员会、文化部联合发布了《文化馆建设标准》《乡镇综合文化站建设标准》。这些是新时期文化馆（站）建设应遵循的标准；是文化馆（站）建设项目科学决策和合理确定项目建设水平的全国统一标准；是审批核准文化馆（站）建设项目的依据；是有关部门审查文化馆（站）建设项目初步设计和监督检查工程项目建设全过程的尺度。

这三个标准根据公共文化服务体系建设的原则，提出了对文化馆（站）的建设原则、建设内容、建设规模和依据、选址及建筑的新的要求，并做了具体规定，确立了文化馆（站）建设指标体系，标志着文化馆（站）建设的科学化、规范化和标准化。这三个标准体现的文化馆（站）建设的新原则和新要求主要有以下几点。

（1）文化馆（站）的建设应以人为本、功能优先，因地制宜、合理布局，经济适用、节能环保。这是针对文化馆（站）建设中片面追求政绩工程、标志化建筑的倾向提出的。

（2）以服务人口而非按行政级别确定文化馆（站）规模原则。文化馆（站）的建筑规模应依据服务人口数量确定，同时要兼顾当地城镇经济社会发展水平、社会需求及各馆（站）的特色。并具体规定了与服务人口相对应的文化馆（站）建设面积指标。这一规定，体现了公共文化服务以人为本及均等化的原则。

（3）关于合理布局的原则。文化馆（站）的选址应符合所在地的城市规划、镇规划或相关专项规划，选择在城镇文化中心或人口集中、交通便利、便于开展群众性文化活动的地区；同时满足工程地质及水文地质条件，符合安全、卫生和环保标准；宜结合城镇广场、公园绿地等公共活动空间综合布置。

（4）关于文化馆（站）建设内容的规定。针对文化馆（站）建设中的"重建筑、轻场地""重建筑、轻设施"，文化馆（站）建成后没有活动场地和"空壳化"的现象，做了三个方面的规定。

规定文化馆（站）的建设内容包括：房屋建筑、室外场地及建筑设备。

文化馆的房屋建筑包括：群众活动用房、业务用房、管理用房和辅助用房。

乡镇综合文化站的房屋建筑包括：文化体育活动用房、书刊阅览用房、教育培训用房、网络信息服务用房、管理与辅助用房。并对各项功能用房的用途做了具体说明，在附录里规定了不同规模文化馆（站）的功能用房设置表。

文化馆（站）室外场地包括：开展群众文化艺术与信息交流活动的室外活动场地、美化环境的绿地、休憩场地、道路及停车场地等。还规定了文化馆（站）的建筑设备和专用设备种类。

（5）按照服务第一原则，规定了各类功能用房使用面积的控制指标，要求用于公共文化服务的用房使用面积应占全部使用面积的 75 % ～ 80 %，使文化馆（站）成为群众进行群众文化活动的场所，防止文化馆（站）的机关化。

（6）确立了文化馆（站）建设的指标体系，包括服务人口与建筑规模指标、用地面积指标、室外活动场地面积指标、建筑密度和容积率指标等。

第二节　群众文化管理的主要内容

一、群众文化政策法规体系的建设

群众文化政策，是党和国家为实现一定时期的群众文化发展目标而制定的群众文化活动指南，是调整群众文化关系的基本准则。群众文化法规是体现统治阶级意志，由有立法权的机关依照法定程序制定，由国家强制力保证执行的群众文化活动行为规范的总称。

群众文化政策法规要调整的社会关系：调整政府与群众文化事业的关系，使政府能够为群众文化事业的生存和发展提供必要的条件；调整各系统、各部门的各类群众文化服务机构之间的关系，加强协作，建立资源共享、联合服务体系；调整群众文化服务机构的内部关系，规范管理与服务；调整公共文化服务机构与服务对象的关系，规范各自的权利和义务。

有关群众文化的政策法规可以分为三种。

第一种是分散在各类法规中的有关群众文化和群众文化服务机构的条款。这类法律、法规相对分散。涉及群众文化的法律、法规有《中华人民共和国著作权法》《中华人民共和国非物质文化遗产保护法》及文化市场的一些管理条例，如《出版管理条例》《电影管理条例》《营业性演出管理条例》等。这些是群众文化和群众文化机构在从事相关活动时应当遵循的政策、法规。

第二种是分散包含在有关精神文明建设、文化建设、公共文化服务体系建设的政策和法规中的群众文化政策和法规，可以看作群众文化服务应遵循的基本政策和法规。例如，2005年12月中共中央、国务院下发的《关于深化文化体制改革的若干意见》，2010年6月中宣部、中组部、中央编办、国家发改委、财政部、人力资源和社会保障部联合下发的《关于加强地方县级和城乡基层宣传文化队伍建设的若干意见》，2011年文化部、财政部发出的《关于推进全国美术馆、公共图书馆、文化馆（站）免费开放工作的意见》，2011年10月党的十七届六中全会审议通过的《中共中央关于深化文化体制改革、推动社会主义文化大发展大繁荣若干重大问题的决定》，2012年2月中共中央办公厅、国务院办公厅发布的《国家"十二五"时期文化改革发展规划纲要》，等等。还包括一些地方条例，如《广东省公共文化服务促进条例》。

第三种是专门的群众文化的政策法规。主要包括以下几类。

（1）关于群众文化工作的政策。例如：1981年8月中共中央发出的《关于关心人民群众文化生活的指示》（中发〔1981〕31号）；1983年9月中共中央批转的中宣部、文化部、全国总工会和共青团中央四部门发出的《关于加强城市、厂矿群众文化工作的几点意见》（中发〔1983〕34号）。这两个文件是中共中央为了加强群众文化工作专门颁发的两个文件，是新中国成立以来的第一次，也是仅有的两个专门明确群众文化方针政策的文件。

（2）群众文化服务设施建设的法规、标准。例如，国务院颁布的《公共文化体育设施条例》，以及前面提到的《文化馆建设用地指标》《文化馆建设标准》《乡镇综合文化站建设标准》。

（3）群众文化机构服务与管理的法规。如1992年5月文化部颁布（目前正在修订的）的《群众艺术馆、文化馆管理办法》，2009年9月文化部颁布的《乡镇综合文化站管理办法》，等等。

（4）群众文化服务和群众文化服务机构评价标准和办法。包括文化馆（站）评估标准和即将制定的《文化馆服务标准》《乡镇综合文化站服务标准》《社区服务中心服务标准》等。

（5）群众文化人事管理的法规。如群众文化专业职称评审、文化馆（站）编制管理、文化馆（站）的人员管理等规定。

（6）群众文化活动管理的法规。如《群众性文化体育活动治安管理办法》等。

二、群众文化政策法规对群众文化的保护与规范

群众文化政策法规制定的目的，是保证群众文化事业发展，解决群众文化事业发展中的难题，规范群众文化服务机构的服务与管理，以更好地开展群众文化服务，满足群众对群众文化的需要。保障和规范都是立法的重要内容。

群众文化工作者要求制定群众文化政策和法规的直接目的是解决群众文化发展中存在的问题，特别是文化馆（站）的设施建设、人员和经费的保障问题。人员、经费与设施的保障问题一直以来是困扰文化馆（站）发展和开展工作的难题，是影响和阻碍群众文化发展的重要问题，也是群众文化政策法规的重要内容。群众文化政策法规最主要的内容就是调整政府与群众文化事业的关系，明确政府在发展群众文化事业中的主体地位及义务，使政府发展群众文化的责任法制化。

群众文化政策法规不仅是对政府的要求，还是为了解决群众文化发展中的人员、经费、设施难题，并且包括对群众文化和群众文化机构的要求，解决群众文化发展中的设施利用率和服务能力问题。规范群众文化，包括规范群众文化活动和群众文化服务机构的服务与管理，是群众文化事业发展的需要。群众文化政策法规对政府和群众文化工作机构、群众文化工作者都起着规范的作用。

三、群众文化政策法规的执行与落实

群众文化政策法规的制定和完善固然重要，但执行更是关键。

政策和法规的制定是为了执行，政策和法规的贯彻是执行的过程，政策和法规的落实是执行的效果。有政策、法规但不执行是群众文化工作中一个不可忽视的问题。例如，党和政府早就提出了文化馆的经费保障的政策，1996 年 10 月，党的十四届六中全会通过的《中共中央关于加强社会主义精神文明建设若干重要问题的决议》要求：对政府兴办的图书馆、博物馆、科技馆、文化馆、革命历史纪念馆等公益性事业单位，应给予经费保证。2002年文化部、国家计委、财政部《关于进一步加强基层文化建设的指导意见》（2002 年 1 月 30 日国务院办公厅转发）要求"对于群艺馆、文化馆、图书馆等公益文化事业单位的日常工作给予必要的经费保障；保证各级公共图书馆有一定数量的购书经费"。但是，长时间以来，这一政策在一些地区还是没有落实。原因很多，包括地方财政的支付能力较低，领导的重视程度不足，政策表述过于原则，缺乏一种有效机制和具体标准，以及有效的监督，等等。其中群众文化领导机构和文化馆自身政策法规的宣传和运用没有到位也是重要的原因之一。

群众文化政策法规的执行，是群众文化政策法规利益相关各方在一定环境下的互动过程。执行过程包括：政策法规的学习和解读，政策法规的地方化和具体化，政策法规的宣传与教育，政策法规的贯彻与实施，政策法规实施的督导与检查。

第一，认真学习、正确地解读和把握有关群众文化的政策法规。这是群众文化政策法规应用的基础。群众文化的政策法规涉及许多政府部门，涉及不同部门的利益和政策的调整，从不同的角度出发，会产生对同一政策法规的不同解读。群众文化的领导机构和服务机构要先学习和把握好有关政策法规，才能向领导、有关部门做好政策法规的宣传和解读工作，让他们领会和把握政策法规。如"免费开放"的"中央与地方共担"的经费保障政策是图书馆、文化馆、文化站人员、公用等基本支出 —— 由同级财政部门负担；

开展基本公共文化服务项目支出（地市、县、乡镇）——由中央和地方财政（注：不是同级财政）共同负担。按照这一政策，中央财政对中西部地区按照补助标准分别负担 50％和 80％，而对其余的 50％和 20％部分的负担就有了不同的解读，大多数地区的省级财政都相应地承担了一定比例的经费，有的是全部由省级财政负担，有的是按不同地区由省级财政承担一定比例，也有的把地方财政负担改为由同级财政负担。

第二，政策法规的地方化和具体化。全国性的文化政策法规是针对全国的普遍情况制定的，具有普遍的适用性。但是，由于我国各地区的差异很大，文化政策法规只能规定一些在全国都适用的强制性的条款，而对许多问题则只是规定了原则，特别是其中的一些标准，基本是按照中部地区的情况制定的。这就需要各地区根据本地区的实际情况进行补充和完善，并将一些原则具体化。这是文化政策法规执行中的一个重要环节。例如，"免费开放"的政策下达后，许多省制定了《美术馆、公共图书馆、文化馆（站）免费开放工作实施方案》，明确本省具体的工作目标、免费开放范围、免费开放内容、具体实施步骤、具体措施和工作安排。各地区的情况不同，具体化的重点也不同。有的明确要求限期收回出租或挪作他用的公共文化设施场地；有的结合实际情况，制定了《免费开放专项资金管理暂行办法》，对免费开放资金的使用原则、范围和监督方式等进行规定；四川、云南、陕西等省根据县、乡两级政府部门工作实际，创新了乡镇综合文化站免费开放资金"县管乡用"模式，使免费开放政策很快得到落实。

第三，政策法规的宣传与教育。要加强政策法规的宣传教育，使政策法规的执行者和广大群众了解政策法规。在免费开放政策的实施中，上海市印发了《公共文化设施免费开放常见问题解答》，并同时在上海市文广影视局网站上公布，使基层能够更加清楚地了解免费开放的内容和要求。江西省从免费开放起，就不断通过报刊、电视，特别是网络媒体加大免费开放宣传力度，扩大免费开放的公众知晓率，提高免费开放的公众参与度。四川省举办公共图书馆、文化馆（站）干部培训班 18 个，培训 4 410 人，提高了公共文化服务机构人员对免费开放政策的认识和执行水平。

第四，政策法规的贯彻与实施。在政策法规的实施中，让群众了解政策法规，运用政策法规来监督政府和群众文化机构的行为，维护自己在群众文化方面的基本权益，是政策法规落实的重要环节。免费开放公示，就是让人民群众了解免费开放的政策和具体内容，是监督公共文化服务机构执行免费开放政策的一项有力措施。文化部、财政部在2012年"免费开放"政策督查中，委托第三方"零点公司"进行群众对"免费开放"政策的知晓度和满意度调查，就是让群众了解有关政策法规，监督政府和群众文化机构执行政策法规的一种方法。

第五，政策法规执行的监督和检查。对重要政策法规的执行情况和执行效果的监督和检查，特别是监督机制，是政策法规执行中必不可少的环节。例如，山西省印发了《关于做好2011年度全省公共文化服务绩效考核评价工作的通知》，将免费开放配套资金落实情况纳入市、县两级人民政府绩效考核范围，并赋予相应的考核分值。2012年，文化部、财政部组织督查组对各省（区、市）免费开放工作进行了督查。督查组通过汇报、座谈、查阅资料、实地考察等方式，对免费开放专项资金的落实和管理使用、基本公共文化服务项目的开展、工作中遇到的问题和困难等情况进行检查和督导，有力地推动了"免费开放"政策的落实。

第三节　群众文化指标系统的构建

一、群众文化理论体系的形成与建立

（一）群众文化理论体系的形成

建立自己的学科，构筑群众文化的理论体系，是群众文化重要的基础工作。伴随着群众文化的发展，人们对群众文化的研究也在不断深入。中华人民共和国成立后，随着群众文化事业的发展、研究工作的不断深入，群众文化工作者以马克思主义的基本原理为指导。总结我国群众文化事业发展的实践，运用科学的思维方法进行分析概括，不仅为群众文化方针政策的制定提

供了科学依据，也逐步完善着群众文化的理论。1959 年，中央文化学院的群众文化研究班集体编写了第一部群众文化论著《群众文化工作概论》，标志着群众文化理论体系的初步形成。

改革开放以后，在思想解放和实事求是理论的推动下，群众文化的研究者坚持理论联系实际，从不同的方位、侧面、角度探求群众文化的理论，在群众文化的基础理论、群众文化史、群众文化活动、群众文化管理、群众文化辅导、文化馆等各个领域都取得了丰硕的研究成果。20 世纪 80 年代末 90 年代初，一批群众文化的理论专著相继出版，其中包括：1992 年湖南文艺出版社出版，常泊主编的《中国群众文化辞典》；1993 年中国国际广播出版社出版，郑永富主编《群众文化学》；郑永富编撰，1994 年浙江人民出版社出版的《群众文化管理学》；1992 年杭州大学出版社的《群众文化辅导学》；周德辉编著的《中国群众文化史》（古代、现代、当代部分）；李瑞岐的《论群众文化与民俗艺术》；金天麟的《群众文化民俗学研究》；牟光义的《群众文化的大趋势》；奎曾的《民族群众文化学通论》；等等。这些作品标志着群众文化学基本成形，成为一门独立的新兴学科。

（二）群众文化学

群众文化学是研究群众文化本质及其运动规律的一门科学，是一门涉及诸多学科的综合性社会科学。它以群众文化现象及其规律为研究对象，研究的内容包括群众文化活动、群众文化工作、群众文化事业、群众文化队伍、群众文化机构及群众文化发展史等。

群众文化学理论体系所涵盖的内容众多。群众文化的基础理论主要是探索群众文化的起源、发展及它在发展中的基本规律，包括民族群众文化学、文化馆学、群众文化史、群众文化管理学、群众文化辅导学等；群众文化的应用理论包括群众文化工作实务、文化馆（站）的服务与管理、群众文化队伍建设、群众文化活动的策划与组织、群众文艺创作等；在社会形态上包括农村群众文化建设、城市群众文化建设、民族地域群众文化建设、广场群众文化、庙会群众文化等。

群众文化学涉及文艺学、教育学、心理学、社会学、民族学、民俗学、非物质文化遗产学、美学及现代科学技术等相关学科，并由此形成了群众文化社会学、群众文化心理学、群众文化美学等分支，是一门综合性的社会科学。

二、群众文化理论的功能与作用

群众文化理论是长期、丰富的群众文化实践的科学总结，群众文化理论指导实践，推动群众文化事业的健康发展。随着社会的发展，群众文化事业不断遇到新的问题、不断进行新的探索、也不断取得新的成果，为群众文化理论研究积累了实践基础。通过群众文化理论的研究，探索群众文化实践中出现的新问题，总结新经验，把群众文化的经验上升为理性认识，形成了群众文化的指导方针、政策、法规，指导群众文化工作，并进一步上升为群众文化的理论，从而推动群众文化事业的发展。例如，"数字文化馆"是群众文化中一个新的概念，在第一次文化馆评估时，仅仅提出文化馆计算机设备配置的要求。随着一些文化馆网站的建立和数字服务的实践，第二次评估时将"网站"和"网页"列入提高指标中，推动了"文化馆网站"的普及发展，以及对文化馆数字服务的实践和理论的探索。随着文化馆网站的发展，总结实践经验，第三次评估就将"数字化服务"列入了评估标准，并提出了"数字文化馆"的概念。

群众文化理论体系的形成是群众文化稳定、持续发展的保障。和图书馆学、博物馆学相比较，群众文化是一门新兴的学科，它的理论体系还很不完善、很不稳定，又缺少国外的参照，受社会环境的影响较大。同样都在"以文补文""有偿服务"，但是公共图书馆、博物馆是把它作为权宜之计，作为一个有争议的课题进行探讨，并没有动摇其公益性属性和图书馆、博物馆的基本理论。而在群众文化领域，却出现了否定文化馆公益性属性，提出了文化馆企业化，文化馆走产业和事业相结合的道路等方向性、基本型的理论问题。文化馆自身企业化的理论探讨动摇了群众文化的基本理论，造成了社会影响，险些在公益性文化单位中排除文化馆，影响文化馆的发展。在许多地区，文化馆的设施建设远远落后于公共图书馆和博物馆，这和群众文化理论的不完善、不稳定，人们对文化馆功能和作用认识不明确有着很大的关系。

群众文化理论的系统化、科学化，推动群众文化事业的专业化、科学化、现代化进程。群众文化理论研究存在着一些先天的不足，如：在群众文化工作中存在着"重活动、轻理论"的倾向，影响着群众文化理论研究的开展；普通高校没有群众文化专业，各级社会科学院也缺少群众文化的研究机构，缺乏专门从事群众文化理论研究的专家学者和理论研究的学术平台；研究理论的方法不够科学，研究深度不够，存在着实用主义和图解政策的现象；群众文化的理论专著虽然不少，但是大都是分散的，分别编著、独立出版，没有形成系统化的理论，至今还没有一套完整、成体系的群众文化的理论丛书。群众文化的专业化、科学化、现代化发展，迫切需要群众文化理论的系统化和科学化。

三、群众文化理论的建设与发展

建设社会主义文化强国这一长期战略目标的确立，使文化在综合国力竞争中的地位和作用更加突出。公共文化服务体系建设，推动着群众文化的大繁荣大发展。群众文化的大发展大繁荣，要求群众文化的理论建设与之相适应。

群众文化理论要与时俱进、不断创新。近年来，群众文化研究的论文、论丛、专辑很多，研究涉及群众文化的各个方面。特别是这些理论研究围绕公共文化服务体系建设、非物质文化遗产保护、新农村文化建设、社区文化发展、文化馆的改革与服务等重大理论和现实问题，进行了多侧面的、较为深入的研究，探讨群众文化在公共文化服务体系建设中的新问题，总结了群众文化在公共文化服务体系建设中的新经验，取得了不少成果，丰富了群众文化的理论宝库，也为政府部门的决策提供了参考和依据。但是，这些研究大多是分散的、某一方面的、某一地区的研究，缺乏系统化；研究者大多是群众文化工作者，缺乏专家学者的参加；从事的研究大都是文化馆或群众文化学会组织的，缺乏专门的研究机构；许多研究往往是功利性的（如职称评审需要），研究方法不够科学，研究不够深入；研究成果主要以论文形式发表，以论丛形式出版，没有形成有影响的理论专著。

加强群众文化理论研究使其系统化、科学化，研究群众文化的新形势、新问题，总结群众文化的新经验、新成果，使之上升为理性认识，形成有共识的群众文化理论专著，是当前群众文化的一项重要任务。群众文化理论研究要从以下几个方面加强。

第一，加强群众文化理论研究的系统化、科学化。要以《中共中央关于深化文化体制改革、推动社会主义文化大发展大繁荣若干重大问题的决定》（下文简称"《决定》"）为指导，紧密结合实际，开展群众文化理论的系统研究。中国群众文化学会每年举办群众文化论文征选活动，征文题目都与当年的新政策、新形势有关，并取得了一定理论研究成果。2010 年征文的主题是"新形势下群众文化创新"；2011 年的主题是"文化馆的免费开放"；2012 年的主题是"城乡文化一体化发展"中的"村级文化建设与公共文化服务体系构建"。在紧密结合当前需要开展的研究的同时，需要制定群众文化理论研究的长远规划，把《决定》中提出的新形势下推进文化体制改革的指导思想、重要方针、目标任务和政策举措与群众文化理论体系建设有机地结合起来，形成一个研究系统，推动群众文化理论化研究的系统化和科学化。

第二，建设群众文化理论研究基地和学术平台。群众文化的理论研究要想从业余研究向专业化研究方向发展，就需要建设群众文化研究的基地，搭建群众文化理论研究的学术平台，形成群众文化理论研究的专业队伍。要选择几个有研究基础（研究队伍和成果）的省级文化馆、研究机构或学院，建立群众文化的研究机构，出版群众文化理论研究的全国性刊物，团结和凝聚一批群众文化研究人员，吸引专家学者参加，形成一支高水平的群众文化理论队伍。

第三，加强理论研究的交流。应当像图书馆那样建立文化馆的年会制度，把群众文化的征文活动与年会制度结合起来，使年会成为群众文化理论研究的交流平台，展示群众文化理论研究成果，指导群众文化理论研究，推动群众文化发展。并在此基础上形成一些群众文化论坛，推动群众文化理论研究的普遍开展。例如，2011 年 11 月，中国文化报、中国群众文化学会、宁波市文化广电新闻出版局主办的 2011 中国群众文化宁波论坛，论坛的主题是"免费开放背景下文化馆（站）面临的挑战与机遇"。

第四，实施群众文化理论建设工程，支持群众文化理论研究基地的建设和群众文化理论专著的出版。近年来已经有一些群众文化理论专著陆续出版，如：杨建新主编，五洲传播出版社于 2009 年出版的《新农村文化建设实用教材》；李戈、刘新宝编著，天津群众艺术馆编印 2008 年出版的《天津市公共文化服务指导手册》（群众文化篇）；等等。还有一些群众文化理论专著正处在编辑过程中。文化和旅游部组织编辑出版的文化馆（站）系列培训教材，做了一个很好的示范。

第五，加强群众文化理论队伍建设。天津市群众艺术馆 2004 年开始，每年举办一期天津市群众文化系列专业技术人员论文培训班，聘请社科专家及群众文化领域研究员为授课老师，包括天津社会科学院教授、天津市艺术研究所专家、天津图书馆研究馆员、天津市群众艺术馆研究馆员、天津市文学会学术委员会专家等，教授论文写作基本知识、专题论文写作知识、撰写论文的选题、结合本岗工作深入研究提炼撰写群众文化论文等。8 年间，共培训学员 400 余人，辅导论文千余篇。每年将本年度经过专家培训辅导并评定合格的论文集结成册，编辑出版《天津市群文系列论文汇编》。至今共编辑出版了 10 册，发表论文 800 余篇。同时，利用《天津社会文化》和《海河文化》两份刊物，开辟了理论专栏，发现好论文就予以发表，同时专栏还刊登了一些在全国具有引领作用或是观点新颖的理论文章。

第七章　新媒体时代下群众文化建设与发展研究

第一节　新媒体与群众文化建设

一、新媒体时代的相关概念阐述

（一）新媒体定义

新媒体相对于传统媒体，是一个不断变化的概念，是网络基础上的延伸（熊澄宇，2008）。美国互联网实验室认为，"新媒体是基于计算机技术、通信技术、数字广播等，通过互联网、无线通信网、数字广播电视网和卫星等渠道，以电脑、电视、手机等实现信息的个性化、细分化和互动化，能够实现精准投放，点对点的传播"。北京大学新闻与传播学院教授陆地认为，新媒体是媒介终端或功能创新的媒体（2014）；新媒体已成为我国传媒产业领域的新生力量（鞠立新，2013）；有学者从文化学角度解读新媒体是一种新的文化（2012）。本研究认为，应动态地研究新媒体，新媒体是新兴媒体，目前是"交互式数字化融合媒体"，向用户提供信息和娱乐等服务，信息技术是新媒体必要的技术保障，用户多元化、个性化的信息需求是新媒体产生的社会基础，新媒体改变着人们的生活方式，用户从以往的被动接受媒体到当下可自主进行媒体传播。社会化媒体用户不仅是新闻的消费者，也是新闻内容的生产者、推广者，用户新闻信息传播系统发生"传—受""受—传"的互动变迁，传统媒体必须动态把握用户。社会化媒体中的口碑量应作为传统媒体测评受众的补充。

本书所界定的新媒体是相对于书信、报刊、广播、电视等传统媒体而言的新媒体。新媒体是一个宽泛的概念，从技术界定上看，新媒体是指依托数字技术、互联网技术、移动通信技术等新技术通过互联网、无线通信网、卫星等渠道向受众提供信息服务和娱乐服务的传播形态的新型媒体。根据这个定义，新媒体的种类非常繁杂，目前受到较多关注的新媒体不下几十种，包括网络电视、网上即时通信群组、虚拟社区、博客、搜索引擎、电子邮箱、门户网站、手机电视、手机报、微博、微信等。其中有的属于新的媒体形式，有的属于新的媒体硬件、新的媒体软件、新的信息服务方式。

（二）相对于传统媒体要素

不管人们如何定义新媒体，有一点是确定的，那就是相对传统媒体，新媒体的形态是不断变化和延伸的。现阶段其核心是数字式信息符号传播技术的实现。一般而言，新媒体的概念包含以下要素。

1. 新媒体建立在数字技术和网络技术的基础上

新媒体主要是以计算机信息处理技术为基础，以互联网、卫星网络、移动通信等作为运作平台的媒体形态，它包括使用有线与无线通道的传送方式，如互联网、手机媒体、移动电视、电子报纸等。如果说传统媒体是工业社会的产物，那么新媒体就是信息社会的产物。

2. 新媒体在信息的呈现方式上是多媒体

新媒体的信息往往以声音、文字、图形、影像等复合形式呈现，具有很高的科技含量，可以进行跨媒体、跨时空的信息传播。

3. 新媒体在技术、运营、产品、服务等商业模式上具有创新性

新媒体不仅是技术平台，也是媒体机构。与传统媒体相比，变化的不仅仅是新媒体技术的运用，更有商业模式的创新。

二、新媒体时代发展的特点

近些年影响新媒体前景的两大主流媒体分别是网络媒体、移动媒体。移动传播媒介迅猛发展，已经成为人类生活必要的组成部分，其对于人类生活方式的深远影响，恐怕是历史上任何一种传播媒介都无法比拟的。移动传播媒介凭借其独有的特点，已经成为有史以来增长速度快、普及程度高的新型传播手段，被誉为"第五媒体"。

新媒体是信息科技与媒体产品的紧密结合，新媒体带来的媒体创意新经济，使得原来传统媒体从规模经济转向了范围经济、共享经济等模式，各类高新技术手段不断创新着人类支付问题，并通过尝试个性化的特质服务，不同媒体皆试图把握一条独特的可持续发展之路。目前比较热门的新媒体，如智能手机，内载各类新媒体内容产品，新媒体软件创新产品，同时也属于新媒体硬件生产领域产品，其中有新的媒体经营模式。

（一）网络媒体的新媒体特性

1. 传播上的快捷性和时间上的自由性

网络媒体以 45 Mb/s 的速度传输信息，可在瞬间将信息发送给用户。在传播时间上的自由性则主要体现在传播本身的可往复性，易于检索和随时获取信息。实现了信息的"零时间"传播，消除了交流双方之间在时间上的间隔，使信息的交互传播突破了时间限制。新媒体迎合了人们碎片休闲娱乐时间的需求，满足了人们随时随地进行互动性表达和娱乐需要，人们使用新媒体的目的性与选择的主动性更强。因此，数字化新媒体一出现就吸引了各个年龄段、不同阶层群众的注意力，在很大程度上挤占了人们休闲娱乐活动的时间。新媒体无形中改变了人们与生活对话的方式。

2. 传播的全球性和空间上的无限性

网络可以连通世界上任何一个国家和地区，并且还拥有数量庞大的动态网络用户，新媒体利用连接全球电脑的互联网和通信卫星，使网络上的任何信息资源可以被全世界的网民看到，使信息传播者可以针对不同的受众提供个性化的服务。从这个意义上来讲，网络是唯一的全球性信息传播媒体。可以说，全球互通的网络有多大，网络传播的空间就有多大，完全打破了地理区域的限制。只要有相应的信息接收设备，在地球的任何角落都可以接收到新媒体传播的信息。此外，无线网络的发展，还使新媒体摆脱了有线网络的限制，用户可以随时随地接收信息。

3. 传播的交互性和方式的多样性

在传统的传播理念中，其传播方式是单向的，双方无法随时随地进行反馈和沟通。而新媒体网络则突破了这一传统传播模式的限制，增强了传播者与接收者之间的互动性。传播者与接收者可以连接网上任一用户，实现网络信息资源共享，受众不再仅仅是信息的接受者，同时也是信息的传播者。交互性使传播者和接受者极易进行角色转换，这种双重身份的角色使受众可以畅所欲言，利用网络工具进行及时反馈和有效沟通交流，实现互动。真正实现了信息的双向交流。

（二）移动媒体的新媒体特性

移动媒体通常是指无线传播的短消息、多媒体短消息、无线应用协议网页和手机电视等媒体形式。移动媒体与传统媒体和网络媒体相比，具有独特的性质，主要表现在以下几方面。

1. 表现形式的丰富性

移动媒体的表现形式兼具传统媒体与网络媒体的优势，通过文字、图像、影音、动画等多种表现形式向用户传递信息。其传递的信息声情并茂，使得信息更加丰富和饱满，同时也增强了用户的多媒体体验。

2. 使用的便携性和成本的低廉性

用户可以根据自己的需求，随时对信息进行检索和筛选，并可随时订阅和退订所需要的信息，使用便捷，可提高效率并节约时间。

3. 复合性与个性化服务

互联网传递实现了信息传播的图、文、声一体化，它将文字、图像、声音、视频、音频等完全融合。其复合性也充分体现了传播形态的多样性特点。它将报纸、电视、广播的传播手段与传播方式集于一体，其形式的多样化是前所未有的。它将各种接收终端，各种传输渠道，各种信息形态整合在一起。用户可以随时针对信息的内容与信息的传播者或者其他的信息受众者进行信息探讨和交流，并可通过意见反馈等形式修正、补充和完善信息资源以满足用户的个性化需求。它将目标受众按年龄、性别、种族、社会地位、文化程度、兴趣爱好、专业程度等标准划分为一个个群体，从而有针对性地为这些不同的群体提供不同的个性化信息服务。

三、新媒体对社会的影响及发展趋势

（一）新媒体的发展现状

由于高新技术强大的推动力量，我国新媒体发展已有其独特的规模，呈现出几个趋势，主要表现为以下几个方面。

1. 新媒体的技术支撑体系已经比较成熟，这是我国新媒体发展的先决条件

新媒体是一种传播方式，不能将传播方式、载体和内容混为一谈。目前传播内容没变，新媒体带来的只是传播方式不同。从全世界范围来看，新媒体技术已经成熟，计算机成为新媒体传播的中心环节，互联网成为基本载体，光电传导、电子纸技术也日趋成熟。我国新媒体传播的硬件技术和支持条件已经成熟，特别是在通信领域，技术上不但与国际发展水平相当，甚至有几十项技术能够领先于国外发达国家。

2. 使用新媒体的消费者越来越多

在国家广播电视总局进行的阅读调查中，阅读传统出版物的人数在每年以 12％ 的速度下降，而阅读新媒体的人数则以 30％ 的速度在增长，特别是年轻人和知识分子表现尤为明显，他们正是出版物市场未来消费的主力军。再比如说，过去人们读书看报的时间，现在已经大量转移到网络上。这些事实说明了新媒体已经被读者、观众和听众接受，他们的阅读、学习习惯已经发生很大变化。

3. 新媒体的终端已经相当普及

《21 世纪经济报道》报道：工信部部长苗圩在通信展暨 "ICT 中国 •2016 高层论坛" 开幕式上致辞时提及，截至 2016 年 7 月，中国移动电话用户总数达到 13.04 亿户，其中 4G 用户总数达到 1 146 亿，新媒体的终端设备已经相当普及。这不是政府规划，而是市场自动形成的。绝大多数有阅读能力的人都具备新媒体阅读的终端。

4. 新媒体传播的内容正在日益丰富，政策面对新媒体十分重视

2013 年，中央直属机关工委组织部与人民日报社、中国科协机关党委联

合召开了"中直机关基层党组织和党员用好新媒体、发挥正能量"专题研讨会。新华网党委等 10 个基层党组织进行大会发言，人民网等 12 家中央重点新闻网站和共产党员网、中直党建网的党组织和党员发出倡议，号召中直机关基层党组织和党员要用好新媒体，发挥"走在前、做表率"的正能量。将倡议书和大会发言摘编刊登，让读者享受好作品。国家十分重视新媒体公共平台的建设。这是新媒体发展的有利因素，我国已经在新媒体方面采取了重要的措施，国家正在着力搭建新媒体重要的平台，着重实施重大工程推动广播、电视、数字出版等新媒体平台的建设。

5. 移动互联网是新媒体发展的主要方向

新媒体更加广泛地渗入人类社会生活，进入大数据时代（严三九，2013）；媒体更加注重用户的需求，为用户生产定制内容。在盈利模式方面，随着互联网支付手段越加成熟，一些媒体产品获得用户的直接付费。社交媒体将成为新媒体发展的焦点（张艳，2013）。本研究认为，大数据、移动互联网、社交媒体是全球新媒体发展的主要动向，已经形成相关联的新媒体产业。该产业基于互联网、电信网等数字化网络，以实时、互动、点对点的自由传播模式为主体，形成借助规模化内容产品的生产、传播为主业的各类经营实体，以及相关价值链集群体，产业前景巨大。在这个技术与创意高度集中的新媒体行业，行业引领力量将会诞生，并发挥强劲的引领价值。

（二）移动互联持续创新与改变新媒体的发展态势

毫无疑问中国已经成为全球最大的一个移动终端市场。天猫、淘宝在每年"双 11"这天惊人民币数额的成交额当中，有 68% 来自移动端交易。移动端有着被人看好的趋势，尤其是当它将移动互联的技术用于交易时。

1. 人们可以随时、随地自主地选择各类媒体

传统媒体（报刊、广播、电视、书籍等）不得不与移动互联产生融合，形成各类所谓融合媒体，适应的同时也改变着人们的视听、阅读体验。移动互联的基本特征是数字化，最大的优势就是便于携带，具有交互性功能强大、信息获取量大且快速、传播及时、更新快捷等特点。以移动广播为例，搭上

移动互联网的广播，使得多向互动成为现实。受众可以在线收听，也可回放节目，并随时、随地通过微博、微信等方式，及时参与节目。与传统广播节目相异，移动互联广播倾向于个性化、自主化的节目。

电视观众与传播机构的互动也因移动互联而更加灵活。电视用户在观看节目的同时，依然可以随时随地通过文字、声音、图像等方式，与电视传播机构进行互动、相互交流。而且随着各种美图、摄像技术的发展，移动互联网用户本身的拍照、摄像功能也使得原先传统媒体的受众的身份，转变为新媒体信息的提供者。全民参与的新媒体形式不断诞生。视频移动客户端用户接受影响因素需着重内容体验、增加娱乐性、降低风险性、提升易用性。

2. 社会化媒体依然是新媒体发展的焦点，"分享经济"的媒体创意效应出现

移动无线彻底解脱人类，也是未来媒体发展的必然趋势。但是从科技发展现状来看，移动互联网完全超越有线互联网，尚待时日。不过，社会化媒体却非常迅猛地转移到无线互联网，借助移动终端的使用，使得人类对其利用率增幅远远高于私人电脑。社会化媒体不仅融入主流社会，而且如今可与搜索引擎、门户网站、电子商务相匹敌，并基于社会化媒体平台不断延伸出第三方应用，蝴蝶效应引发各类崭新社会化商业变革。一方面，社会化媒体成为人们进行有效交往的社交工具，改变着人们的社会资本；另一方面，也逐步被政府、企业组织体系广泛应用，以提高其工作效率，并吸引应用开发商转移到社会化媒体的传播平台，研发各类用户所需个性化的服务，所有种种，必将带动更多的投资汇聚社会化媒体领域，使其成为新的产业增长点。

社会化媒体的商业策略与传统媒体迥异，会以免费、搜索、移动互联、网络综艺、平台策略、认知盈余、权力终结、社交红利等方式取胜。流传着各类"疯传"策略，蜻蜓策略，即专注：确定一个以人为本、具体的、可测量、能让利益相关者满意的目标。

赢得关注：用一些私人的、出人意料的、发自内心的及形象的内容，在嘈杂的社交媒体中赢得关注。

吸引参与：创造一种个人联系，通过同情心和真实性逐渐接近更深的感情层面，或者通过讲述一个故事，拉近与受众的心理距离。这种参与能使受众足够关注此事，从而促使他们想自己做点什么事。

采取行动：授权他人采取行动，可以将受众变成潜在顾客再变成队友。

社会化媒体中的微信朋友圈信息流广告发展出现新的趋势：一是"转化率"问题，即对于微信广告来说，极高的广告投放成本，如何转化为产品的销售额或者手机软件的下载量，有待考量；二是"差异化整合营销"问题，即制定符合个性的创意，精准营销，考虑用户体验、用户隐私。而且，更多公众借助社会化媒体平台，分享自己的闲置资源，与他人共享资源，并促成消费的"分享经济"商业模式不断涌现在教育、医疗、广告创意、培训、家政服务、租赁、二手交易等领域，正颠覆着人们传统的消费观念，改造着传统社会的各个领域，如交通出行、短租住宿、旅游等。未来，用户自主传播的媒体创意效应将以更多的"分享经济"形式崛起，向更多领域拓展，如餐饮外卖、家庭美食分享，一些闲置厨房资源也将被盘活。建立在廉价劳动力基础上的中国发达的快递物流，也将出现人人快递的众包物流模式。用户自主传播的媒体创意效应因各类媒介技术的应用越发彰显其魅力。动态看待新媒体发展，从媒介技术、用户需求、媒介生态与资金投入四维度宏观分析，结合传媒产业升级与转型的产业功能特性，同时关注媒体的社会整合功能（舆论引导、协调社会、娱乐大众、传承文化）。上述是未来媒体突破的靶心，这些靶心较为明显地预示全球媒体未来的发展趋势。

第二节　新媒体时代下群众文化建设中存在的问题分析

一、互联网时代对群众文化的需求

随着经济的发展，我国群众文化事业正处于发展改革的探索阶段，对于目前存在的一些问题，我们要在肯定目前群众文化建设取得成就的同时，也应正视发展面临的问题。当前的群众文化事业发展形势主体良好，较好地满足了当前群众的基本文化娱乐需求。

（一）群众文化服务方式的社会化、规模化、现代化

相比于之前的群众文化建设，互联网时代下的群众文化建设更加呈现出专业化和规模化的趋势。一方面，这是由于经济形势的发展。改革开放以来，我国政治经济文化各方面都取得了长足的进步，群众文化建设也以市场为基准，在进行群众文化建设上的投入也随之越来越多。另一方面，群众的文化基本需求逐渐得到满足，正向着更高层次、手段更加多样化的文化娱乐方式转变。同时，由于文化消费的日渐增长，人们对流行文化的欣赏口味和审美判断也在不断改变，对于新文化、新事物的接受能力非常强，这就意味着群众文化的形式需要更加贴近群众的实际需要，力求对群众文化事业的创新，借助互联网等高科技手段提升公共文化服务水平。

（二）群众文化服务内容的传播力、感染力、渗透力

文化是天然带有传播和渗透属性的，某地区的群众文化受众就在一定程度上代表着该地区文化的总体特征。在互联网时代下，群众文化建设不能只依靠自身的文化发展，还要积极吸收外来的先进文化，打破传统的文化藩篱，只要是有利于人民群众的文化都应该批判性地吸收。另外，先进的群众文化也具有向外传播的特点，如北京、天津一带的相声深受群众喜爱，在网络的作用下，以郭德纲为首的德云社将这一人民群众喜闻乐见的形式推广到全国，在推广的过程中也会吸收其他先进文化的特点，实现自身的发展，这种发展方式值得群众文化工作者学习。

二、互联网时代下群众文化建设存在的问题

群众文化是社会主义精神文明建设的重要组成部分，发展社会主义精神文明必须提高群众文化建设，为了精神文明建设的进步，加强文化建设是时代的要求，是广大居民的要求。文化建设既是群众文化工作的基础，又是构

建社会主义和谐社会的重要内容。想要把文化建设提高到一个新水平，就要在发展中不断创新，在创新中不断发展，让文化在社会主义建设事业中发挥更大的作用。但同时，由于互联网信息传播快速发展，群众文化的建设也存在诸多问题。而近年来，在新媒体时代下，群众文化建设虽然取得了不错的成果，但仍不可避免地出现了一些问题。

（一）网络爆炸式的信息传播方式导致信息参差不齐，低俗虚假信息泛滥

新媒体发展的最为直观的社会结果，便是信息量的绝对增加。根据美国学者弗莱德里克做过的推算，即使以 5 年为周期来计算，也意味着，在今后不到 70 年的时间内，人类积累的信息量将达到我们今天信息量的 100 万倍。作为新媒体的代表，网络克服了报纸的版面限制，降低了信息传播的门槛，使信息得到爆炸式的增长。然而正是这样的增长速度使得信息真假难辨，低俗淫秽信息严重危害未成年人身心健康。而一些网络谣言的制造者为了引起关注则不惜捏造虚假新闻。据悉，2010 年 2 月 20 日至 21 日，由于听信地震传言，山西太原、晋中、长治、晋城、吕梁、阳泉六地几十个县市数百万群众 2 月 20 日凌晨开始走上街头"躲避地震"，山西地震官网一度瘫痪。2011 年 3 月 11 日，日本东海岸发生 9.0 级地震。从 3 月 16 日开始，中国部分地区开始疯狂抢购食盐。3 月 21 日杭州市公安局西湖分局查到信息源头，并对始作俑者进行行政拘留。

（二）市场利益驱使供应商传播不良信息，法律法规却未能跟上

中国新闻网曾发表消息称："传媒与出版业是现在乃至新世纪最后一个暴利行业。"

受新媒体广大的受众市场与几十倍的利润回报的驱使，一些供应商便甘心以"人为财死"的方式追求眼前利益，无视法规法纪，向网络中大量投放、传播不良信息。以楼宇电视为例，由于户外广告媒体的不断增多，加快了户外广告投放额的上涨幅度。北京、上海、广州的楼宇电视与电梯平面媒体发

展空间广阔，成长环境优越，其面向的高、中收入消费群体相对集中，与其他市场相比，增幅显著，提升了一级市场的户外投放份额。但它有一个致命弱点，就是目前尚无播发新闻信息的资质，广告是其唯一内容，侵害了人们的公共空间，单一地播发商业广告，造成了"视觉污染"。可以看出，在新媒体的管理中，法规制度还不够完善，从而使牟取暴利的运营商不顾社会责任，导致市场经营秩序无法得到维系。

（三）网络平台在提供便捷言论的同时产生网络暴力，使公民隐私难以维护

网络是一个言论相对自由的平台，人们在畅所欲言的同时也很容易形成网络暴力，即一定规模的有组织的网民，利用网络平台向特定对象发起的群体性、非理性、大规模的、持续性的舆论攻击，以造成对被攻击对象人身、名誉、财产等权益损害的行为。这样的行为使得言论自由产生异化，"人肉搜索"成为一些人泄愤的途径，公民的隐私权变得难以维护。例如，孕妇谭某对待送其回家的善良少女的恶意行为导致少女枉死，满腔怒火的网民曝光了谭某父母及妹妹等不涉案者的个人信息进而对他们的生活造成了影响，虽然这是大多数网民处于"公愤"时的行为，但归根到底仍旧是侵犯了公民的隐私权，而这样的案例并不是个案。可见，网络暴力影响着公民的正常生活与学习，甚至会对当事人造成严重的精神侵害。

（四）网络制度尚未完善，侵权抄袭现象难以遏制

版权，作为一种民事权利，就是法律赋予创作者对自己创作的作品的表达、复制、传播及利用的控制权。它不是专指文学艺术和科学作品，在互联网中的微博、博客等，只要是首次公开的创造性表达，都可以受到著作权法的保护。然而，由于网络上信息流通量大，审核能力有限，再加之在这个虚拟平台上通过网民的注册账号很难查到本人，使得版权的维护变得举步维艰。大多数时候，人们仅仅只需要注册一个账号便可以任意复制、抄袭他人的言论，并在未经作者允许的情况下任意转载他人作品。这样的行为已然侵权，却由于提供了大量可供免费快捷下载的资料，使得很多网民也乐于接受这样

的"免费午餐",从而形成了既有抄袭者复制,又有传阅者下载的网络环境,也使侵权现象在网络上成为一种人们"默认许可"的行为。

（五）政府监督困难,网络公信力有待提高

2008 年 6 月,中国已大幅超过美国,跃居成为世界第一网民大国。截至 2017 年 8 月 4 日,中国互联网络信息中心发布了第 40 次《中国互联网络发展状况统计报告》,中国网民数达到 7.51 亿。面对这样庞大的网民人数,要做好统计监督,必须经历一个长期的统计与规范过程。现今,政府对网络舆情的监督引导难度较大,仍然缺乏对于网络等新媒体的监督力与审查力,一些希望借助谣言来博得眼球的网络媒体便不顾职业道德,大量散布谣言,造成了网络信息真假难辨,网络缺失公信力的局面。

（六）网络中表层信息和通俗娱乐的"麻醉作用"与"数字鸿沟"的扩大

保罗•拉扎斯菲尔德和罗伯特•C.莫顿曾在《大众传播、大众鉴赏力和有组织的社会行动》中针对现代大众传播的负面作用提出了"麻醉作用"一说,其认为,大众媒介以低廉的价格大量占用人们的时间,使人们沉浸在虚幻的自我满足中,从而丧失社会行动能力。所传递的浅俗、煽情化的内容,使人们的审美鉴赏能力退化,成为不假思索顺从现状的单面人。笔者认为,拉扎斯菲尔德和莫顿所阐述的大众传播的负面作用,同样也是网络所存在的问题。网络具有信息海量传播的特点,然而,在这些爆炸式增长的信息中,充斥着大量的低俗表层信息,这些信息具有新异性与刺激性,在吸引人们去点击并阅读的同时也侵占了人们思考与学习的时间,人们习惯于将注意力集中在零碎肤浅的八卦娱乐之中,加之网络上缺乏深度的评论,很容易使人们沉溺在虚拟信息中难以自拔,失去思考与判断的能力。

（七）负面舆论堆积造成"比坏"心理腐蚀社会道德

网友利用网络的虚拟性,在匿名的情况下毫无顾忌地发表偏激言论,对社会风气产生负面影响,这些"好事不出门,坏事传千里"的现象,如天价月饼、豪华跑车，由一点进而延伸到各个领域的负面信息五花八门，充斥全屏。就连生活中的"衣食住行"在网络上也更多地表现成了一种异化与奢侈，在这样的环境下，人们往往会为了一己私利而罔顾法律，长久如此，将会造成整个社会诚信缺失，投机主义及社会风气恶化。

三、促进新媒体在群众文化中发展的对策思考

新媒体在带来言论繁荣的同时也带来言论失控与社会动荡的风险。如何看待这些问题、研究有效解决对策，对于新媒体的健康发展与社会的和谐稳定来说起着至关重要的作用。因此，针对上述几点问题，有以下几种解决措施。

（一）借助广大受众的社会监督控制，健全信息审核平台

信息审核是筛选网络信息是否适合传播的第一道门槛，在网络飞速发展的过程中，建立健全相关信息审核机制这一关卡，有利于从源头上有效遏制不良网络信息的大面积传播，将不良信息扼杀在初始阶段。然而，在数量巨大的网民面前这样的审核并不好开展，因此应借助广大受众的力量。受众是网络信息的直接受传者，同时，是网络低俗虚假信息的第一受害者。因此，受众具有对媒介活动进行监督的正当权利。受众可以通过个人信息反馈等手段建立民间信息审核平台，由"公众利益"来制约网络虚假信息的发展。

（二）完善网络法律法规，逐步形成规范的网络秩序

在新媒体飞速发展的同时，法律规范应当如期而至。但是，据目前的资料来看，关于网络规范方面的立法资料还相对较少，在网络大面积普及的情况下还存在许多有待完善的法律法规。因此，应加快推进网络立法建设，依法治网，建立健全网络规范与监督，注重保护公民的隐私权与著作权。使民众在享受自己言论自由的同时也可以更好地履行自己的义务，不至于为了追求个人的利益而罔顾他人的合法权利，并在此基础之上，逐步形成规范的网络秩序，以保证网络的健康发展。

（三）加强国家政府的舆论管控，引导舆论向正确方向发展

传播学教授郭庆光在《传播学概论》的"传播制度与媒介规范理论"这一章节中认为："国家和政府的政治控制是媒介控制的主要方面，这种控制的目的是通过法律法规和政策，来保障媒介活动为国家制度、意识形态及各国家目标的实现服务。它主要包括以下几个方面：规定传媒组织的所有制形式；对传播媒介的活动进行法制和行政管理；限制或禁止某些信息内容的传播；对传播事业的发展制定总体规划或实行国家援助。"

国家与政府作为强有力的管理者，在解决新媒体存在的问题上也居于主导地位。2007年，中共中央新年开始的第一次学习就是网络文化建设与管理；2008年，胡锦涛同志开与网民交流之先河；大力发展媒介和文化产业，在每个五年计划中都占有重要位置。可以看到，国家正在重视和支持新媒体的发展。国家和政府对于新媒体发展的重视和关注，将对新媒体存在问题的解决与舆论的正确引导有着重要的指导作用，面对复杂的网络环境，只有国家和政府站出来指导舆论方向，切实加强网上正面宣传，才能有效解决问题。使互联网真正成为传播先进文化的崭新阵地，成为教育的重要渠道和有效载体。

（四）依托政府支持，加大技术监控治理力度

从新媒体信息的传播过程来看，新媒体传播是产业链式的传播。整个传播过程需要涉及内容提供商、内容集成商、移动平台提供商、移动运营商、终端提供商、渠道合作伙伴等诸多环节。因此，新媒体的内容安全，也同样需要产业链中各个环节的密切合作。在移动互联网环境下，构建针对有害内容源、有害内容传播渠道及最终目标（移动终端、平板电脑）的全生态系统的防护体系，才能对信息内容进行有效监管，从而保障移动互联网健康、有序发展。

因此，应以政府为依托，研究不良信息传播的演化机制，加强对网络通信软件、网络传输内容的管理。规范应用商店对通信软件的检验和测试流程，使用户，尤其是抱有新意心理的未成年用户在浏览信息时受到一定的合理制约，使互联网的网络信息体系更加干净与安全。

（五）媒体人增强自身自律感，坚守职业道德提高"公信力"

媒体的"公信力"来自媒体人的自律与其对职业道德的坚守，作为一个媒体人，其最基本的职业操守便是在威胁与利益面前，坚守媒体从业者客观公正的态度，也只有这样，才能获得公众的信赖。面对问题深入调查、客观负责地评论，促进积极信息的传播，这是网络媒体的责任与义务。通过"自律"换"自由"，以自律公约的形式提升自我约束能力和强化管理力度，才能获得媒体的公信力，同时，网民拥有一个健康阳光的网络环境，向社会传递出"正能量"。

（六）提高网民素质，实行网络实名制

在网络普及的同时，也应该注重培养网民的思考与辨别能力，正确对待真实客观的负面信息报道，以避免将谣言信以为真而产生情绪激化。此外，网络的虚拟性也是网络存在大量谣言的重要原因，虚拟身份使得一些网民认为自己可以摆脱法律的规范而大肆造谣散布非法信息，在一些主要领域实行实名制则可以辅助网络法制建设，规范网民的行为，也为网络安全与"清网"行动提供了便捷。

找出解决新媒体存在问题的对策是社会安定与和谐的必由之路。在未来，新媒体将以更快的速度普及发展，其对于社会的影响也将与日俱增。如何良好地解决新媒体存在的问题，是需要国家、政府乃至每一个公民共同努力的，也只有这样，新媒体才能健康发展，社会也才能和谐安定。

第三节　新媒体时代下群众文化活动的开展路径

一、新媒体环境下，群众工作的路径探析

在新媒体环境下，通过提升党政干部的网络素养及网络舆论引导能力，借助网络载体深入人民群众，着力解决群众反映的突出问题，满足群众的诉求愿望。结合当前正在开展的党的群众路线教育实践活动，不断完善新媒体

环境中开展群众文化工作的路径,在实践创新中提升群众工作的能力,发挥新兴媒体在群众工作中的重要作用。

（一）提升网络素养是新形势下党政干部形象塑造的必修课

互联网加深了党和人民群众的血肉联系,也进一步拉近了政府与人民群众的距离。适应网络时代发展要求,突破传统思想束缚,主动接受、融入网络,不断提升运用网络媒体、应对网络舆情、展示网络形象的能力,已经成为各级党政干部应对网络挑战、改善网络形象、提升施政效果的必备技能。党政干部对待互联网的心态折射出能力、信心、涵养、气度等素质。在面对网络压力时,党政干部应调整心态,顺势而为,主动融入网络接受群众监督。

（二）加强网络舆论引导能力

舆论引导,本质上就是要引导人们正确地认识和判断事物。舆情危机一旦发生,可以从两个方面进行思考和策划:一是实施层面,二是价值层面。因此,网络舆论引导也有两个基本立足点,一是引导事实,二是引导价值。事实引导策略,重在向网络舆情危机利益相关者提供更多真实信息、解疑释惑、澄清事实、告知真相,以及事件的前因后果、来龙去脉,重在实现自我价值体系的再造和利益相关者对引导者机制认同观念的重塑,在价值异化的情况下追求新的价值认同。很大程度上,价值引导的思路就是把对象引导至全局利益上来,一同协力度过危机。把冲突各方引导至共同利益上来,而不是在非理性冲突中忘记最重要、最宝贵的共同精神。具体从以下两个方面入手。

第一,发挥专业机构和人员的作用,做好重要舆情信息的监测、预警工作。要在网络舆论引导和舆情应对工作中达到预期的目的,获得成功,就要从实际出发,坚持实事求是,认识和尊重规律,按照规律办事。分析舆论热点在酝酿、形成、发展、高潮、消退等不同阶段的特点,找好舆论的切入点,寻求舆论引导的抓手。通过技术投入、机制建设等措施,运用科学的理论、方法和手段,建立排查机制,不断跟踪即时信息,鉴别信息真伪,把握趋势和苗头，在网络舆情监测和研判的基础上，提出科学对策，为相关部门的科学决策提供参考。

第二，建立手机平台，充分利用网民了解手机舆情。网络管理部门在管理辖区网站的同时，应该寓管理于服务，主动协调主要网站，为群众提供发表意见的平台，主动了解民情民意，并利用这些平台，收集整理舆情信息，协助有关部门解决群众反映的问题，满足群众的诉求、愿望。

新媒体的快速发展是当今信息社会的一个重要特征，应以积极主动、开放包容的态度对待新媒体。要充分依托现代科技手段，进一步提高新形势下与社会、与群众沟通的能力。

第八章　微时代下群众文化建设与发展研究

第一节　微时代与群众文化建设

一、微文化相关概述

李云传谈道："任何文艺创作，或多或少、或深或浅、或明或隐总是受到某种文化观念的影响。""历史"不是指往前无限延伸的历史，而是指对某个时代的文学艺术产生了直接重大影响的文化历史背景和文化现实环境。微文化的出现和发展是马克思文艺理论中国化的时代体现，在传承文艺思想、构建总体文化氛围、熏陶和引导国民树立健康活泼、友好互助、创新进取的文化情结方面产生了积极影响，在促进社会主义各项事业繁荣昌盛方面发挥着重要作用。

（一）文化和微文化内涵的界定

微文化是一种聚集的力量，一些看似微不足道的行为，不经意间却改变了人们的生活。微文化指由于微博这一平台的产生和普及而衍生出来，注重向个体和微观发展的文化现象。但是，从当前我们所感受到的微文化现象来看，其主要是以微博为代表，包括微信、微电影、微公益、微支付、微频道等不断出现的以"微"字为中心、新概念为内容的"微文化"，其产生的基础在于网络技术的发展。以此导致人类进入个人互联网时代，改变了群众个人信息获取与发布的方式，传播与接收速度与原来相比也有了质的飞跃，人们的生活进入了微文化时代。

（二）微文化与群众文化发展、网络文化的相关性

中国最早典籍《尚书·尧典》中提出"诗言志"的表述，孔子"兴于诗，

立于礼，成于乐"的思想完整阐述了由审美至教化的进程，"诗教"是中国自古以来最为重要的文化命题，也就是古人所说的"文以载道""以文化人"，文艺进步是文化发展的重要基础。微文化是文化在新媒体时代利用网络实现自身创新发展有效传播的具体表现，其发展有利于群众文化教化、熏陶功能的发挥和良好文化氛围的形成。然而，群众文化和微文化的发展普遍存在着模仿、"快餐式消费"等问题，因此需要坚持发扬艺术民主，增强文化内涵，利用微博、微信、微电影等平台实现与人民群众的互动交流，真正实现为人民服务，创造出体现人民生产、生活特色的文化内容，最终实现群众文化的繁荣发展。

网络文化和微文化属于文化发展的两个阶段，相互之间存在着密切的关系。网络文化指互联网发展带来的全球符号系统和文化内涵的改变，主要表现为互联网存储和传播的文化。网络文化和微文化的存在与发展使人类进入了"数字化生存"的新媒体时代，数字化成为人类生存的基本要素。在这一虚拟空间，原来的软件设计师、源代码拥有者、占有网络技术和信息资源的组织和个人，没有了巨大权力，没有了囊括一切的中心。广大群众意见成了表达主体，凭借提升的计算机技术和广阔的网络通道，信息传播的容量和速度大大超过了传统媒体，信息传播方式具有同步传播、异步传播等多样性、灵活性的差异，二者的内容具有通俗性的特征，产生了一种回归个体、回归生活、回归感性的文化追求，同时促进群众文化的繁荣发展。与此同时，面对着商业利益的巨大诱惑，网络文化和微文化的发展过程中也出现了许多不和谐现象。如"流氓软件"强行入侵用户电脑，传播广告、制造病毒，一些人利用关注量传播虚假信息等影响正常网络秩序，也给群众文化带来不利影响。

另外，网络文化和微文化的发展存在着差异性的特征。第一，两者的侧重点不同。娱乐性是网络文化非常重要的特征，是网络文化的出发点和归宿，是使其迅速发展的推动力。网络文化的技术性深入人民群众，通信能够变成可视通话，网络游戏也提高了群众的参与度，网络的高效搜索功能、价格低廉等优势更是以往传统媒体无法比拟的。然而，微文化的发展更加关注内容的及时更新、文化内涵的发展状况、人民群众的需要及其满足状况等，以更加细腻的方式和手段关注人民群众的感情变化和微文化对社会群众文化的作用。第二，两者对网络关系形成的认识不同。网络文化的发展强调其交互性，即网络主题不断变化，作者身份和读者身份，不断消解"作者权威化"的趋势，其在互联网媒介中传输的多是现成文化，大多是技术拥有者将现实社会中的信息、新闻通过网络传递给群众。然而，微文化的发展强调其互动性，一些人通过新媒体发布身边的新闻及对某件事的看法，群众及时转发、回复信息，与发布者进行沟通交流，因此网络生态的形成不是单一途径而是各方网络力量的建构的过程。不管是网络文化还是微文化，群众文化借助新媒体的出现，改变着其生活方式，使群众文化的表达方式更方便、更现代化，促进了群众文化的发展和建设。

二、微文化下的群众文化重要功能

首先，微文化的发展，推动了新时期群众文化的精神文明建设。微博、微信、微电影等新媒体信息容量大、宣传领域广、传播时效快、互动沟通强的特点，有助于群众文化传播社会正能量，开创精神文明建设新局面，提升社会凝聚力。社会生活中客观存在许多激励人心、积极向上的正面事例，如每年评选的"感动中国"十大人物先进事迹、"最美"事件等都会在新媒体这个平台上得到广泛传播，对群众生活中的先进事例的正面报道和大力渲染，能够引起更多人的关注和学习，从而促进群众文化的发展，也促进了现代化社会主义精神文明强国的建设。

其次，微文化的发展，满足群众文化多样化的心理诉求。新媒体时代，随着信息的公开和透明，人们之间的矛盾冲突增多，人们之间的隔阂也增加，人际关系和交往逐渐冷淡。而网络新词的流行在一定程度上提高了人民群众的凝聚力、向心力，为群众文化沟通和交流找到共同语言。同时，在微文化平台上，各种观点和思想的"百家齐鸣"为不同层次社会群体放松身心、愉悦心灵提供了表达渠道，丰富了人们的精神家园，使人们心情愉悦、生活幸福，提升了群众文化中的生活品质。以新浪微博为例，热点话题有加"#"的功能，这样可以使同一话题的微博被集中检索，方便用户对话题进行跟踪和深入了解。总之，群众文化通过对信息资源的聚合，使群众能够全方位、多角度地感知事件，满足自我的精神需求，使群众文化得到更好的发展。

三、群众微文化素质的进步使中国特色社会主义文化深入人心

在微文化氛围影响下，人们生活方式和交往方式的改变，创新了中国特色社会主义群众文化建设方式。首先，微信迅速性、及时性的特点使人们的生活更加方便、简单，人们不断体会着网上购物、网上浏览信息的快捷与便利，真正实现了"秀才不出门，全知天下事"的梦想。微博、微信信息的及时表达符合现代人的生活节奏和习惯；微信的"点赞"活动，简单的行为让人们被关注，满足了人们生活、心理需求，有利于群众和谐人际关系的建立。

其次，微博、微信等新媒体的发展使文学艺术的发展走出殿堂、走下神坛、走向生活，为人民群众所真实感知，平民化的表达方式使每个人都可以创造自己的"媒体"，发出属于自我的声音，找回丢失的话语权，使人们生活得更加自由，改变了群众生活方式，从而改变了群众文化的发展方式。例如，越来越多的电影爱好者正借助数码摄像机、网络、博客等新技术、新媒体平台，一跃跨过传统电影的专业门槛，投身于电影拍摄、制作、传播，引发了新一轮平民影像视频娱乐的狂欢，正如土豆网的广告语："每个人都是生活的导演。"

最后，微文化的发展使群众的交往方式更加多样化、新奇化。群众文化通过微博、微信等新媒体，可以使人们获得及时、新鲜的信息。利用新媒体不断更新的功能，读者可以支持或批判信息发出者的立场、观点和水平，这样就容易形成作者和读者、读者和读者的互动，没有居高临下的命令、呵斥，每个人都能感受到自我的主体性。当人们的表达方式、观点态度得到尊重后，人们更加愿意进行交流，随时进行自我提升，进而形成良性循环。方便、快捷体现自我主体性的微文化发展特点，有利于改变传统群众文化的传播方式，

多元化的方式使群众能够尽快理解中国特色社会主义文化的要义、关键，并运用其指导群众文化。

微文化的发展提升了人们的文化品位，丰富了中国特色社会主义文化建设的内容。新媒体产生之前，人们只有很少的途径关心国家大事、社会热点问题，人们的信息接收能力很弱。拥有了智能手机、平板电脑等新媒体媒介，人们可以充分利用上班间歇、旅行、坐车等零碎的时间关注信息动态，也可以是自身对社会的观察，如发表对某个事件的评论，其方便快捷的功能赢得了人们的喜爱，人们可以随时通过微博、微信实现权利的诉求，情感的宣泄，精神的历险，文化的冲浪，使人们的生活丰富多彩。微博、微信等新媒体的出现见证了科技的力量，这种力量提高了人们认识世界和改造世界的能力，提升了公众参与度。作为参与者，公众积极参与网络问政，通过网络论坛、新闻跟帖、网络论坛等多种方式参与社会政治生活，充分表达意愿和诉求。通过人民群众关注时事政治，发表观点、看法，提高了群众自我理论深度，丰富了中国特色社会主义文化建设内容，真正实现了社会主义文化建设为人民服务、对人民负责的原则。

四、群众文化在微文化发展过程中存在的问题

尽管在党和政府及广大人民群众的共同努力下，我国微文化的发展取得了一些可喜的成绩，但从长远发展来看，在其发展过程中仍存在许多问题，尤其是 21 世纪以来，信息更新换代的速度不断加快，对于我国人民群众有待提高的文化素质而言不容乐观。对此，我们应该保持清醒的头脑，客观地认识目前微文化的发展在与人民群众的文化生活结合方面存在的一系列问题。总之，如何促进微文化制度化、规范化发展成为一项迫在眉睫的任务，不断建立和完善促进微文化发展的各项机制是时代对群众文化提出的新要求。

（一）微文化的发展无法律约束，导致网络环境混乱

目前，我国虽然制定了一些关于网络文化的法律，但是这些法律尚未形成体系，对于微文化现实发展中遇到的各种问题有些无法可依、有些立法模

糊、有些界定不清，法律依据缺乏可操作性。微文化发展的突出特点在于，群众可以自由地在网络上发表自己的言论。尽管如此，微博、微信等新媒体依然具有很强的精英性，不是所有人都能成为有影响的网络名人，然而在一个虚拟的传播空间中，一些别有用心之人常常用华丽的语言、另类的思维包装自己的真实思想以便获得关注，从而扩大虚拟空间的影响力和话语权，提升自己的"文化资本"和"社会资本"，以便于发布一些功利性和虚假性信息，最终信息的泛滥、无序导致人们思想混乱。以人民论坛问卷中心在2013年10月关于网络问题的调查为例，涉及网络秩序状况的调查结果表明，超过一半的受访者不看好网络秩序的发展状况，大多数受访者对网络秩序的评价比较低，这表明改善网络秩序的混乱状态成为亟待解决的问题。

（二）部分内容肤浅化、恶搞化，严重影响受众知识水平

以微文化为代表的新媒体是一个开放的平台，每个人都可以参与其中，然而大部分群众的知识水平和文化素养有限，因此容易出现发表的信息表面化、形式化的状况。以发布微博状态的字数限制为例，每条微博内容包含140字的信息容量，这铸造了一个短、平、快的交流工具，然而有限的字数使得信息传输者和表达者不再追求"精耕细作"式的文字思考与推敲，而是采用"广种薄收、薄利多销"的方法来获得广大群众的关注。区区的140个字，使得广大群众有限的表达能力很难把某一件事和情况表达清楚，于是以微博、微信为代表的新媒体信息表面化，大多追求享乐、感官的刺激，尤其是一些无法代表先进文化前进方向的文艺工作者发出的表面化信息更是严重影响了群众的知识水平。这些文艺群众产生的文化产品逐渐以市场功利化需求为价值导向，所传播的思想内容缺乏理论高度，出现"写快文、出快名、赚快钱"的不良社会现象。甚至这些群众成为牟取暴利的企业或者个人的"代言人"，这严重污染了良好文化环境的构建。众所周知，文艺赖以生存和发展的土壤是人民群众的智慧，文化发展进步的动力是为人民服务的目标，当这些群众脱离了人民群众生活的现实，将文字、文学作为获利、掌权的手段，那未来将如何书写人民、服务人民、造福人类，这不得不引起群众的深思。

在微博、微信等新媒体下，一些在改革开放、市场经济的文化氛围中度过童年和青春期的都市青年，不断尝试着运用新媒体表达自己对社会独特而鲜活的认知，并建立起社会群体的文化认同。如某些网络新词，或暗含了中国网络时代群众对现实的苦闷及自嘲、自勉的心态，群众通过互联网聚在一起，用质疑、自我否定的方式宣泄情绪，表达对社会不良现象的担忧，同时也见证了群众追求身份认同的渴望，求新求趣、求慰藉的心理。然而，由于他们生长在社会的剧烈转型期，难以实现与传统价值话语的对接，同时当代青年人就业难度加大，社会分配在阶层和代际上的不公平日益凸显，部分群众在网络中发表的内容多为肆无忌惮的嘲讽和颠覆，同时夹杂黑色幽默甚至是粗俗的俚语，缺乏传统文化素养，以此为内容传播的微文化消解了文化价值观、传统生活理念，造成群众思想的混沌，影响了群众的认知结构和知识来源、文化进步。

（三）对群众的生活造成极大消极影响

生活在数字媒体时代，群众感觉到前所未有的独立性和自主性，新媒体为人们打开了一扇窗户，使其有能力做很多过去不能做的事情，然而也使人性中的贪婪、自私等价值理念或人的不良生活习惯暴露在大众视野中。部分群众整天坐在电脑前，出现了精神空虚、精神堕落，导致社会危机，致使现实社会中犯罪行为不断增加，享乐主义、物质崇拜大肆盛行，群众的幸福感降低、进取心减弱、丧失了生活的目的，甚至出现道德堕落，这严重冲击着我国社会主义核心价值体系的构建，长此以往后果不堪设想。

五、促进微文化对群众文化发展的对策思考

（一）促进微文化的总体思路

1. 法律法规约束规范 "微" 媒介与 "微" 行为

面对微博、微信等新媒体带来的网络谣言、虚假信息、网络犯罪等，相关部门必须制定相应的法律法规，其作用在于它产生的巨大威慑力量，使那

些居心不良的人不敢随意破坏网络信息传播的正常秩序，并保护那些利用网络来表达意见的公众顺利地行使自我权利。到目前为止，我国相关部门及互联网机构相继颁布过一些规范网络信息传播的法律法规或者行业规则。例如，2002 年我国互联网协会出台了《中国互联网行业自律公约》。2004 年，中国三大门户网站——搜狐、新浪、网易在北京宣布："成立中国无线互联网行业'诚信自律同盟'，联合抵制虚假有害信息。"此外，需要扩大《反不正当竞争法》的范围，严格明确责任制度及相应的赔偿制度等，以便充分维护受害者权益和消费者权益，严厉打击，坚决制裁不正当竞争行为。为了管理文化市场混乱的竞争现实，要不断健全文化市场体系，加强行业自律，遏制不法行为，努力为微文化产业的发展搭建一个安定、有序的市场运作平台，打破垄断壁垒，坚决打击违反经营行为，开拓一个公平、公正的市场氛围。

建立和完善网络舆情引导和监控制度，这是发展人民群众文化的必然要求，是引领青年价值、社会舆论的有效途径。网络行动的基本前提就是把舆情搞清楚。所谓网络舆情，就是指社会关注程度高、与政府管理密切度较高的舆论现状，当然这里的网络舆情还包括普通人民群众舆论发展现状。与此同时，需要建立相应的信息甄别、反馈机制，培养引导微文化发展的专门人才，时刻对网络舆论动向进行密切观察，对当前的社会形势有清醒的认识，对所在地方乃至全国民情民意有透彻的了解，实行专门责任制度、系统化规范管理。

2. 运用社会道德引导价值主体自律

当前微文化环境中信息繁杂、混乱，法律法规并不完备，需要提高群众的微文化素质，优化微文化发展环境。运用社会道德和行业规范引导价值主体自律，是一种柔性管理方法，它要求微文化主体为自身服务的同时，利用网络使用者和传播者发挥主观能动性培养健康上网、传播正能量的意识，对待事物的评论秉承高度的媒介素养和科学批判精神，等等。党的十八大报告指出，"全面提高公民道德素质，这是社会主义道德建设的根本任务"，"要弘扬真善美、贬斥假恶丑"，"培育知荣辱、讲正气、做奉献、促和谐的良好风尚"，这为微文化道德的建立提供了理论基石和行为指南。为了增强人民群众的自律意识、提升其文化素养，培养理性、和平、包容开放的社会心态，我们可以运用新媒体进行宣传、采用实际活动进行锻炼等。例如：在线上，提高模范人物事迹的转发量，引导群众宣传或学习先进人物事迹，同时开展网络心理健康教育，塑造国民健康的内心世界；在线下，开展读书月活动，缓解群众的心理压力，提升自我知识水平。总之，通过开展各种有形、无形的活动，从小事做起，逐渐提升全民的自我管理能力，营造一个和谐的社会氛围，推动中国特色社会主义建设。

3. 运用技术手段畅通沟通平台

微文化是依托互联网尤其是个人互联网技术和个人便携移动互联设备的普及而发展起来的。此外，微信整合了群众的生活圈、社交圈乃至工作圈，让群众体验到前所未有的便捷和新鲜，把传播模式由"漫谈式"过渡到"对话式"，利用信息屏蔽技术设置"谣言过滤器"改变信息接收方式，将未发、有害信息过滤掉，保障群众接收到安全、可靠的信息，确保优秀文化成果有效、广泛传播。此外，智能手机等便携互联设备的更新换代使得上网越来越方便，应用工具等微文化形式发展多样化，为微文化环境下的人民群众文化活动的开展提供了更加便利的条件和途径。

4. 融入中国特色社会主义文化建设中

微文化的存在和发展不是孤立的，其和中国特色社会主义文化建设存在着密切联系。为了使微文化能够实现健康、有序发展。首先，应毫不动摇地坚持中国特色社会主义先进文化的前进方向。每个国家的文化都有其个性、代表性，其发展渗透着该国的核心价值观。因此，微文化的继承与创新、交流与碰撞、扬弃与更新，始终要围绕文化的核心价值进行，大力发展有中国特色的社会主义文化。在微文化的发展过程中着力构建社会主义核心价值体系，是实现经济繁荣、社会发展、民族振兴的必由之路。其次，微文化的发展要坚持兼收并蓄原则，在文化交往中吸收、借鉴其他民族文化中的积极成分，同时继承和发扬中华文化的优秀成果。尽管，在微文化发展的过程中，可能遇到文化保守主义坚持以传统文化为出发点解决中国现实问题等文化挑战，但只要我们坚持发展具有中国特色的微文化，打造强势的中国文化，是能够赢得国际社会各个国家的支持和人民的信任的。最后，微文化的发展要坚持文化创新原则。创新是一个民族进步的灵魂，是一个国家兴旺发达的不竭动力，也是一个政党永葆生机、活力的源泉，文化创新是文化的生命和灵魂。微文化的发展要积极探索与建立符合社会主义先进文化要求、遵循精神产品创作生产规律的文化思想，使微文化的发展与群众文化产业相结合，提升我国的文化软实力。

（二）完善微文化进步的具体策略

为了使微文化以更加积极、健康的方式发展，我们可以从身边做起，采取一些行之有效的措施来不断提高群众的智慧和素质，最终形成一种美好的文化氛围。人们在这种优美环境的熏陶下，形成的坚定的生活信念和崇高的人生信仰，会为未来开拓一个多元、活泼、开放的文明世界奠定坚实的基础。

构建良好的网络环境需要网络主体的共同参与。首先，每一个传播者都要以高度负责的精神做好自己的工作，以认真的态度做好各种信息的选择、解释、组合或评论。在维护社会总体价值和目标下，坚持真实性原则，公正而理智、客观而真实地描述社会。其次，作为信息的转发者和接收者，在传播信息的过程中不可过分夸大消息，不传播虚假消息、错误消息诱导群众，坚持理性原则，综合分析考虑消息的准确性、真实性及决定是否继续传播，正确引导社会舆论。

面对网络的无序状态，广大网民应不断提升自我的知识水平、改善知识结构，对在新媒体中发生和传播的事件，进行更多更深入的思考和分析，分析事件发生的原因，从事件中总结出经验教训，同时指出解决该类事件的具体措施。与此同时，作为普通网民，在网络虚拟空间中，要坚持知行合一、行胜于言的原则。从生活中的小事做起，跟随社会发展的价值潮流和社会导向，将微文化素质的培养和提升变得日常化、具体化、形象化、生活化，使每个人都能感知它、领悟它，将其内化为群众的精神追求，外化为群众的自觉行动。

面对网络中的犯罪行为，亟待加强网络治理。对于网络不良行为对群众生活造成的消极影响，需要将线上、线下的治理结合起来。首先，可以通过宣传片、公益讲座、微电影等新媒体宣传网络犯罪的手段，提高群众的思想意识和警惕性。其次，网络治理的主体主要靠人民大众的自我约束、自我监督才能得以顺利实施。作为网民，要从自我做起，从身边的小事做起，以榜样的示范力量带动身边的人自觉遵守网络道德、净化网络谣言及其他不良行为。

第二节　基于微信的群众文化活动开展路径

一、新型媒体承载的红包游建

微信红包以原有的红包习俗为依托，实现了微信发红包、查收发记录和提现的功能。微信派发红包的形式共有两种：第一种是普通等额红包，一对一或者一对多发送；第二种是"拼手气群红包"，用户设定好总金额及红包个数之后，可以随机生成不同金额的红包，也可以在微信群中发放设定总金额和总个数的群红包，微信群里的用户所抢到的红包的金额由系统随机设定。而春晚直播当晚的"全民抢红包"环节则需要主持人口播详细的互动引导，用户通过"摇一摇"来抢红包，每个抢到红包的用户还可以领取多个额外的红包分享给微信好友。用户和微信团队围绕微信红包，推出了许多新的游戏和活动。最为人们熟知的是群组间的抢红包游戏，最新出现的形式是2016年春节期间推出的"红包照片"，用户可以在固定的时间内发送一张照片，而他人必须通过给红包来获得照片的内容。

与传统红包相比，这种新媒体承载下的红包由于没有时间和空间上的限制而更加便捷，同时在抢红包与做游戏的过程中增加了人与人之间的互动和抢红包的趣味性，打破了传统红包长辈对晚辈的单向性，通过新媒体裂变式的传播扩大了发红包的规模。因此，这种低成本、高效率、具有传统文化意义的红包游戏比传统红包具有了更多的功能。

二、微信红包使用特点概述

蒋原伦认为，今天的传媒不再是单纯的信息传播工具，它开始侵入传统文化，在传播的同时以潜移默化的方式改造着传统文化，从而形成了独特的媒介文化。从媒介文化的角度看，微信红包其实是通过微信这一媒介，在传统红包基础上所营造出的新型红包文化，与传统习俗中的红包有较大区别。可以从微信红包的特点着手分析该功能相对于传统习俗的发展，这对于探究其在人际方面的影响具有基础性意义。

首先，红包的象征意义得到了延展。在传统红包习俗中，红包主要寄予了主体对客体的祝福。而如今的微信红包的实际使用中，红包可以用来吸引对方注意，可以表达道歉、感谢和安慰等情绪，可以通过微信红包进行现实中的支付或者借贷的金钱流通，甚至出现了红包游戏这一以娱乐为目的的情况。伴随而来的，是收发对象范围的扩大。在传统习俗中主要是长辈对晚辈的祝福，而如今由于表达的内涵更加丰富，自然收发对象也随之扩展。由于社交软件中的群组特点，即在同一个微信群中，存在彼此不认识的成员，在群组中使用微信红包时，也会出现收发双方是陌生人的情况。

其次，在具体的传—受过程中，互动性和对象随机性尤为显著。传统红包在传递时是一个单向的过程。在传统红包的传递过程中，其侧重于对一个特定对象单方面的传递。相比较而言，群众随时可以使用微信红包进行互动，传—受的关系随时可以转换。而在拼手气红包、红包游戏中，传—受对象都是不确定且随时变化的。

最后，在群众的使用体验中，对于微信红包的情感体验远远超过对其中金额的在意。群众用独特的数字来表达特定情感的做法也很流行，如"5.21元"代表"我爱你"。同时，在以"拼手气红包"为方式的抢红包游戏，以及微信后来推出的"红包照片"，人们关注的往往不是实际抢到金额的多少，而是抢红包、看照片这种形式所具有的娱乐因素。

由此可见，微信红包改变了原有红包的收发体系，赋予了其新的内涵，并且创出了新的红包传播形式。这些新的改造与变化，是研究微信红包对于人际传播和人际关系影响的依据。

三、微信红包传播特征分析

在新媒体时代下，受众不仅扮演着信息交流的受者的角色，同时也是信息交流的传者。开放性、互动性、参与性是现代社交媒体的特点。群众在大量新媒体的影响下，思维模式和价值观念也发生了很大的改变。微信作为一个强大的社交软件，已经潜移默化地改变了群众的思维方式与交往方式，在"指尖与屏幕的触碰"下，彼此的联系和交往日益频繁，这更有利于受众接受新文化。微信红包，将传统意义上的红包文化与现代文化和新技术结合在一起，凭借其方便快捷的特性，迅速走红。因为微信红包具有如下几点特性。

（一）传播互动性

传统意义上的拜年红包，多是长辈给晚辈，祝愿孩子健康平安，晚辈通常会接受红包，不需要回赠，这是一种单向的传播方式，传播范围多在有血缘关系的亲戚圈。微信红包使虚拟的人际传播和现实的人际传播结合在一起，是一种对传统红包形式上的补充，同样都具有美好祝福的意义。在新媒体时代的影响下，微信红包作为一种文化符号，本身的符号意义发生了改变，不单单代表新年祝福和赠予，更代表了一种大范围的互动与交往。微信红包不仅是在有血缘关系的人群中进行传播，在地缘关系、业缘关系的人群中也可以传播。现今社会，群众的社交范围越来越广，交流沟通也更加困难，简单的拜年短信已经不能满足群众追求真诚、追求趣味的情感需求。发微信红包就成了一种以微信软件为媒介的新型社交行为，其更加注重朋友之间、同事之间的互动传播。微信红包具有娱乐性和互动性，使群众在轻松愉快的形式下表达对彼此的新春祝福，从而促进情感交流。

（二）方便快捷性

受中国传统文化的影响，过春节家人要团圆，不管身在何处，都要回老家过年，因此不可避免地导致了部分亲人朋友分隔两地的情况。一方面，微信作为社交平台，具有即时性和便捷性。微信红包的出现，则更好地解决了亲人朋友之间烦琐的春节拜年问题，不出家门，就能传递祝福，有效地解决了距离遥远的问题，也为人们节省了时间，从而更好地与家人团聚。另一方面，微信红包操作简单，用户只需要将有一定金额的银行卡绑定微信支付，动动手指，就可以给微信好友发放红包。与传统春节红包相比，其适用范围更加广泛，形式也更加随意。微信红包降低了传统春节红包的仪式感，微信发红包与抢红包不需要当面进行，同时也避免了接收金钱时的尴尬处境。在微信社交网络中，朋友、同事和亲友之间都可以互发红包，年龄和辈分也不再是红包发放的限制条件，传播活动中传—受双方关系的平等化使得微信红包的应用更加灵活和广泛。

（三）娱乐性

普通的拜年红包金额较少，但是群众抢的热情却很高，为了几角钱、几元钱，抢得乐此不疲。即使抢到的金额很少，也会感受到收获的喜悦。微信红包最大的亮点在于"抢"，增强了红包活动的游戏性和竞争性，抢红包的形式引起了人们的兴趣。进而可以提高群众参与进来的主动性。现在人们都会有这样的感受：微信好友很多，可是真正的人际交往并不多，大部分沦为"点赞好友"，春节期间，在群里发个拼手气红包，可以迅速引起大家的关注，增强群众的群体存在感。抢到红包，人们会得到心理上的满足，就会有分享的欲望。受到中国传统文化"礼尚往来"的影响，通常会进行红包接龙。在"发"和"抢"这两个简单的过程中，可以激发群众相互交流的热情，就能在节日期间增加热闹气氛，促进了亲朋好友之间的交流和互动。

四、微信红包对传统节日红包的继承和创新

微信红包是科技发展的一种创造，但这种创新也来源于我国传统春节红包习俗的启发。所以，在很大程度上继承了传统春节红包的形式和文化内涵。

（一）微信红包对传统春节红包的继承

首先，微信红包的文化寓意和传统春节红包的文化寓意相近。微信红包虽然在传播方式和传播对象上与传统红包有异，但其"讨彩头""趋吉辟凶"的寓意却是基本一致的。因此，在微信群中，大家之所以会争先恐后抢面额寥寥的红包，就是因为希望能借助红包的喜气让自己在新的一年里遇事顺风顺水。在抢红包这个活动中，大家真正"抢"的便是新年的好运和喜气，红包的物质意义则居于次要地位。

其次，微信红包的形式也是对传统春节红包的一种继承和模仿。在微信网络中，虚拟的红包与生活中的红包在图案造型和祝福语设计上如出一辙。而点击红包的动作也叫作"拆红包"，由此可见，微信红包通过科技的手段力求给予用户一种近乎真实情境的虚拟体验。

（二）微信红包对传统红包文化的创新发展

随着时代的发展，传统文化的精粹代代相传，而每个时代特殊的生活方式也会在传统文化中得以展现。微信红包在继承传统的春节红包文化的基础上，赋予了传统文化新的生机和活力。如今，除了传统的包饺子、放鞭炮和发压岁钱，人们在微信上也可以与亲友互动、抢红包来讨彩头。这正是不同时期群众的生活方式在传统节日中的不同体现。

再次，微信红包改变了传统春节红包的传播方式。对传播对象的身份、年龄和辈分都不做限定，只要是用户微信群里的好友都可以成为红包的发放对象。相应地，群里的任何用户都是潜在的红包传播者。这更体现了新时代所倡导的民主和平等观念，在抢红包的狂欢中，只要参与就有机会获得红包，不再是晚辈被动地等待长辈施予的单向传播。

一个社交软件的新功能可以点燃全民的参与热情，这让人不得不感叹科技的发展给群众生活方式带来的变化。微信红包的狂热既是群众对传统习俗的认可，也是群众以新的方式对传统习俗的一种纪念。换言之，当下群众是在以自己所处时代的特殊方式进行传统节日的狂欢，传统节日中鲜明的时代色彩正是人们对传统的创新和发展。

五、微信红包对群众文化中人际关系的影响

随着手机智能软件和社交媒体不断发展，微信红包应时而生。微信红包的火热使其逐渐以社交手段的身份更广泛地进入人际传播。如今，很多人已经习惯了用微信红包来表达感情、维系关系。而 2016 年猴年春晚微信红包的引爆再次证明了如今微信用户使用微信红包的高频度及广泛性。

作为社交媒体新功能的微信红包对群众人际交往的具体影响给笔者提供了一定理论基础和相关思路，本章以微信红包功能的特点为着手点，结合调查问卷的相关数据，试图就微信红包对群众人际传播和人际关系的影响加以论述和探究。

（一）使用群众人际交往理论、符号和满足群众人际交往需求与微信红包

伊莱休·卡茨认为，受众对媒介的积极作用，制约着媒介传播的过程，并指出使用媒介完全基于个人需求和愿望。受众成员是有着特定需求的个人，把他们的媒介接触活动看作基于特定的需求动机来"使用"媒介，从而使这些需求得到满足的过程。微信红包在满足微信广泛使用和受众心理需求的条件下，实现了火爆发展，使受众在使用媒介的过程中心理需求得到满足。

从使用与满足理论出发，微信红包把握了受众的需求，并针对受众需求制定两种不同的游戏程序，即红包的派发方式。一是普通等额红包；二是拼手气群发红包。相比第一种，第二种方式则增加了微信红包的游戏性和娱乐性。在这个抢红包和发红包的过程中，受众利用微信红包这一平台，通过微信群红包的派送和争抢，满足了自己渴望抢到红包的需求，同时也向自己的好伙伴派送红包，达到了加强沟通的目的。

从符号学角度分析，人与人之间信息的传递需要以符号为媒介，从而达到信息的共享和人际关系的互动，无论从米德的人际交往相互影响模式，还是从符号互动理论分析，微信红包的整个传递过程都体现了符号的多样化对

人际关系影响的多元化。在微信红包的收发过程中，受众除了简单发送红包，也可以在发送红包时添加祝福的话语，发送红包后配发微信表情传递状态，也可以通过微信语音聊天来表达自己的心情，以此寻求更密切的联系。群众人际关系在微信红包的互动中，以红包为纽带，夹杂各种符号的综合运用，从而实现群众人际互动方式的多元化。多种符号的运用避免了单调性，各种符号的互动和综合运用增强人际沟通的效果，营造了活跃的对话场景，带动人际交流的持续性和新鲜性。

马斯洛需求层次理论认为，人的需求存在一个从低到高发展的五个层次：最低层次的需求是生理需求，依次向上是安全需求、社交需求、尊重需求和自我实现的需求。在微信红包中，首先，受众是满足自己的社交需求，在微信群中，圈内好友通过微信红包达到互相交流的目的；其次，好友通过红包的发放、发言、互动、自我形象构建等社交行为增强与其他好友之间的联系，能够建立起自己在微信中的虚拟形象并取得他人的认可和尊重，这些行为能够满足群众获得尊重、自我实现的心理需求。

（二）微信红包对群众人际关系新功能的分析

群众人际传播在建立和培养个体身体、心理健康，人际关系和社会和谐方面发挥着重要作用。群众人际关系依赖于人际传播。微信红包以鲜明的特点出现在人们的微信社交中，对人际传播造成了一定影响，必然会进一步对人际关系发生作用。微信圈中的红包游戏，带动了微信群的热闹气氛，能够建立微信群的人都是在一个相对熟悉的社区中，由红包带来的群内互动则加强了群内人员之间的交流，熟人社区更加亲密，对人际关系的提高有明显的促进作用。笔者将从六个方面分析微信红包对人际关系的影响。

1. 微信红包重构群众人际关系

传统意义上的红包发放是长辈给晚辈，但在微信红包游戏中，每个人可以向任何人发送红包，而且可以反过来发红包给别人，在红包发放过程中，平辈之间、辈分相差的人之间都可以相互发放红包，而不会受到非议，这样在原有的社会等级关系上，群众的人际关系在微信红包发放中被重构了。在微信红包中，卸去了现实环境中红包带来的情感包袱，解构了传统人情世故的人情关系，重构平等的人际关系。

2. 微信红包强化群众人际关系

微信红包的发放先是在熟人社区中开始的，每一个微信群都是建立在熟人社区基础上的。通过微信红包游戏的发放和争抢，增加了圈内好友的互动，特别是争抢红包和分享红包的过程，每个人都会在群内"晒一晒"自己的收获或者"失落"，群众人际关系在这个过程中得以强化。当受众的心理需求和娱乐需求得到满足后，很多人便倾向于表达这种喜悦，特别是在一个相对熟知的环境中，在个人意见表达的同时，希望圈内好友能够给出回应，微信红包正好迎合了受众的这种交际表达心理，成为圈内具有相同需求的人的交流共识。

3. 微信红包扩散群众人际关系

微信红包快速传播，影响到每一个玩微信的人。受众会有若干个微信群，群主作为一个牵头人，可以把两个或者更多的微信群串联起来，从而达到微信红包和人际脉络的扩散，从众心理也是微信红包扩散较快的原因。扩散的过程也是人际关系发展的过程。红包的派送对象从同事、朋友、同学再到单位、组织，一级一级地扩展，很多有意结识朋友的用户就会留意微信红包群中的信息，达到自己的结交目的。

4. 微信红包维护群众人际关系

当人们在发放这种红包时，查看朋友列表，选择特定的发放对象，本就在熟人社区的基础上，微信红包再一次使人际现实关系向微信空间延伸。微信红包作为人际关系连接的纽带，既可以带动线上微信红包的发送，受众之间的互动，也可以让线下的人际关系更加熟悉起来，通过线上线下的联动，群众的人际关系得以维护。

5. 微信红包对群众人际关系的娱乐性

在新媒体环境下，娱乐功能更加凸显。微信红包本身就是一种游戏，带有一定的娱乐色彩，给受众在过年时增加喜庆和欢乐的气氛。受众在收发红包的过程中得到心理上的娱乐和满足，圈内好友互动时也会把这种娱乐带给大家。而且娱乐性也体现在我们发送微信红包时可以结合文字、语音等与好友互动。

6. 微信红包疏远群众人际关系

微信红包作为人际传播中的一种手段，在日常互动时，若总是忽略了深层互动，便使得传播向浅层靠拢，长久以来必然会疏远人际关系。

借助微信红包这个新交流工具，群众的交流方式丰富了起来，微信红包通过线上的红包发放和争抢带动群内互动，从而作用于线下人际关系，让虚拟人际关系真实化，真实人际关系强化。从熟人社区的巩固，到新群体的诞生，再到新群体成为熟人社区，微信红包这种扩展对群众人际关系的发展作用明显，最终必将形成人际关系的新形态。

第三节　基于微博的群众文化活动开展路径

一、社交网络技术及微博的相关概念

（一）相关概念

1. 社交网络的概念

社交网络即社交网络服务，源自英文 "social network service" 的翻译，中文直译为社会性网络服务或社会化网络服务，意译为社交网络服务。

中文的网络含义包括硬件、软件、服务及应用，由于四字构成的词组更符合中国人的构词习惯，因此人们习惯上用社交网络来指代社交网络服务。其主要作用是为一群拥有相同兴趣与活动的人创建社区服务，这类服务往往是基于互联网，为用户提供各种联系、交流的交互通道，为信息的交流与分享提供了新的途径。

社交网络源自网络社交，网络社交的起点是电子邮件。互联网本质上就是计算机之间的联网，早期的电子邮件解决了远程的邮件传输问题，至今它也是互联网上最普及的应用，同时它也是网络社交的起点。论坛则更进了一

步，把"群发"和"转发"常态化，理论上实现了向所有人发布信息并讨论话题的功能。推进了点对面交流成本的降低。

2. 微博的概念

微博，即微型博客的简称，也是博客的一种，是一种通过关注机制分享简短实时信息的广播式社交网络平台。

微博是一个基于用户关系信息分享、传播及获取的平台。用户可以通过全球广域网等各种客户端组建个人社区，以 140 字以内（包括标点符号）的文字更新信息，并实现即时分享。微博的关注机制可分为单向、双向两种。微博作为一种分享和交流平台，其更注重时效性和随意性。微博更能表达出每时每刻的思想和最新动态，而博客则更偏重于梳理自己在一段时间内的所见、所闻、所感。2014 年 3 月 27 日晚间，在中国微博领域一枝独秀的新浪微博宣布改名为"微博"，并推出了新的标识，新浪色彩逐步淡化。

微博包括新浪微博、腾讯微博、网易微博、搜狐微博等，但若没有特别说明，微博就是指新浪微博。

（二）微博特征

微博有 140 个字的长度限制，以英文为例，一个英文单词加上空格平均也要五六个字符，而中文以双字词为主流，这样每条推特能够传达的信息量，就只有一条中文微博的 1/3 左右。如果用信息密度更低的语言（比如西班牙语）写微博，所传达的信息量就更少了。

1. 便捷性

微博提供了这样一个平台，用户既可以作为观众，在微博上浏览感兴趣的信息，也可以作为发布者，在微博上发布内容供别人浏览。发布的内容一般较短，通常为 140 字的限制，微博由此得名。也可以发布图片、分享视频等。微博最大的特点就是发布信息快速，信息传播的速度快。例如，你有 200 万听众（粉丝），发布的信息会在瞬间传播给 200 万人。

首先，相对于强调版面布置的博客来说，微博的内容只是由简单的只言片语组成，从这个角度来说，对用户的技术要求门槛很低，而且在语言的编排组织上，没有博客那么高。其次，微博开通的多种应用程序编程接口使得大量的用户可以通过手机、网络等方式来即时更新自己的个人信息。微博网站即时通信功能非常强大，通过 QQ 和 MSN 直接书写，在有网络的地方，只要有手机就可即时更新自己的内容，哪怕就在事发现场。类似于一些大的突发事件或引起全球关注的大事，如果有人在场，并利用各种手段在微博上发表出来，其实时性、现场感及快捷性，甚至超过所有媒体。

2. 背对脸

与博客上面对面的表现不同，微博上是背对脸的交流，就好比你在电脑前打游戏，路过的人从背后看着你怎么玩，而你并不需要主动和背后的人交流。可以一点对多点，也可以点对点。移动终端提供的便利性和多媒体化，使得微博用户体验的黏性越来越强。

3. 原创性

在微博上，140 字的限制使编写内容更加轻松、简便，这一点导致大量原创内容爆发性地被生产出来。李松博士认为，微博的出现具有划时代的意义，真正标志着个人互联网时代的到来。博客的出现，已经将互联网上的社会化媒体推进了一大步，公众人物纷纷开始建立自己的网上形象。然而，博客上的形象仍然是化妆后的表演，博文的创作需要考虑完整的逻辑性，这样大的工作量对于博客作者来说成为很重的负担。"沉默的大多数"在微博上找到了展示自己的舞台。

4. "草根性"

微博"草根性"更强，且广泛分布在桌面、浏览器和移动终端等多个平台上，有多种商业模式并存，或形成多个垂直细分领域的可能。但无论哪种商业模式，都离不开用户体验的特性和基本功能。信息获取具有很强的自主性、选择性。用户可以根据自己的兴趣偏好，依据对方发布内容的类别与质量，来选择是否"关注"某用户，并可以对所有"关注"的用户群进行分类。微博宣传的影响力具有很大弹性，与内容质量高度相关，其影响力基于用户现有的被"关注"的数量。用户发布信息的吸引力、新闻性越强，对该用户感兴趣、关注该用户的人数也越多，影响力越大。因此，只有拥有更多高质量的粉丝，才能让微博被更多人关注。此外，微博平台本身的认证及推荐也有助于增加被"关注"的数量。微博的内容限定为140字，内容简短，不需长篇大论，门槛较低，信息共享便捷迅速。可以通过各种连接网络的平台，在任何时间、任何地点即时发布信息，其信息发布速度远远超过传统纸媒体及网络媒体的速度。

二、微博促进群众文化的个性化与多元化

社交网络技术创造的文化载体 —— 微博，实际上是一个大众网络交往平台，个体可以在上面自由发表言论、图片及视频讯息等与公众共享，这些讯息往往带有极强的个人特征，具有丰富的创造性，属于自我形象展示的一种方式。关注功能可以将互不认识的主体连接起来，倘若在微博上某一博主发表了自己喜欢的东西，而另一博主对其发表的东西非常感兴趣，就可以即时关注，以获取更为全面的信息，如此即形成了一个庞大的群体；评论功能可以使公众除看到信息之外，还可以发表自己的意见，增强了微博主体的参与程度，对于同一事件不同人持有不同看法，多种思想因此得以汇聚碰撞；转发功能使同一话题能够迅速被越来越多的人看见，信息传播范围增大，一些有创意、有深度、能引起公众共鸣的东西通过转发往往能够进入越来越多人的视野中，打破时空限制。

微博作为社交网络技术的杰出代表，通过相应的功能，满足个体在虚拟网络中的交往需要。微博有言论、图片、视频、评论、转发、关注、标签的功能，以微博为代表的社交网络技术促进了观念文化、法律文化等的多元化发展，不同阶层、不同年龄、不同性别、不同职业的微博主体可以利用微博自由发表个人意见，网络思想和外延变得更加开阔，文化在求同存异之中增强了融合性，在规范之中定然会绽放多元光彩。

三、社交网络对群众生活的影响

现如今，社交网络已然成了我们生活中的一部分。除了可以方便群众交

流、满足娱乐需求等显而易见的作用，还有一些影响无时无刻不在悄悄延伸着。微博作为一种新兴起的网络传播方式，以"草根性"的特点迅速在民间蹿红，并为参与共同话题的陌生人提供充分互动的话语平台。

（一）微博对群众生活方式的影响

微博的开通有助于群众扩大社交范围，形成固定的社交圈。例如，因为手机关联了微博，群众可以在休闲时随时摸出手机发微博。大家身处各地，随便在微博上说一句话，发一句感慨，上传一张照片或者一段视频，所有关注的人都能看得到，因此，这种方式为人们结交志趣相投的朋友提供了便利。

微博改变了群众对信息的获取、传播、交流方式，拓宽了信息的来源渠道。博客说大事，微博讲小事，已成为当下不少年轻人的网络生活方式。微博可以用一两句话表达人们的感触，不用再因没有大段时间来写感触而苦恼。同时，这也一定程度上改变了群众的思维及表达习惯。

（二）微博给予群众的能量

在突发事件下，真实的信息对于解决突发事件具有重要意义。2011 年7 月发生了动车碰撞事故，北京开往福州的 D301 次列车与杭州开往福州的 D3U5 次列车在南温铁路温州段发生追尾事故，引起重大交通事故。事故发生后 13 分钟，乘坐 D301 次列车的微博用户通过手机微博发布了有关这次事故的第一条信息："求救！动车 D301 现状脱轨在距离温州南站不远处，现在车厢里孩子的哭声一片，没有一个工作人员出来，快点救我们！"随后这条微博被广大用户转发，成为适时了解事故情况的重要渠道。

在各个社交网络服务平台中，信息以难以置信的速度在传播，这就使人们可以更加快速、有效地了解这个世界的其他角落所发生的事情。从而引起群众的共鸣，唤醒群众的正义感。通过社交网络，人们凝聚爱心，发动起群众的力量，让失踪的孩子重新回到家人身边。通过社交网络，人们揭露腐败，让强权者不得不考虑舆论、有所忌惮。这种正能量的传播，可以凝聚群众的力量，可以推动社会的稳定、和谐发展。

尽管网络社交有诸多好处，但这种社交方式与真正的社交相比少了太多乐趣。群众不可能通过网络实现和家人团聚而共享天伦之乐，群众也不可能通过网络实现与亲朋好友举杯畅饮。因此，真实的社交是不可能被网络社交取代的。把握好尺度，不沉迷其中，不能让社交网络影响了真正的社交，这是我们应警觉的。而随着社交网络的发展，相信它将会对我们生活的各个方面产生越来越多的积极影响，从而长久地发展下去。

四、社交网络技术的文化危机

社交网络技术，特别是微博，在对文化的各个层面产生积极影响的同时也带来了许多负面影响，从而引起了各种文化危机。

（一）群众复制微博的信息所导致的知识产权危机

知识产权是指通过智力劳动创造出来的成果的所有权。对知识产权的保护有利于激发作者知识创造的积极性，从而促进知识的积累与进步。反之，对知识产权的侵犯不仅会损害所有者的权益，也不利于伦理道德的建设。微博作为群众日常信息传播的有力渠道，在扩大群众视野、丰富群众生活的同时，也存在着知识产权危机。这种危机出现的主要原因是微博复制文化的盛行。

所谓复制文化，指的就是直接将他人的原创微博不署名地进行复制以个人名义发布。这种复制行为属于标准的抄袭，严重侵害了原创作者的知识产权。正如，华东政法大学教授王迁所说："是作品就受保护，跟在哪个媒体上首发没有关系，微博上首发的作品与报纸杂志上首发的作品在受保护这点上没有区别。"可见，一旦构成受著作权保护的作品，就意味着任何人使用它都要经过作者许可，如果未经许可，也不支付报酬就直接复制使用，就有侵权之嫌。然而，在微博的发展过程中，这种复制现象却屡见不鲜，而且有越演越烈之势。在微博这个分享平台上，复制不转发的用户忠实履行着"分享"的义务，如同完成任务一般，复制与粘贴，拿来与占有，成了这个时代文化的特征和痼疾。

因此，复制文化现象应引起广大群众的重视，因为这一现象导致的知识产权危机已经严重伤害了创作者的创造热情，如果没有对知识产权的保护，那么原创信息就会失去其应有的价值，知识的进步也就成为不可能的事情。这就侧面影响了群众对新媒体的应用，同时弱化了群众对文化学习的热忱。

（二）群众对微博过度依赖导致群众的思想异化

在今天，社交网络技术的出现，特别是微博的出现可以说使人的异化问题越加普遍和严重。因为，它正促使群众越来越依赖于这个技术化、形式化、中介化的媒体，群众对微博的过度依赖在本质上加重了技术对人的控制，从而导致人主体性的丧失，影响了群众的文化素养。主要体现为人的主动思维能力弱化、人在现实生活中的社交能力降低、思想独立性的削减等。其中，人的主动思维能力弱化的原因在于群众遇到问题时往往求助于网络，虽然这种求助使群众获得信息更加方便也更加快捷，但这在一定程度上降低了群众主动思维的能力。另外，群众往往通过网络进行娱乐交友，但这种交友活动只存在于虚拟的空间，在虚拟空间里，人只是数学化或符号化的存在，长期沉溺于网络不仅会使人更加孤独，而且会造成现实中人际关系的淡漠。此外，社交网络技术会削减人的思想独立性，这是因为网络话语权的存在。特别是在微博中，一些名人占有很强的话语权，他们的思想拥有极大的社会影响力，往往一呼百应，对群众的思想进行着清洗和控制，慢慢侵蚀着群众思想的独立性。

（三）信息的碎片化导致群众思想碎片化

"微"文化产品的另一个副作用是逻辑思维的"被碎片化"导致的思维能力弱化。虽然文化产品的思想文化含量并非取决于其规模或篇幅的大小，但以"微"文化产品如此"迷你"的体量，要承载起汹涌磅礴的文化内涵和精神力量却几乎是不可能的。当我们尽情陶醉于它带来的短暂快感时，很难再就某一人、某一事进行一探到底的研究和追问。于是，完整的、有纵深感的知识体系也就难以形成，系统的、层层递进的逻辑思维也便搁于浅滩。对于一个国家或者民族来说，即使这样的文化产品再多，也只是如细沙堆积。而探求与追问精神的缺失，最终则会将我们引入自我迷失的无限苍茫。

碎片化信息固然有轻、快的传播优势，碎片化阅读固然能节省大量时间，还能尽可能多地接收有价值的信息，但从长远看来，不适应人类文化语言和思维的良性发展。碎片化的文字往往只表达字面上的意思，较之系统表达更不容易被人知觉、记忆。碎片化的传播弱化了深入思维的能力，削弱了思维的逻辑性和连贯性，代之以思维的跳跃性和碎片化发展。

总之，信息碎片化的趋势不可逆转，也因此导致了群众思想的碎片化。比如，在一些重大事件中，微博有限的表达能力使受众不得不从破碎的话语中拼凑出事件的整体轮廓和前后逻辑，这大大加深了他们了解事实真相的难度。而且，当零散的信息占据了群众的生活，在受众沦陷于无意义的语境中时，群众的理性思考能力、思维的连贯性和逻辑性会不由自主地削弱，社会生活也在浅尝辄止的零碎中变得浮躁。

因此，信息的碎片化问题值得我们关注，因为由它带来的群众思维的简单化、被动思维及理性思考的缺失正在侵蚀着群众的心灵。

（四）虚假信息导致群众之间的信任危机

随着科技的进步，现代社会信息传播速度加快，公共危机事件不再独立于我们的生活之外，而成为生活的一部分。

微博作为信息传递的新渠道，一方面，为公共提供了及时的信息，但另一方面，其虚假信息的存在及其传播也使微博产生了信任危机，给群众的生活带来了不良影响，甚至给社会带来了负面影响。例如，2013年3月新浪微博人士爆料六小龄童去世的假消息，微博原文如下："北京时间3月12日消息，在83版《西游记》中扮演孙悟空的演员六小龄童（章金莱），3月12日早上八点半病逝于浙江绍兴慈济医院，享年53岁。如果他给你的童年带来了无数欢乐，如果你觉得他是无可超越的经典，请默默转发，让更多人祝愿猴哥，伴随我们成长的偶像一路走好！"消息一出现便成为当天最热门的话题之一，引起了巨大的轰动。这条爆炸性消息迅速在微博及各大互动网络上疯传，但是该消息却被证实是假消息。

微博中虚假信息及虚假新闻存在的原因是多方面的。在信息的反映过程、传输过程和理解过程中，都有可能造成信息的失真。在这里我们指微博用户在对新闻信息的接收过程中发生的信息失真现象，信息接收者由于各种原因产生对信息本意理解上的误差，致使信息在微博传播过程中偏离客观事物的真实状况，受众对新闻议题的关注发生转向、偏离，甚至造成对新闻事实本身的误解。因为网络消除了地域与身份的障碍，每个人都可以在网络上借用虚拟身份发表自己的观点，没有任何约束，不需要加工整理。但也因为这样，其可靠程度不免会打上折扣。给社会带来了前所未有的影响，也使群众之间的信任产生危机，影响了群众文化的不良发展。

五、应对文化危机的对策分析

在碎片化传播语境之下，微博因其特性顺应时代的要求，深刻地改变了社会传播的面貌，使社会传播不再仅仅以人际传播和大众传播的形态延伸。其跨媒体和低门槛的技术特性，背对脸式的用户关系和裂变式信息传播方式，极大程度地扩张了传播范围、提高了传播效率、优化了传播效果。同时，优势也带来问题。强大的自主性和传播力，"圈禁"了群众的认知，使不良信息泛滥，弱化了人类思维的连续性，压制了群体外的声音。但只要对症下药，顺应碎片化语境的要求，利用好"意见领袖"、传播节点，构建公平的辩论平台，就能扬长避短，进一步挖掘微博的优势价值。

美国著名媒介理论专家、媒介评论家和公共知识分子尼尔·波兹曼曾在媒介环境学会成立大会上提出一个问题："新媒介在多大程度上能够使人获得更多有意义的信息？"笔者认为这一问题的提出具有相当的价值。因为从本章来看，新媒介如果不能为我们提供有意义的信息，那么这一新媒介存在的价值就会很小。对于微博来说也是如此，如果微博不断为公众提供无聊的垃圾信息或者虚假信息，甚至导致人思想的异化和思想的碎片化，那么这时我们就要思考解决这些问题的对策了。笔者认为，要解决微博引起的文化危机必须"多管齐下"，只有这样，才能形成良好的微博文化，促进科技、人文和群众文化的协调发展。

（一）传统媒体与网络媒体相结合

相对于微博而言，传统媒体具有无可比拟的深度性和权威性，因此在网络上，传统媒体的功能核心已经开始由信息传播向舆论引导转移。一方面，微博网站与传统媒体之间应形成互补合作，彼此融合，在一定程度上可以遏制微博中虚假信息的流传，补充微博中传统媒体的"缺位"；另一方面，传统媒体也可以从微博中寻找新闻线索，并进行深入挖掘报道。传统媒体作为政府喉舌更应强化其监控职能，对微博中所传递的信息加以理性甄别，去伪求真，为自我立场的选择和对事件跟进报道提供依据，营造良好的媒体生态。

（二）有效发挥微博时代"意见领袖"的作用

名人微博实际上在微博中扮演着意见领袖的角色。名人微博拥有一定数量的粉丝，他们发布的消息很容易引起大家的关注，形成舆论探讨平台。他们评论或转发的信息，可以迅速将这个消息中的事件推至舆论中心，有时还可以设置舆论议题，引导公共舆论议题的走向。尤其在事件真相不明、谣言四起、舆论一边倒的情况下，"意见领袖"所代表的正确舆论导向，可以辨明事实真相，遏制谣言，引导受众到正确的舆论导向上。在当下微博有些信息失真的情况下，名人"意见领袖"要以身作则、严格自律，发挥舆论导向的作用，重构思想中心。

（三）加强微博信息监管

微博系统可以尝试随时监测关键字在微博中出现的情况，及时屏蔽或删除虚假、庸俗、色情的信息内容。同时，信息监管要把握好"度"，既要避免因监管过度，用户弃之不用，使微博丧失了公众舆论表达的功能，也要避免监管不力，使微博各种问题现象丛生，混乱受众的视听。2011 年 12 月 16 日，北京施行《北京市微博客发展管理若干规定》，要求任何组织或者个人注册微博客账号，都应当使用真实身份信息。即微博实行实名制。随后在 12 月 26 日，上海开始试行微博新增账户以真实身份信息注册的举动。虽然，2012 年，新浪微博等几大门户网站微博都声明将实行实名制，未进行实名认证的微博用户只能浏览，不能发送微博和转发微博。虽然机制不够成熟，操作实施的难度较大，但这个意图是好的，方向是正确的。实名制的实行，网民发布、转载和评论等就会有所顾忌，让群众在享受言论自由的权利时，为自己的言论负责，可在一定程度上减少谣言和虚假、庸俗信息的滋生与传播。

同时，网站要加大曝光力度，公布处罚体系。特别是针对那些制造谣言或者侵犯微博版权的微博用户，不仅仅通过辟谣或道歉的形式一笔带过，而应建立起责任追究制度，加大查处力度。建立微博审查制度，这是规范微博传播秩序的另一有效方法。微博运营商要加强对微博图片和跟帖的编辑审查，一旦发现微博中有不适合发表的内容，如色情、暴力、反动言论等，应立即转入后台并及时通知微博主人予以删除。

（四）提高受众媒介素养

在微博这样一个虚拟环境中，要营造一个和谐的网络环境，不仅需要微博网站的监管，更需要用户自身提高媒介素养，加强自律。媒介素养就是受众对媒介信息的获取、分析、评价及批判性接收、传输各种形式信息的能力。提高微博用户的媒介素养，不仅能够自觉地约束受众的微博传播行为，还能更好地识别和抵御微博上的各种虚假、失真、琐碎和庸俗的信息。一方面，微博用户要理性参与公共事务，理智对待微博，以建设性的态度参与微博，提高自己的媒介素养。另一方面，微博用户及网民应与政府积极配合，加强自律，克服从众心理和盲目崇拜，文明上网，为建设文明的网络环境担当责任。

从博客到微博，虽然自律的概念不断提出，但目前还没有形成规范的体系，各微博网站对用户提供服务的格式合同只是对微博用户的道德规范有所触及。譬如，新浪微博的网友自律公约：网友发言要文明、理智、反映客观事实；网友可积极参与举报不良信息，共同营造文明氛围；网友发布内容不辱骂他人、不进行人身攻击等，不传谣、不造谣，对所有传播信息负责。只有这样，每个用户才会懂得甄别信息，明白如何传播有价值的信息。正如面对现实世界的"垃圾围城"，不能仅仅依靠技术解决问题，还要靠每个公民养成的好习惯，要在虚拟的网络世界中建立一个平衡的媒介即文化环境，还要每个网络群众对言论行为进行自我约束，维护微博和谐，使微博演绎成一股良性的公民力量，推动技术与文化互动和谐发展。

第九章　群众文化建设与发展案例

第一节　动漫案例

一、动漫的相关概念及前景

（一）相关概念

1. 新媒体动漫的概念

新媒体动漫，是指以触摸媒体、移动电视、网络、数字电视、数字电影等为平台向观众展示的动漫形态。

2. 动漫产业的概念

动漫产业是以创意为核心，以动画、漫画为表现形式，包含动漫图书、报刊、电影、电视、音像制品、舞台剧和基于现代信息传播技术手段的动漫新品种等动漫直接产品的开发、生产、出版、播出、演出和销售，以及与动漫形象有关的服装、玩具、电子游戏等衍生品的生产和经营的产业。它是资金密集型、科技密集型、知识密集型和劳动密集型的产业集群，具有消费群体广、市场需求大、产品生命周期长、高投入、高回报率、高国际化等特点。

（二）新媒体动漫前景广阔

近年来，在各级政府的大力支持下，我国原创动漫已经与世界动漫在产品、技术、项目、人才等层面展开了全方位交流合作，但是，其内容远远落后于其他动漫强国。随着手机、网络等新媒体技术的发展，动漫开始告别传统传播渠道，向着以"科技"为先导的"大动漫"产业过渡。

相比欧美、日韩等传统动漫强国，中国新媒体动漫市场发展前景异常广阔。有业内人士表示，中国动漫应在新媒体领域寻求突破，使得动漫不仅仅是内容上的产品，也能成为应用型的产品，和更多行业融合。西安碑林科技产业管理办公室副主任孙志红认为，动漫和新媒体的跨界合作已是趋势，无论是从新媒体的应用方面还是使用人群来看，都有一定优势。

二、新媒体背景下动漫产业发展的新特点

（一）制作方式的新特点

长篇网络动画打破了传统动画整体制作再播出的传统模式，它是利用网络的同步性进行分阶段的制作与播出。分段制作的模式大大缩短了动漫企业制作资金的运转周期，并且由于分段制作可以保持特效与制作技术的市场同步性，并及时根据观众的反馈来对产品进行调整，大大降低了动漫产品的市场风险。

由于新媒体动漫的制作成本和传播成本都大大降低，使得动漫的用户生成内容模式在新媒体时代成为可能。目前在互联网上比较活跃的卡通形象大多由"草根"阶层创作，并获得了普通大众的喜爱。源自"草根"阶层的卡通形象大多造型简洁、容易识别、富有个性，走可爱路线，因此能够从涂鸦文化的汪洋大海中脱颖而出。其相关作品常常以动画短片、表情动画、桌面壁纸、屏保等形式在互联网上广为流传。

新媒体动漫与传统动漫相比，与网络游戏、网络文学等新媒体内容产品有着天然的血缘关系，这使得新媒体动漫与其他新媒体内容产品之间的融合和衍生创作更加方便和丰富。由七彩映画工作室出品的原创 3D 网络动画《我叫 MT》，其创作背景原型是暴雪公司著名的网络游戏《魔兽世界》，在国内市场取得了很大的反响。

改编自知名网络写手唐家三少的小说《斗罗大陆》的同名漫画迅速走红，作者穆逢春的收入也跻身漫画作者收入前五。3D 动画电影《昆塔》则是在国内首个儿童思维养成体验的互动网络平台——盒子世界的背景基础上推出的动画电影。

（二）产品形态的新特点

在新媒体平台上，既有将传统动画、漫画通过新媒体平台进行传播形成的网络动画、网络漫画、手机漫画等产品形态，也有只在新媒体平台上才存在的彩漫、手机主题、壁纸屏保、QQ表情等新型产品形态。最具代表性的则是在新媒体平台上出现了没有内容产品为载体的动漫明星，这在传统动漫产业中几乎是不可能的。

许多卡通角色最早都是通过QQ表情广为传播。除此以外，目前以形象为中心进行品牌打造，最成功的案例则是由北京梦之城文化有限公司运营的阿狸动漫形象。2006年，阿狸推出QQ表情等互联网虚拟产品并蹿红于网络。目前，包括阿狸QQ表情、社区模板、输入法皮肤、壁纸等在内的互联网增值产品覆盖上亿用户。梦之城后来推出了阿狸系列的绘本和动画短片，打造了300余款阿狸产品，品类包含毛绒公仔、服饰、箱包、文具、生活用品等，除了在线上渠道热销之外，首家线下实体店也在2012年底落户北京中关村，并开展了与部分品牌的商业授权合作，成功实现了新媒体动漫形象从线上向线下的"逆袭"。

新媒体的传播平台让应用动漫有了更为广阔的发展空间。所谓应用动漫，是指动漫这一艺术表现形式在广告、灾害、航天、医疗等领域的应用，通过动漫的形式对某些实际场景进行模拟、复制和还原。相对于传统的传播方式，动漫的最大特点是再现与原创的迅捷性。新媒体的普及与应用，网络动画的低成本，以及智能手机的普及，促进了各种动画题材的出现。例如，在"7·23"动车事故发生后，优酷网制作并播出了事故的模拟动画演示，让人们比较直观地了解事情的起因和过程。而动画广告的应用更是深入到人们生活的方方面面，地铁上的公益广告和商业广告越来越多地以动画为表现形式，在许多电子商务网站上，网络动画也成为招揽购物者的工具。更有许多动漫爱好者在热点社会事件发生后，创作出相应的动漫作品对其进行呼应，获得网民的关注和传播。

（三）传播方式的新特点

新媒体动漫在传播方式上的首要特点是交互性。数字艺术的交互性特征，归根结底是由其相关媒体所具有的交互性决定的。美国学者艾略特·金对"交互性"这一概念指出：一方面，它表明用户可能会控制用何种顺序来获得信息；另一方面，也可用来描述在信息的生产者与消费者之间日益增长的交互关系，也就与反馈有关。

在传统媒体如电视、杂志、出版物上传播的动漫产品，消费者只能被动地接受，渠道控制者如电视台、出版社、杂志社、电影院线在动漫产品的传播上有着极大的话语权，这也使得在动漫行业一直有"渠道为王"的说法。但在新媒体时代，消费者可以在海量的动漫产品中进行自主选择，不仅可以选择购买和使用动漫产品，还可以选择传播动漫产品。新媒体环境下的UCG模式使得动漫产品能够被消费者看到变得容易，但同时使得动漫产品在众多产品中被消费者关注和传播则变得困难。只有动漫产品具有能够吸引消费者的内容才能得到广泛的传播，这也使得传统动漫产业以"渠道为王"的状况开始向以"内容为王"转变。新媒体动漫在传播方式上的另一个特点则是传播媒介的多样性。互联网、手机、数字电视、楼宇视频、车载视频、平板电脑等各种移动终端的出现，让新媒体动漫可以在多种媒介和终端上进行传播，同时各种终端之间数据格式和标准的不同也为新媒体动漫的发展带来了极大的挑战。

（四）消费市场的新特点

新媒体动漫在消费市场上的新特点主要表现为消费者年龄由低年龄段向全年龄段发展。新媒体的发展为国产动漫产业带来了发展成人动漫的新契机，动漫正从针对低幼儿童的娱乐产品，演变为全龄化的文化产品。这样的变化不仅拓展了国内动漫产品的内容和形式，还因为成人具有更强的付费能力而使动漫产业出现了新的盈利模式。

（五）盈利模式的新特点

与传统媒体由传播渠道商向内容提供者购买动漫内容产品，然后免费提供给消费者的经营模式不同。在新媒体平台下，支付渠道的日益成熟让消费者直接付费观看动漫产品成为可能。在互联网动漫行业中，企业通过搭建在线平台或者与门户网站合作的形式来销售自己的动漫作品。随着人们对原创动漫重视程度的不断提高，用户对动漫作品的消费习惯逐渐养成，一些知名动漫网站对用户的黏性也持续增强。手机动漫则由于电信运营商具有天然的收费渠道，手机动漫市场的快速发展也得益于运营商为主导的服务模式、营销体系，以及个人付费模式的成熟。艾瑞咨询集团的调研数据显示，全国动漫爱好者约为 1.6 亿人，其中 54.6 % 的人对手机动漫感兴趣，有 58 % 的用户愿意每月支付超过 5 元的使用费。

三、新媒体时代动漫产业发展趋势分析

2014 年年末，国家广播电视总局实行优秀国产动画片推荐播出办法和国产电视动画片发行许可证制度。这一制度旨在鼓励放宽动漫产业投资环境。有针对性地破解动漫产业在发展过程中的资金难题；建立以手机移动客户端为核心载体的新媒体技术手段的全媒体传播平台；找准市场定位，促进产业集群化发展，在各级政府的扶持鼓励政策下，创意产业中心、动漫谷、动漫产业基地相继在国内建立；一批优秀动漫作品也在央视频道播出，并在国内国际大赛中获奖；一批优秀动漫企业也屡出精品，在国内同行中脱颖而出。具有庞大受众规模的新媒体以其传播迅速、海量存储、双向互动等特性，为我国动漫企业提供了新的发展机遇。分析草根动漫形象运用新媒体的成功经验，无疑有助于我国动漫企业认识新媒体的优势、抓住新媒体为动漫产业提供的发展机遇。

（一）动漫行业对新媒体的应用将会更加广泛和多样化

目前，新媒体主要作为动漫产品的内容发布平台和分销渠道。新媒体动漫由于其制作成本低、传播交互性强等特点，成为动漫产品的前期测试平台。

借助网络这样的测试平台，创作者可以根据目标受众的需求进行动漫形象的设计和故事脚本的创作。企业或个人也可以将动漫衍生产品的设计稿放到网上进行试运营，从而减少后期开发的风险。同时，在销售动画电影、出版物等线下动漫产品前，也可在新媒体平台上进行宣传和预售，从而锁定目标受众群，可以起到降低风险和聚集人气的作用。另外，从传播费用上看，网络媒体提供了更为廉价的传播平台，为富有创意的动漫创作者或动漫工作室提供了展示才华并获得成功的机会。同时，新媒体平台上动漫产品的交易也将从内容产品扩展到衍生产品，电子商务的不断发展缩短了动漫衍生产品的开发周期，降低了产品开发与营销的成本。

（二）内容提供商在价值链中的地位将会不断提高

在现有的新媒体动漫运营模式中，渠道商在动漫产品版权价值链中起主导作用。网络质量、用户的注册和管理、费用收取等几乎都由其掌控，而内容提供商则处于弱势地位，其积极性也因此受到影响。这一现状导致目前的新媒体动漫产品内容匮乏、品质偏低。随着用户消费习惯的不断加强，用户对原创内容的挑剔和新媒体产品的竞争日益激烈，新媒体动漫将逐渐从"渠道为王"向"内容为王"的发展模式转变，内容提供商在价值链中的地位将会不断提高。

（三）新媒体动漫的消费市场将进一步细分

目前，新媒体平台已经将动漫产品的消费者从低年龄段发展到全年龄段。新媒体可以精准地将信息和产品推送到目标消费人群，同时，新媒体的交互性又决定了消费者可以及时对产品进行反馈，某一类型的动漫产品将通过同类消费者之间的传播而对某一特定消费群体形成用户黏性。因此，在新媒体平台上，动漫企业在生产动漫产品时需要对其目标消费群体的年龄、性别、职业特征进行精确定位。

（四）统一的行业标准将是推动新媒体动漫发展的关键力量

我国新媒体动漫行业标准一直以三大电信运营商制定的手机动漫出版标

准为主，由于市场分散无序，动漫产品浏览与下载中仍会遇到不少问题。标准的不统一限制了市场空间的进一步扩大，制约了新媒体动漫的发展，也不利于提高内容提供商的原创积极性。由文化部牵头，整合三大电信运营商、服务提供商和主要内容提供商，共同制定的手机（移动终端）动漫标准已于2017年3月6日正式发布，成为国际标准，这是中国文化领域的第一个国际技术标准，新媒体动漫行业标准的统一将进一步打开基于互联网和移动互联网的新媒体动漫市场。

四、新媒体时代动漫对群众文化的影响

（一）践行"以用户为中心"的新媒体理念，发挥群众文化活动的主体性功能

群众文化活动的主体是群众，充分发挥群众的主动性，构建生动的文化内容，提供多样的文化选择，强调群众参与共享共建。新媒体时代不再仅仅只是把群众文化活动理解为简单的读书会、游园会等，而是真正从供给的角度思考群众喜爱什么、需要什么，如何提供优质的文化服务。要在文化信息传递、文化资源提供的基础上，进一步转向"以用户为中心"的服务理念上来。应用新媒体技术构建起良好的群众文化沟通机制、文化资源展现平台。例如，中国国际动漫节在如何利用新媒体真正发挥公共文化活动群众的主体性方面做了有益的尝试。在2015年的动漫节期间，推出利用新媒体技术制作的电子游览地图，采用虚拟三维展现场馆布局、群文活动信息等各类内容，以动画触发的方式引导观众虚拟浏览动漫节的各大主题内容。同时，还开通了"码上智慧博览"，充分运用新媒体的便捷性和大众化，利用每个观众自带的手机边逛边扫码参与互动，推出了便捷的"码上核销""码上点亮""无人码商店"等新媒体文化服务内容。充分调动群众参与文化活动的积极性，参与文化活动的共建共享。

（二）借助新媒体社交平台，吸引更多年轻人参与群众文化活动

新媒体技术的出现，为丰富群众文化活动的内容提供了便捷、广阔的平台。时代的进步，丰富了人们的精神文化生活。举例来说，许多媒体开通了资讯收集热线，来鼓励用户去发现、探索身边的人和事物，借此建立媒介与用户间的沟通与平衡。例如，翔通动漫就是利用移动互联网门户、掌上电视、手机社会网络、电子阅读、手机微博等形式，整合自己的传播资源，使动漫文化以动漫作品的形式来传递，有效利用新媒体的传播阵地，为翔通动漫的文化构筑奠定基石。

互联网的出现，使得人们的精神文化生活选择更趋细化。为适应不同层次群众的需求，群众文化活动的内容也应根据时代的变化不断丰富。动漫作为独特的国际化语言与表达方式，正被越来越多的"90后""00后"喜欢，而这些群体是未来公共文化服务的主体，分析他们的文化需求和爱好，提供他们需要的产品、活动、服务，正是未来公共文化活动创新发展的目标。一方面，这个庞大的人群物质生活富足，衣食无忧，因而把更多精力和追求放在精神文化层面；另一方面，他们自主获得文化内容的路径更多。二次元的动漫游戏文化内容，成为这一代年轻人的普遍追求。

（三）通过新媒体技术革新，探索多元并蓄的活动内容与形式

传统的群众文化活动在互动性与参与性方面较弱，有些活动沿袭旧例，在今天看来，已经不适合人们的社会生活。因此，革新传统群众文化活动，需要在内容上加强时代感，在形式上紧跟新技术、新事物。在举办四届动漫节国际漫画展之后，尝试借助新媒体等手段改变传统的画展模式。通过屏幕投影、全息影像、3D立体画、动态捕捉技术、新媒体互动和绘画艺术相结合，在高清的连环巨幅屏、幕墙和地面上，让漫画真正"动"起来。观众通过挥手、眨眼、走动等方式与漫画互动，给观众带来了丰富的体验。

（四）做好新媒体日常运营，延展群众文化活动的空间与时间

传统的群众文化活动往往受制于时间和空间。伴随数字媒体技术、网络远程辅助技术的发展，可以为非本地的群众提供远程文化服务，延展了公共文化活动的空间和时间。为了打造永不落幕的动漫节，开通了"两微一网"（微博、微信、官网）新媒体服务平台，做好了日常运营。以动漫节官方网站为例，除动漫节期间开放的"网上游动漫"之外，更注重动漫节之后活动内容的延伸：不仅提供电子商城，还可以创建动漫微博；不仅会发布产业最新走势，还会组织各种文化活动。除了做好官网运营，2012 年动漫节主办方开通官方微博、微信以来，截至 2016 年，微博关注人数达 209 484 人，发布 2 906 次微博话题，单次微博话题阅读量超百万次，微信共计发布 740 条内容，单次转发量超万条。

新媒体不仅单指网络平台，手机平台也是其中一员。目前，中国移动、电信、联通都已设立了动漫基地，动漫作品也要开始打入手机平台，获取新的盈利点。据了解，艾乐米动漫公司的原创作品《菊花笑典》也开发了手机客户端，在新浪微博粉丝量快超过 1.3 万人，在百度相关搜索结果量达到 2.15 万次，人气热度在猫扑网和新浪微博"微漫画"平台上名列前三名；天津神界漫画公司与移动动漫基地合作的手机漫画《三国演义》，一年内下载量近 100 万次；金鹰卡通制作的《美丽人生》系列手机动画电影，通过该平台转换成手机视频、手机彩信、手机动漫电子书等多种形式进行运营，下载量达到了 60 万次，这个数字远远超出动漫制作方的预料。这些都是动漫作品谋求新盈利点的方式。

（五）发挥新媒体协同机制，提升大型群众文化活动的组织协调性

按照现代公共文化服务体现的要求，政府和社会各机构之间要按照实际情况划分组织结构，进行内部组织结构的协同工作，为大众搭建起获取信息、提高文化素养的平台，为群众提供更多更好的信息服务。通过新媒体等手段，可以有效提升大型公共文化活动的组织协同性。以动漫节为例，在组织活动

过程中需要协同公安、交警、消防、各城区分会场等相关机构。以往常常需要通过开协调会、通气会、现场办公等方式沟通，现在利用新技术和新媒体，通过彩云业务、钉钉等新媒体技术软件，进一步完善现场文化活动指挥协同管理机制、市区两级多方联动机制、紧急情况应急处理机制等一系列工作机制。此外，还采用大数据分析的方法，监控采集博览会场馆人流计数、周边交通情况等数据。综合分析、定期发布出行指数与参观建议，通过"杭州发布""滨江发布"等新媒体广泛传播，提前做好人流的引导和管理。

（六）依靠新媒体强势植入，宣传推广群众文化活动成果

对于群众文化活动来说，在当前形势下，进行强有力的宣传工作是十分有必要的。借助新媒体来开展活动的宣传工作，无疑是更加有效的途径。新媒体具有传播速度快、受众广泛的特点，利用新媒体拓展宣传途径，可以在较短的时间、较大的范围内获得良好的效果。动漫节是一年一度的城市大型公共文化活动，也是卓有成效的公共文化成果的宣传。以 2015 年动漫节为例，共吸引境内外 105 家传统媒体与新媒体 482 名记者集聚杭州，其中新媒体比例高达 60%。人民网、新华网、腾讯、搜狐、乐视、爱奇艺等 25 家网络媒体和新媒体平台相继开设动漫节专题报道。百度搜索 2015 年"杭州国际动漫节"内容超过 369 万条，新浪微博"第十一届中国国际动漫节"话题的阅读量突破 1 000 万。动漫节期间，官方微博的阅读量超过 350 万次，官方微信的阅读量超过 3.5 万次，收到用户信息近万条。此外，通过动漫地铁在线广播、浙江新闻、动漫节客户端等新媒体渠道，直接覆盖人群达 3 000 万人。

第二节　广场舞案例

一、广场舞及群众文化建设概述

（一）内涵

广场舞是舞蹈艺术中最庞大的系统，因多在广场聚集而得名，融合自娱性与表演性为一体，以集体舞为主要表演形式，以娱乐身心为主要目的。是一种群众自发组织，参与者多为中老年人，在传统舞蹈的基础上加入大量的现代化元素，以热情欢快的表现形式、以集体舞为主体使公共场所参与者达到锻炼身体、愉悦身心效果的一种舞蹈艺术表演形式。广场舞本身来源于社会生活，其群众性特征极为明显，从本质上来说是一种十分常见的舞蹈形式，在广场舞自身不断发展背景下，其对于群众文化建设更是做出了积极贡献。国内当前已经形成了由政府文化机构引导、人民群众广泛参与的群众文化建设浪潮。

由于广场舞多为群众自发组织，参与人数较多，在安全方面需要政府及组织者进行规范性引导，建立长期的安全操作机制，保证广大群众尤其是老年人有序参加，避免出现安全事故。

（二）艺术特征

广场舞是伴随着近几年国内经济的快速发展而兴起的，多为自发性组织，舞步相对简单，且动作更换也较少，作为初学者来说不需要花费大量的时间来进行前期的学习，只需根据他人的动作要领做动作就可以学会。广场舞的艺术形式通常以常见的扭秧歌、扇子舞及一些群众根据电视舞蹈节目自发改编的舞蹈为基础，在艺术形式上较为丰富，在队列形式上也较为丰富，从而满足不同群众的舞蹈要求。在表演形式上也较为灵活，在空地上根据自身的喜好放一段音乐就可以舞动起来，表现的方式较为丰富多彩。

随着城市经济的发展而广泛兴起的广场舞，艺术特征主要体现在节奏欢快、舞步简单、动作变化较少，以较少的时间就能轻松上手，有益于娱乐休闲、益智健脑、修身养性。现阶段，学习广场舞的主体多以中老年人为主，没有固定的时间人员限制，极易普及推广。表演方式也较灵活，艺术形式多样，如健身操、太极、扭秧歌、民族舞、扇子舞等，几乎涵盖了各种舞蹈形式，可以用雅俗共赏、老少皆宜来形容。由于广场舞的参与人数较多，队形的变化也丰富多彩，不受常规的限制，不同的环节满足群众不同层次的需求。此外，广场舞的现场感较强，是群众参与性很强的表演形式，观赏者和参与者极易获得精神上的振奋，心理上的幸福感，使得现场十分热闹。

（三）广场舞的发展现状

中华人民共和国成立以来，文化建设和发展成为党和政府非常关注的内容。在县级以上城市建立了大量的文化广场。广场艺术也越来越受到城市居民的关注和喜爱，随着农村经济的不断发展、广播影视的宣传，广场文化不再局限于城市，而逐渐向农村发展，农村也开始建立了村民活动中心，越来越多的农民热爱并跳起了广场舞。在互联网的进一步推动下，广场舞受益的范围越来越广泛，成为现今社会文化建设的重要内容。

二、广场舞在群众文化建设中的重要性

群众文化建设活动由来已久且形式丰富多样，进入 21 世纪以来，国内民众物质生活水平有了明显提升，广场舞开始出现并迅速蔓延。当前，广场舞已经成了群众文化建设中最为普遍与主要的形式。在城市中，以小区为公共活动区域、公园为地点所进行的广场舞活动正在如火如荼地开展，乡村地区广场舞也成了民众茶余饭后主要的文化娱乐活动。国内民众长期以来存在着群众文化活动明显单一的特点，这一状况也制约了群众文化建设。广场舞这种老少皆宜的集体性文化活动对于民众具有极大吸引力，其当前的普及程度不断提升更是奠定了在群众文化建设中的基础性地位。伴随着群众文化建设与广场舞的受重视程度同步提升，广场舞在群众文化建设中的实际地位也不断增强。国内大部分地区群众文化建设基础设施落后

且不具备开展集体性群众文化建设活动的现实条件，广场舞这一形式更是成了群众文化建设活动的首选。

（一）广场舞是群众文化的载体

广场舞主要是以舞蹈、歌曲、广播等形式表演，节目形式多样，接近实际生活，内涵丰富而多彩，它的发展承载了文化建设的重要责任，它的存在为群众文化搭建了交流的平台，同时，为群众丰富精神文化生活提供了宝贵的场地。基于此，整合群众的艺术创新能力、热情、艺术思维，有利于形成独特的艺术理解和文化感受，因而促进文化交流机制的建设，提升文化素养，推动文化建设的长久发展。

（二）广场舞反映时代的精神

现代社会，由于人民生活水平的提高，审美需求日益提升，单一内容和形式的广场文化不再适应社会文化的发展要求，群众要求思想与艺术的结合、样式新颖的节目。广场舞之所以长期深受广大群众的青睐，是因为它较好地反映群众文化的时代旋律，体现了人民对高质量生活的追求、对现今生活幸福感的认同，反映社会发展关注的焦点，突出时代精神的引领作用。

中国著名青年舞蹈家饶子龙在2015年发行的最新单曲《舞功秘籍》，引发关注，极具影响力，他为歌曲创编的舞蹈同时也成为众多广场舞爱好者学习的大热"神曲"。《舞功秘籍》频传捷报，再创网络收听新高，饶子龙人气高涨，因其能歌善舞、多才多艺，成为粉丝心目中的"男神典范"。此后，饶子龙正式携手与馨然广场舞合作，共同推动大众广场舞新文化，目的就是要创作出更加健康、更具艺术性的舞蹈，让喜爱广场舞的朋友能够跳得开心、舞得美丽。饶子龙在采访中表示同馨然广场舞合作非常开心，自己会定期推出新的舞蹈，将以非常迅速、便捷的新媒体方式传播给大家，并且会抽出时间去全国各地与舞迷见面，一同分享舞蹈的快乐。饶子龙坦言广场舞正在步入改革期，不但要改善社会形象，同时要注重广场舞的本质，舞蹈不能乱跳，专业化非常重要。健康因素、艺术美感，这些都是广场舞需要加大力度去改善的。饶子龙表示希望能够通过更多的媒体渠道传播有益于大众的舞蹈，慢慢地改变有些人对广场舞根深蒂固的负面印象，打造新的广场舞文化，让中国的大众运动更时尚、更健康，使更多的人加入其中。

（三）广场舞是推动群众文化繁荣发展的关键途径

作为一种雅俗共赏的民间艺术形式，舞蹈很早便得到了百姓的普遍认可和赞同，它与人们的生产生活有着密切的联系。近年来，随着人们生活水平的持续提高，广场舞作为民间舞蹈的延伸应时代发展而生，日益抢占了人们的业余生活，它逐渐成为群众文化生活不可或缺的重要组成部分，并日益被定义为推动群众文化繁荣发展的关键途径。广场舞除了继承了中国传统舞蹈精髓，同时也渗入了一些现代舞蹈元素，如拉丁舞步、欧洲宫廷舞步等。鉴于此，广场舞以其独特的舞蹈韵味被群众广为传播，它通过调动民众舞蹈积极性，增进民众对舞蹈的学习，提高其舞蹈欣赏水平等途径极大发展了群众文化，促使群众文化繁荣、蓬勃发展。因此，广场舞是推动群众文化繁荣发展的关键途径。

（四）广场舞在促进社区文化建设中推动群众文化发展

从本源上来看，广场舞作为一种群众舞蹈，它是多元性、多层性、融合性、提高性、雅俗合一性等各种特征的集合体，同时具有健身、美育、娱乐、自我价值实现等多项社会功能，是社区文化建设中一项关键性的内容。广场舞作为群众文化的重要表现形式之一，一旦得到广泛普及，其影响力是空前的。广场舞使舞蹈艺术走下神坛，走近城市社区，走近普通民众的日常生活，这不但增强了民众的文化素养、丰富了其精神文化生活，也让群众的业余生活变得有趣、多彩。

三、广场舞对群众文化的作用分析

首先，广场舞大大丰富了群众文化建设活动，这也直接加速了群众文化建设速度。以往群众文化建设手段极为单一与匮乏，广场舞这一参与度极高的文化活动类型则极大丰富了群众文化建设活动体系，也直接加速了群众文化建设进程。

其次，广场舞有利于群众文化建设向纵深发展。广场舞已经成为风靡全国的群众活动，在国内群众文化建设体系中地位的不断提升更是增强了其对群众文化建设的积极影响。广场舞当前实际覆盖率已经基本达到了阈值，其对于群众文化建设的影响也逐渐转变为纵深影响。由于广场舞的广泛开展，人民群众文化建设的方方面面都受到了影响。其对于人民大众思想意识层面产生的影响十分显著与明显。广场舞背景下有利于形成良好的群众文化建设氛围，这对于群众文化建设的积极作用不可估量。

广场舞在群众文化建设中不仅具有重要地位，更是具有举足轻重的作用。具体来说，广场舞在群众文化建设中的作用主要体现在以下几个方面。

（一）丰富了群众文化生活

广场舞盛行之前，看书读报、下棋、打牌、搓麻将等这些业余生活成为主流，随着广场舞的出现，人们的业余生活逐渐丰富起来，广场舞的发展促进了流行音乐的传播，传承了中华的传统文化与文明。由于生活节奏的加快，当前人们学习、生活压力较大，缺乏相互之间的交流，心理问题较严重。通过参加广场舞，利用音乐和舞蹈分散了注意力，排解了生活压力，更利于个人的身心健康发展。除上班族以外，少儿、老年人通过跳广场舞强身健体、陶冶情操，这种积极向上的情绪不仅愉悦了自己，还感染了家人，从而有利于家庭和睦、稳定。

（二）提高审美观念

舞蹈的根本就是给人以美的感受，经常跳广场舞，不仅给参与者美的感受，还舒展了筋骨，锻炼了身体的各个部位，体型在健美中得以塑造，身体的平衡感得到很大提升。无论是欣赏者还是参与者，长时间的参与会对音律和舞步有更深的理解，审美观念自然而然提升到新的高度，审美的情操也逐渐培养起来。

（三）传递中国梦的正能量

在实现中国梦的过程中，如何引导群众积极参与到其中，这需要政府不断净化社会环境，积极传播社会正能量，使全社会形成一种和谐的文化氛围，而广场舞则让人们具体实践了文化参与的过程。广场舞由于是群众自发性组织，这为群众之间的相互交流搭建了一个公共平台，交流各自在参与过程中的感受，在潜移默化中人们的思想道德观念得到改变，情感得到升华。广场舞作为当代文化建设的重要组成部分，承担着为人们提供文化服务的职能，这种寓教于乐的健康生活方式，引领了人民群众对文明社会的向往，提升了整个社会的文明程度，使得广场舞这种简单的舞蹈形式让人们有了对美好生活的向往，培养了整个社会民族信心，增强了社会凝聚力，更好地构建社会主义和谐社会。

（四）提升城乡的文化层次和品位

广场舞近几年在我国各地不断兴起，已成为展示各地方文化与精神文明建设的主要窗口，是丰富城乡人民群众文化生活的重要组成部分。广场舞的发展使人们改变了对舞蹈的看法，平常百姓随时可以根据自身的兴趣参与其中，使每个人都有在舞台上表现自己的机会，增加了人民群众的自觉参与性。广场舞使那些不同年龄段、不同层次及不同职业的人聚集在一起，提供相互交流与学习的平台，借鉴各自的优势，学习新的舞蹈形式。这种简单易学的方式，也带动了那些平时不怎么爱活动的人群，丰富了他们的业余生活。通过这种方式使更多的人能参与进来，整个城市呈现出积极向上的文化氛围。广场舞使每个人的才艺得到展示，身体与心理上得到满足，情绪得到释放，使人们有一个积极的心态去面对生活。广场舞的兴起促使人们追求更高的精神文化生活，在这一过程中学会了如何去欣赏舞蹈作品，增强了对艺术作品的鉴赏能力，使人们的整体文化艺术水平得到提高。广场舞的兴起对缩短城乡之间的文化差距，促进农村文化水平起到了积极的作用，同时对提高整个城市的文化品位也起到了一定的促进作用，树立了整个城市良好的形象。

（五）促进和谐群众文化的构建

从广场舞的艺术特征可以看出，广场舞是促进群众相互了解、相互沟通与关爱的润滑剂，从根本上服务于群众，作用于群众。一方面，它以积极向上的内容，对时代主旋律进行弘扬，呈现给群众；另一方面，它能够催人奋进，通过社会教化的功能，影响群众的价值观念、行为作风、道德理念，有利于树立城市良好形象，是展现城乡文化特色的个性化窗口。从长期来看，全民参与广场舞凝聚人心、团结力量，起到了潜移默化的教育效果，为构建和谐、稳定的社会奠定了坚实的基础。

我国广场舞多以强身健体和自我娱乐为主要目的，不会受到场地、服装和时间的限制。经常跳广场舞还可以让人感到身心愉悦，因为是集体活动，所以人们在跳舞的同时会认识更多的新朋友，促进人际交往能力的提升。另外，广场舞一般采用的音乐是大家耳熟能详的流行歌曲，采用的舞步也是大众化的社交舞步，整体风格大方得体，非常符合大众对于精神文化的需求。广场舞也会实时更新，每一个参与者在学习新舞步的同时，也是融合自身情感的一个过程，学习后可以达成相互感染和教育的作用。学习者在学习过程中不仅可以学到新的舞步，同时能够增进彼此的感情，促进和谐社会的进一步发展。

四、新媒体时代下如何增强广场舞在群众文化建设中的地位

广场舞作为群众自发组织形成的舞蹈，不仅仅是一种简单的文化现象，更是值得全社会思考的社会现象。从另一个角度来说，广场舞在各地不断兴起，更反映了当地社会文明程度和人民群众对精神文化的追求，尤其在大力推进"文化旅游名城建设"和召开"敦煌文博会"的当下，健康向上的群众文化活动，尤其是广场舞成为大多数老百姓茶余饭后健身娱乐的首选，因此，政府及文化部门应积极组织、引导，使广场舞朝着更加有组织的方向发展，只有这样，广场舞才能更加有序发展，参与程度才会越来越高。

（一）规范广场舞的开展

规范广场舞的开展可以显著增强其在群众文化建设中的地位与作用，并使得广场舞对群众文化建设的积极影响逐渐扩大。近年来，关于广场舞扰民甚至引发系列矛盾的报道屡见不鲜，这也表明广场舞这一文化娱乐活动有待

规范，部分地区不规范的广场舞开展，不仅无法对群众文化建设做出贡献，甚至会导致很多层出不穷的问题。因此，规范广场舞的开展势在必行，而地方文化机构也应当对其区域内广场舞的规范事宜进行规划与指导。广场舞本身是一项产生于人民群众中的文化娱乐活动，对于广场舞的开展进行的规范与引导应当控制好具体的"度"，避免过度干扰从而影响广场舞活动开展的活力。从具体做法上来看，地方性文化机构需要依托现有大型公共娱乐空间进行广场舞开展，对于广场舞开展的时间、地点等进行详细要求，使得广场舞这一集体性活动不会影响到他人正常生活。广场舞的开展更需要组织者与领导者，地方文化局可以考虑对广场舞的实际组织者与领导者进行培训，从而使得其能够对广场舞的开展进行更好的规范与指导。

例如，在国家体育总局举行的 2015 年全国广场健身操舞活动发布会上，主办方宣布，在全国推出由专家创编、适合不同人群、编排科学合理、群众简单易学的 12 套广场健身操舞优秀作品，并对其进行推广和培训。"从公园跳到广场，从广场跳到春晚，从国内跳到国外，从小孩子到老年人，广场健身操舞已经成为全民最为普及的健身活动之一。"曾任国家体育总局宣传司副司长的温文在发布会上说。主办方介绍，同时在全国范围征集由群众原创的广场健身操舞，另外还会举办全国性广场健身操舞展演活动。像《小苹果》《最炫民族风》等广场舞曲，今后将不再是一个社区一个跳法，而会有全国统一、编排科学、带给人正能量的全新动作。

（二）创新广场舞艺术形式

创新广场舞艺术形式同时也是增强其在群众文化建设中地位与作用的可选途径。当前曲目依然较少且缺乏创新的广场舞艺术表现形式，对于其群众文化建设产生不利影响。创新广场舞艺术形式需要得到重视并明确创新主体进行创新事宜。地方性文化机构可以考虑定期举办广场舞会演等活动，鼓励广场舞表演者积极参加活动，从而促进广场舞表演形式在区域内部的传播，使得优秀广场舞作品能够更为广泛地流传。此外，地方性文化机构也可以依托专业舞蹈人才进行广场舞创新，从曲目选择及舞蹈动作编排两个层面进行创新，在创新广场舞艺术形式上结合实际参与者年龄、性别构成等进行动作调整。创新广场舞艺术形式的同时也需要充分调动人民群众积极性。人民群众长时间参加广场舞活动，因此更容易对广场舞的实际形式进行丰富与创新，而这一进程中，地方文化机构给予一定引导也将有利于更为多元的广场舞创新形式的产生。

广场舞是在原生态舞蹈的基础上加以整理、创新，广泛借鉴各种舞蹈形式，可谓千姿百态。王荣红在《浅析广场舞的发展及定位》一文中明确指出，广场舞者特别是中老年朋友，对民族民间舞蹈比较青睐，特别是秧歌、蒙古族舞蹈、藏族舞蹈等。正如，隆荫培在《舞蹈艺术概论》一书中对舞蹈的分类指出的那样："根据舞蹈的作用和目的来划分，舞蹈可分为生活舞蹈和艺术舞蹈两大类。按实质来看，所谓生活舞蹈是为自己的生活需要而跳的舞蹈，艺术舞蹈则是为了表演给别人观赏而跳的舞蹈。"同样，德国艺术史学家格罗塞在《艺术的起源》一书中写道："最激烈而又直接地体验到舞蹈的快感的自然是舞者自己。但是充溢于舞者之间的快感，也同样地可以拓展到观众，而且观众能更进一步享有舞蹈者所不能享有的快乐。"这同样说明一个事实，即舞蹈种类没有高低之分、卑劣之别，本质都是相同的，只是专业舞者与业余舞者的区别而已。他们同样属于舞蹈艺术大家庭的一员，相互沟通、相互交流、相辅相成，才能让舞蹈艺术散发迷人的魅力。

（三）充分发挥政府职能部门的引导作用

各级政府相关部门应提高对广场舞这一广场文化活动项目的重视程度，认真履行政府职能，推进广场舞健康发展。文化部门作为指导单位，要加强对广场舞类型、特征等研究，积极做好引导。体育部门要将广场舞作为群众健身性体育项目纳入整体工作规划，大力加以扶持。规划部门要在新建社区、住宅集中区留有空间，为广场舞提供场地。建设部门要搞好绿化和场地建设，搭建好舞台，创造美好环境。并且利用自身的优势，积极宣传，让不同的群众都能参与进来。定期组织各类形式多样的舞蹈大赛等文化活动，让人们在活动中，心智得到成熟、陶冶情操、提高思想素质与文化水平，使广场舞更加吸引人民群众参与进来。

例如，曾任广东省委书记的汪洋在广东省文化改革发展工作会议上曾指出："进一步推进文化强省建设必须坚持以人为本，充分发挥人民群众在文化建设中的主体作用，切实提高公共文化服务水平和文化精品创作生产能力。要不断扩大群众活动的覆盖面，扩大文化公共服务，鼓励和引导创作群众喜闻乐见的文化精品，最大限度地调动人民群众参与文化建设的积极性和主动性，让人民群众在文化建设中当主角、唱大戏，真正做到群众关心文化、参与文化、享受文化，真正做到文化发展为了人民、文化发展依靠人民、文化发展成果由人民共享。"而推广广场舞是实现这个目标最有效的举措。广场舞是现代城市群众文化、娱乐发展的产物，兼具文化性和社会性。它是城市社区完善的象征，也是我国社会主义所有制下群众生活幸福指数提高与精神文明建设的重要表现。近年来，广东省出台一系列文化建设和改革的举措给各地提供了有益的启示。广东省文化和旅游厅将广场舞列入民生项目，并预计构建排舞大省，将肇庆市作为广场舞推广、支持的试点，举办排舞培训班，召开全省排舞推广现场交流会。由文化部门带头，成立有组织的广场舞队伍，加强了队伍的管理，把广场舞建设为有组织领导的群众团体，有力地支持和推动了当地群众文化、健身活动的发展。

（四）通过网络线上线下的传播互动，扩大宣传效果

在推动广场舞以更多形式开展的同时，拓宽相应的宣传方式也是必不可少的，相较于传统媒体，新媒体也仅仅是一种传播工具，在开展广场舞文化工作中，应通过新媒体技术的运用，增加新闻的可视性，吸引更多群众加入广场舞宣传工作，现在已经成为广场舞活动的一个重要因素，对于广场舞文化工作，进行大力有效的宣传显得十分必要。新媒体传播的特点就是受众广、传播快，借助新媒体技术开展广场舞的宣传，如建立官方网站、官方微博、官方微信公众平台等，可以获得较强的宣传效果。扩大广场舞在群众当中的影响力，使更多的群众知道如何去参与，吸引全社会关注及

相关文化部门重视，让全社会形成自觉有效的发展态势，达到促进广场舞健康发展的目的。

广场舞作为一项群众性的文娱活动和健身运动，其所表达的"文化建设人人参与，文化发展成果人人共享"和"全民健身"有机结合的宗旨和理念更是获得了广大群众的拥护，其本身已经具备特有的模式和规范，应获得政府的鼓舞和推广。例如，广东省肇庆市广场舞的推广和试点将为这一群众文化、健身活动的完善、优化提供更多助益，为国民素质的提高、基层文化的建设探索提供更多的经验和路径。"就爱广场舞"是中国最大的广场舞爱好者在线社群，累计覆盖用户有数百万。就爱广场舞搭建起了专业舞者和大众舞蹈爱好者之间的沟通桥梁，也受到了数以万计广场舞爱好者的追捧和欢迎。就爱广场舞为用户提供海量舞蹈视频，如：精品课堂教学、舞友交流、就爱福利、线上活动、线下赛事、培训等，让大众广场舞爱好者找到了心灵的归属和兴趣的乐园。目前，就爱广场舞线上注册用户数正在快速攀升当中，就爱广场舞已然成为中国广场舞爱好者兴趣社交的首要平台。

（五）利用网络传递地域性特色

想要广场舞活动顺利进行，就应该利用新技术，增加文化工作的时代感，不但在内容上与时俱进，在形式上也要有所突破。广场舞者可将舞蹈视频拍摄并上传至网络，可以利用连接互联网，在网上交流不同地域所独有的广场舞特点，也可以比赛的形式，通过微博、微信等新媒体技术来发起投票活动，即可就活动内容进行投票，带领中老年人走近新媒体、走近"互联网+"，评比出最优奖项。通过这种方式增强老年人学习新媒体的兴趣和信心，并希望以此来传递敬老、爱老的传统风尚。

（六）提升群众的公德意识和自控意识

随着社会发展，人们的权益意识也有了很大的改善。但是人们的责任意识还有待提高。责任意识的建立，是一个人遵守社会公德的重要表现。在现代社会中，人们的权益得到了丰富和完善，所以在行使自己权利的过程中也应该要加强完成自己应该遵循的义务。广场舞是社会发展过程中形成的一项群众文化活动，对人们的身心健康有重要的意义，在享受广场舞带来好处的同时，参与到广场舞活动中的群众也应意识到自身的行为对社会的影响，从而不断提升自身的公德意识及自控意识，防止在活动中对他人的生活造成影响。

第三节　春节案例

一、传统春节红包的文化特征

"春节"是中国的传统节日，旨在辞旧迎新，既包含庆典、回报，同时还有祝福与避邪之意。春节红包反映了中国人喜欢礼尚往来的一种交往方式，表达了人们对和谐相处的美好期待。春节红包沿袭至今，具有丰富的象征意义：一是表达长辈对晚辈的一种关爱，压岁钱含有平安吉祥的寓意；二是压岁钱具有实际的金钱价值，可以充当货币进行购买行为；拜年时，经常会听到长辈说："孩子，拿着压岁钱去买文具，在学校好好学习。"等话语，这些实质性的物质给予，一定程度上可以满足孩子的购买欲望；三是具有奖励意义，春节期间，领导会给职工发红包作为年终奖，表达对职员一年辛苦工作的感谢和奖励，以期之后继续努力。

另外，在传统红包收受仪式中还有一个重要环节：晚辈要向长辈献上祝福。首先，晚辈对长辈进行新年问候，寓意"尊长"之意，其次，体现长辈对晚辈的关爱，表现"爱幼"之情。可以说，传统春节红包习俗正是维系家族团结友爱的重要纽带。

二、春节里的群众文化内涵

中国人过春节已有4 000多年的历史了。历经数千年而形成的文化习惯，不仅是一种热闹和总结，更有博大的精神和内涵，"春节是传统美德教化和规范的大课堂"。我们在进行创造性发展的同时，也应恢复历史记忆，留存古老传统，挖掘其厚重的传统内涵。

（一）春节体现了中华民族感恩和敬老文化

习近平总书记强调："有一颗感恩的心很重要，所有的人都要有感恩的心。"中国也有古训，"滴水之恩当涌泉相报"。我们历来就是一个注重感恩、善于感恩的国度。感恩，可以让自我的胸怀更为轻松坦荡，可以让人际关系更加和谐圆润。所以，春节来了，应该对帮助过我们的亲朋好友、长辈亲戚、陌生路人，说出心中的感恩和感谢，对养育我们的长辈，表达浓郁的敬意。当然，"君子之交淡如水"，感恩不一定非要有贵重的礼品，感恩在于心灵的丰盈、情感的丰富，记住对方的好，就是给对方最好的感恩礼品。让友情亲情在感恩中升华，为之后积累和谐的人际关系打好坚实的基础。

（二）春节是一曲家庭团圆、邻里和睦、社会和谐的民族情歌

春节从除夕夜的拜年到正月十五元宵节的狂欢，这十多天的节庆活动丰富多彩，人们在阖家团圆、走亲访友的过程中，细细品味浓厚的亲情、甜蜜的爱情、朴实的乡情、纯真的友情及厚重的民族之情。除夕夜虽然短暂，但作为春节最重要的环节之一，辞旧迎新的意义也只有在家家户户美满团圆、大口吃着年夜饭的时候才能充分体现出来。春节的庆祝范围从家庭到家族再到社会，举国同庆的欢声笑语传遍中华大地的每一个角落。

"穿越千山万水，只为了年终的那一个团圆"，与亲人之间的团圆，仅仅是四目相对，一年来所有的酸甜苦辣、委屈失败，顿时减少了很多。在团圆的氛围中，我们推心置腹、互相商讨、诉求苦恼、解决困难、谋划未来。在精神上完成和衷共济的连接，在情绪上完成吐故纳新的梳理，做好宏大叙事与具体而微的激情交流、默契交流，才不会因为力量不济而心生孤独、心有倦怠，以崭新而饱满的姿态迎接接下来的挑战和工作。家庭有了团圆会更加和谐幸福，国家有了团圆会生出无穷的民族认同感、发展认同感，中国气质会更优雅，中国力量会更强健。

（三）春节蕴含的家国同构的中国文化，有力地推动着世界和平

春节作为一种传统的节庆文化，是中华民族从古传承至今的家国同构的

家国文化。每一个家庭的美满团圆，都将促进整个国家的和谐安定，中华民族最为可贵的精神品质、道德观念、价值取向、审美追求等，都在这红红火火的节庆活动中得到充分的体现。首先，以家庭为核心的亲人团圆，体现了中华民族传统的孝悌之道。无论是成功人士，还是在外辛苦劳动、平凡的普通百姓，孝敬父母是回家过年的首要目的。其次，在阖家团圆的基础上举国同庆中华民族的伟大节日，使无数亲密的小家组成和谐的大国，家国一体，幸福美满，有力地促进了世界和平。

（四）春节激活了华人的休养生息，激情狂欢

春节最大限度地激活了华人的青春活力，尤其是元宵狂欢夜，各种各样的文艺活动让所有人迸发了热情和活力，提升了智慧与创造力。例如，各地的庙会、社火、腰鼓、武术、民间音乐、曲艺等。春节文化活动不是简单的恢复传统，而是具有创新性、时代性，甚至吸纳大量有价值的外来文化，使春节的文化活动更加绚丽多彩。

中华民族是一个富于想象力、浪漫思维的民族。所以，忙碌了一年后，人们都希望有一个"狂欢而浪漫的总结"。花灯高照，狂歌劲舞，大街小巷各种文化节目，耍狮子、踩高跷、玩旱船等，在意气风发、大汗淋漓的表演中，让心情更加舒畅，也将富有浪漫思维的年文化推向了高潮。当下，应尽可能创造条件，再造春节文化传统，恢复古老的文化习俗，让年文化狂欢起来、激情起来，让中国梦早日实现。

在开展春节的各项节庆活动中，政府应利用积极健康、热情奔放的娱乐活动，使群众能够陶冶性情、提高素质、提升对政府的认同感、缓解矛盾，以此构建和谐社会。

三、新媒体为支持体系的新年俗

（一）新媒体支持体系

春节作为我国百姓生活中最重要的节日，在长期的历史发展中，形成了

许多形式丰富又较为固定的年俗。民俗是生活文化,不是典籍文化,生活文化的典型特征是随着生活方式和形态的变化而增减形式,产生变异。所以,一方面,年俗具有模式化、传承性,另一方面,年俗具有变异性、时代性。当新的历史时代到来,新的技术条件成熟,新的生活方式养成,自然就产生了新的年俗。新媒体时代产生的新年俗,可以短信拜年,也可以借助网络、视听媒介的各种春节主题的联欢晚会,以及视听手段丰富的微信、微博、视频拜年。这些新年俗急速兴盛,传播影响力大,正是源于人们对于传统节日的礼敬,源于现代生产方式下的人类社会的交往需求、情感表达。

传统媒体利用新媒体来谋求自身发展是近年来研究的热点问题,而"摇微信"则始于 2014 年,对其做详细的分析,有助于对其有更进一步的了解,也有助于电视媒体的发展。

(二)新技术对春节文化符号的创新

时代在变迁,文明在发展,春节的文化符号也在流变。门神、桃符、春联、年画、窗花"福"字、生肖、灯笼、爆竹等构成的传统春节文化符号,在高楼林立的城市社会可能被遗忘或被新的元素代替。

以数字技术为基础的新媒体技术,在不同程度上对传统春节文化符号的工艺、材质、形式等方面进行改变,电子鞭炮、电子春联、电子红包、微信拜年等新的数字符号,为当下的春节打下了时代的印记。有着浓厚文化底蕴的传统春节文化符号,正在成为数字时代的文化记忆。这些新的春节文化符号的注入,虽然在一定程度上降低了年味,但新媒体上讨论春节共同话题的人数却在增加。正如,有学者认为,数字时代年味未必淡,只是我们的感觉变了。民俗是随着时代的变化而不断变迁的,如果僵化不变就不符合民俗发展规律。新技术创造出一种传统文化与现代文化高度交融的氛围,使得传统文化更富有包容性和参与性,体现了文化与技术的相互影响。例如,传统的新年红包寓意迎新辟邪、吉祥如意、财源广进,有在农历新年讨个好彩头之意。电子红包的出现,则增加了更多的娱乐色彩和情感意蕴。

（三）从电视媒介仪式向移动新媒体仪式转变

作为中国法定传统节日之一的春节，是中华民族的精神日历，它由祭祖、拜年、迎新等一系列仪式组成，这些作为传播现象的仪式，承载着春节的传统精神信仰。在传统仪式的演化和传播中，国家作为一种符号在场，成为塑造民间仪式的力量，从而实现对民间仪式的征用。

与传统媒体不同，新媒体反映了文化发展的后现代趋势，使整个文化生态表现出开放性和多元化特征。媒体时代的个体更加彰显自我和个性化，既有着离散性，也有着去中心化色彩。这种文化生态使得原有的电视媒介仪式不断受到冲击。

2011年，为适应互联网的发展趋势，中国网络电视台举办了首届中国中央电视台网络春晚，录制的六场晚会以"亿万网民大联欢，全球华人大拜年"为总主题，由"点击幸福""下载快乐""上传创意""共享奋斗""登录未来"等分主题组成，普通群众和网友成为晚会真正的主角，许多由"草根"创作的反映百姓心声的原创节目，被原汁原味地搬上了舞台，现场观众和全球华人网友通过网络视频连线、微博墙、九宫格日记等时尚、新颖的晚会互动方式，加入到了网络春晚的大聚会中。同时，晚会通过中国网络电视台多终端平台，向全球网友进行了传播，得到了观众和网友的一致好评，认为央视网络春晚成为百姓的真正舞台，"让草根上了镜，让网民过了瘾，让观众忘了情。网络春晚以独具一格的内容为网络娱乐和电视综艺之间架起了一道沟通的桥梁，构成了新媒体时代一道更加别致、靓丽的文化风景"。

（四）除夕期间，微信的兴起历程

2014年6月29日，湖北卫视在全国率先尝试微信"摇一摇"，这种最新电视互动模式，出现于其播出的明星恋爱秀节目《如果爱》中，观众只要通过手机打开微信，运用微信"摇一摇"功能，点击进入歌曲，就能够识别自己收看的节目，还可以加入互动环节。如果答对互动页面上提出的问题，就有机会通过抽奖环节获得奖品。可以说湖北卫视与微信联手推出的微信"摇一摇"这一互动模式，开创了电视互动的新纪元，引发其他电视台纷纷效仿。

2015年除夕期间，微信团队与以央视为代表的多家电视台合作，通过"摇一摇"的形式，为观众提供了抢红包、明星拜年、上传全家福、实时节目单等各种互动性服务。微信官方的数据显示，羊年央视春节晚会期间，仅微信摇一摇互动总量就达到110亿次，总金额甚至高达5亿元，其峰值达到每分钟8.1亿次。北京卫视春节晚会期间也产生了2.19亿元的打车红包，微信页面互动达到1.1亿次。如今，各地方电视台已经逐渐接纳了这种与观众互动的新形势，并各自在自己的节目中开始了尝试。而其建构的数字虚拟世界的这一繁忙形态，仅仅只是冰山一角。

四、新媒体对春节的影响

以新媒体的代表微信来说，微信红包进入人们视野的时间并不长，可是却发生了病毒式的传播效果，如今，每逢节日发微信红包已经成了一种潮流、一种用户习惯，并逐步发展成为一种新的文化现象，这种全新的用户习惯对人们的生活方式产生了很大的影响。据报道，2016年春节期间，全国有近30家权威媒体加入微信发红包的浪潮，读者可以边看报纸边扫红包，63个电视节目在春节期间推出微信摇红包环节，另外有30万家线下商店，发起扫年货、摇惊喜活动，在此期间共计送出1亿元的现金红包。往年大家过春节还都在认真看春晚，而2016年的除夕夜不仅要吃饺子、看春晚，抢红包、发红包也已经成了现在人过年的"特殊节目"。

现如今春节最火的话题不是年夜饭，也不是春晚，而是抢红包。对此，抢红包"大战"引发的争议，褒贬不一。

（一）微信红包冲淡年味儿

1. 抢了春节的"戏"

与商家的"撒红包如土"相比，群众的热情更是有过之而无不及。在寻常百姓家，"摇一摇""咻一咻""抢红包"的吸睛度，远远盖过了春节联欢晚会的小品、歌舞等节目。与之前的传统春节晚会，全家人一起坐在电视前看节目的情景相比，少了许多共同的娱乐项目。

随之而来，抢红包也成功地抢了春节的"戏"。这些新时代的产物只适合年轻人娱乐，年轻人聚在一起，玩得起劲儿，而父母辛辛苦苦张罗的一桌年夜饭，却比不上年轻人手机微信、朋友圈的消息来得更有"味道"。

2. 忽略亲情

春节就是团圆的日子，微信红包的火爆，不仅打破了中国人在除夕夜吃年夜饭看春晚的习俗，还剥夺了许多微信用户的现实时间。抢红包虽然好玩，但终究只是一场游戏，远远代替不了亲情和传统。很多微信用户沉迷于抢红包而不能自拔，抢红包虽然加强了网络关系间的人际传播，但是却削弱了现实关系之间的沟通。微信红包的使用者大多为上班的年轻人，一年在家的时间有限，本来应该和长辈一起共度佳节，却被虚拟的网络红包吸引，不可避免地削弱了现实中的人际交往，影响了真正的人际交往的情感沟通。

（二）微信红包增添年味儿

1. 微信红包丰富了节日内涵

春节是中国社会的传统节日，红包文化更是源远流长，传统拜年红包作为一个文化元素，通常象征着辞旧迎新、平安健康。新技术发展下的微信红包，将传统文化和现代文化融合在一起，不仅仅是传统意义上的表达祝福，更增添了新的元素。个性化、趣味化、人文化、互动化为新年的红包文化增添了更多色彩。这种新的红包文化丰富了传统春节的节日内涵，过春节不再只是贴春联、吃饺子、看春晚，还要抢红包。红包也不单单是长辈发给晚辈，朋友之间、同事之间都可以发送，还具有独特的"抢"的性质，更加提倡个体的情感表达。

长久以来的央视春晚一直被观众挑剔"没有新意""官方仪式感太强"，但是观看春节晚会又是每年的过节传统，是中国人共同的"年夜菜"，具有传统节日文化的神圣感。令人耳目一新的是，2016年的春晚增加了微信"摇一摇"抢红包的环节。据统计，2016年春晚期间微信红包参与人数超过4亿，春晚收视率也相应得到了提升。这形成了一种独特的红包文化，丰富了传统的春节文化，分享祝福、快乐的同时也提倡个性的表达、身份平等的宣扬。

微信红包和其他春节传统习俗的融合，是传统与创新的融合，具有很强的进步意义。

2. 促进了人际传播

现在人们普遍认为，年味儿没有以前足了，高楼大厦拉开了人与人之间的距离，春节也显得更加无趣，没有以前热闹喜庆。而微信红包的使用，在一定程度上缓解了这一问题。马歇尔·麦克卢汉的"媒介即讯息"理论中提出："媒介本身才是真正有意义的讯息。人类拥有了某种媒介之后才有可能从事与之相适应的传播和其他社会活动。媒介最重要的作用就是，影响了我们理解和思考的习惯。"微信红包为我们提供了传播平台，人们通过收发微信红包，可以和不同时区和不同地区的用户联系互动。平时不怎么联系的人，在特殊节日中，通过微信红包的形式，既表达了对节日的祝福，也有益于增强人际关系。人们往往不会在意微信红包金钱数目的多少，在春节这一特殊节日里，红包代表喜庆、代表吉祥，无论红包大小，都代表一份真诚的问候。这样，微信红包就在娱乐轻松的氛围下，加强了虚拟空间的人际传播，也为春节增添了年味儿。

对于抢红包这件事来说，应该理性地去看待，对年味儿不足的抱怨，折射的是一种文化焦虑，是转型时期的文化纠结。新媒体时代的社会基础变了、文化生态变了，节日的习俗随之变化则不可避免。因此，以新的眼光来看待和认识新事物，才能用新的理念服务于新年俗，才能让春节在与时俱进中，保持其文化内涵不变，才能让春节文化在传承中发扬光大。

在这种背景下，守护传统节日，守护一个族群在长期的历史发展中创造和形成的生产、生活、情感、审美等形态，不仅仅是记住一份乡愁，也是对中国在世界民族文化之林中存在的审视。而当前最现实而迫切的是文化的现代化问题。

五、新媒体为春节制定的特别节目

（一）手机自拍回家过年用户生产内容大动作

每年的春节，各家媒体都会"出手不凡"，在 2015 年春节报道中，回家过年的主题策划十分明显，占据了较为重要的位置。而在这一主题报道的策划中，手机自拍又成为一个较大的媒介动作。1 月 21 日，央视新闻频道通过其微信公众号发布 2015 回家过年视频拍摄征集令："你就是记者，你就是摄像！拍下你的回家路；拍下和父母、亲戚、同学短暂的团聚；拍下正在变化的家里家外……央视新闻频道将在春节假期连续播出你的回家故事。"央视新闻频道将群众上传的视频进行编辑整理后，在农历的腊月二十八到正月初六在新闻频道播出，大年初一到初三，《新闻联播》每天播出一期。第一次主持春晚的新闻主播康辉也用手机拍摄春晚幕后的故事，记录群众自己特殊的过年经历。虽然广大群众用手机自拍的视频并没有专业记者拍摄得工整，但是镜头后却是一个个鲜活、真实的故事，故事中的细节拍摄生动有趣。群众自拍的作品在主流媒体占据较大篇幅可以说是一个大动作。人民网也以回家过年为主题，请百姓参与策划《归途》特别报道。人民网还与北京铁路局联合制作《归途》春运特辑，面向社会公开征集自拍视频、图片，编辑春节特辑《归途》。《归途》分为两大版块："回家的人"和"铁路上的人"，分别记录了旅途中人们的心情与经历，以及铁路人的坚守与担当。新时代下，新的习惯形成，也就形成了新的群众文化。

央视与人民网两家媒体在主题策划上基本相同，同属媒体策划引导的一场用户生产内容的活动，公众大多采用手机拍摄视频和图片。但是细细比较二者的策划、运作、效果，可以发现些许区别。

1. 播出平台和频次不同，影响力差别显现

央视的《2015 回家过年》节目，自农历的腊月二十八开始在新闻频道的《新闻直播间》节目播出，直到羊年正月初六。从羊年正月初一到正月初六，《新闻联播》节目播出经过剪辑的《2015 回家过年》。平均起来，每个人物拍摄的视频会在新闻频道重复播出 2～3 次。打开人民网《归途》的页

面，网友上传视频最多的一条点击率有 2 万余次，大多数视频的点击量只有几百到几千次。相比较之下，人民网《归途》的影响力相对较小。

2. 前期运作过程不同，故事质量差别显现

央视在视频征集令中要求网友进行自我介绍，写出不低于 300 字的回家计划，有无拍摄经历，以及进入初选后的相关安排，如果其自拍视频播出，将会获得 2000 元的奖励。央视于 2015 年 2 月 17 日播出《新闻频道春节档：谢谢！给我们一个任性的理由》，对这次的策划及运作过程进行回顾。在《2015 回家过年》征集令发布之初，观众的积极性很高，但是很多人难以将一时的激情坚持下来。编辑每天都要给参与活动的观众发很多微信，有鼓励也有技术指导，有时一条微信打印下来可以装满一张 A4 纸，可见在群众拍摄的过程中，专业的编导发挥了很大的指导作用。但是由于人民网对故事主人公的筛选不够，且没有在具体的拍摄过程中进行指导。加上这些拍客并不是故事的主人公，因此缺少了很多群众自拍的意味，缺乏真实性和趣味性。

3. 后期编排方式不同，观看效果存有差别

央视对自拍上传的视频进行再加工，加上必要的字幕和音乐，《新闻联播》播出的版本中还加上了记者解说。此外，央视还将自拍上传的视频素材进行重新组合，形成具有主题的组合节目。比如，正月初一《新闻直播间》播出的《2015 回家过年：回家的礼物》将沈海波和郭冀腾带礼物回家的故事组合播出。专业的剪辑、精巧的编排、恰当的重组使得群众拍摄的内容更加生动，回家的故事在叙事上也更加流畅。手机自拍的镜头能给受众带来更多真实感，百姓在自拍时表现也比较自然，因此这一系列自拍视频丰富了春节的屏幕。

但是人民网对网友拍摄的视频没有做精细的再加工，短片的质量也是参差不齐，一些短片主题松散、音响嘈杂，严重影响故事的质量。主流媒体征集自拍回家故事的媒介行为对于培养潜在的用户新闻生产队伍具有一定现实意义，有了经验的拍摄者，以及受到感染影响的受众将会提供更加丰富的作品。央视的《2015 回家过年》节目是近年来较为成功的用户生产内容的策划。目前美国有线电视新闻网的《我报道》是用户生产内容较为成功的典型。为了聚合用户的报道力量，美国有线电视新闻网创建了《我报道》。与《我

报道》相比,我国用户生产内容的方式还没有常态化,涉及的话题还不够广泛。

随着 5G 技术的发展及手机摄像功能的不断提升,未来用户生产内容将会更快、更好,尤其在突发新闻中会发挥出更加凸显的作用。从另一个角度来讲,观众对手机拍摄的镜头形成了视觉积累,也为用户自拍的大量应用进行了预热和铺垫。春节征集手机自拍是一个大动作的试验,预示着我国用户生产内容将逐渐成熟、常态化,成为多方面的媒介资源,同时,群众文化也随着春节期间媒介的变化而变化。

(二)多样化平台倾听声音,多维度表达情感与观点

媒体传播提供了观察世界的窗口,人们透过拟态环境来体会节日的欢乐及其相关联的事物。诸如,与春节回家相关联的是拥挤的春运大潮,与春节长假相关联的是有人要坚守岗位,与新年到来相关联的是时间的急速流逝,与憧憬未来相关联的是过去难忘的岁月,等等。因此,春节期间的话题报道也需要媒体精心策划。在一定程度上,央视在 2015 年春节话题节目的平台搭建、话题设置方面十分用心。

1. 从"红亭子"到多屏互动

每到重大节假日和两会期间,央视的红亭子都会出现在一些公共场所,红亭子被称为"说吧",人们可以走进去对着镜头说出自己的心声。由于红亭子设置在公共场所,自愿走进来的人都有话说,因此成为人们在特殊时刻表达情感、愿望、思想、观点的平台。2015 年的春节,央视将"思念先回家"作为春节"说吧"的主题,成为人们向亲人表达思念、流露真情的平台。红亭子是让个体的人走进去发声,录下一个人的画面和声音。而在另一个空间里,央视则搭建了跨屏互动的话语平台,让更多的人有了进行互动的机会。新闻频道利用微信公众号向观众发起互动话题设置,向网友征集观点,说说你的,说说我的,天南海北畅所欲言。观众只要进入微信编辑"过年 + 您的观点"即可参与。节目在演播室直播进行,并挑选部分网友观点进行分享。

例如,农历腊月二十八央视微信向观众征集观点,当天话题:之前不少人晒出春节的账单,说春节俨然成了一场"黄金大劫案"!到底是钱包重要

还是面子重要？一起算算你过年的花销吧！

农历腊月二十九当天的话题：春节和家人好好团聚团聚，绝对是件幸福的事。但是，回家随之而来的，也有一些麻烦事，如参加各种酒局饭局、各种同学聚会、陪父母的时间越来越少的问题……今天互动话题是，过年回家，你是陪家人还是赶场子？说出您的苦恼吧！

这些观点有一个共同的特点就是与春节紧密相关，与生活十分贴近，能够引起网友们的广泛讨论。通过微信客户端搜集用户观点，然后在电视直播中进行分享，这种跨屏互动的形式正逐渐被媒体应用。无论是从大屏导向小屏，还是从小屏导向大屏，跨屏互动的关键在于：屏幕之间的"黏性"及观众切换屏幕的难易度。2015年春节，无论是新闻节目还是晚会节目都比较成功地实现了真正意义上的跨屏互动。

2. 从《你幸福吗？》到《你为谁点赞？》

2012年10月，央视推出海采形态的特别节目《你幸福吗？》引起社会的广泛回应，也引起媒体和理论界的关注。从《你幸福吗？》到2014年《家风是什么？》的理性回应，节目的话题设置不同程度地体现出时代的符号特征。2015年，央视推出春节特别节目《你为谁点赞？》的策划为采访对象设置了开放的话语空间。在采访对象简单、直白、朴素的回答中，自然流露出对时代精神的倡导，对社会风气正能量的礼赞，对勤恳工作劳动者的尊敬，对家庭亲人的感恩，对国家领袖领导力的肯定，对祖国未来的希望。此外，2015年的采访话题首次采用网络语言。"点赞"一词最初出现在社交网站，对于大多数人来说，点赞是经常使用的表达方式，具有网络文化的色彩。2015年，习近平总书记在新年贺词中也使用了点赞一词——"为我们伟大的人民点赞"，可以说赋予了点赞一定的政治内涵。在采访形式上也有突破，央视通过微信公众号向网友征集自拍视频。网友只要说出为谁点赞，并说明点赞理由，录下点赞视频发到央视邮箱即可。2014年的《家风是什么？》，曾采用3条微信语音作为素材，而2015年的自拍视频形式则更加生动多样。

（三）特别节目推陈出新，精彩故事印象深刻

在世界范围内，媒体对重大节日庆典的报道都会注入很高的热情。为此，媒体与节日具有比较特殊的黏合度。同时，传媒有着监视环境和娱乐大众的功能，在节日期间这一点更加突出。

2015年春节，央视推出的一些特别节目在形式与内容上都做到了推陈出新。其中，用纪实手法拍摄的《中国人的活法》《我不见外》《只为多看你一眼》给人留下了深刻印象。这些节目的共同特点是讲述精彩的故事，且每个故事都不回避矛盾，人物有血有肉、活灵活现，获得了真实、感人的效果。2014年年底，中宣部动员各媒体要讲好中国故事、发出中国声音，开展了"行进中国·精彩故事"主题采访活动，并以此作为年终报道主题。从大年初二开始，央视《新闻联播》即推出《拼在基层》特别报道，倾听来自基层岗位工作者的心声。基层的劳作最琐碎，压力最直接也最渴望被理解，《拼在基层》讲述了那些发生在身边又可能不被社会知晓的基层工作者拼搏的故事。例如，《医者仁心：32小时手术的背后》，讲述了外科医生陈松"拼"在手术台上的故事。2014年6月22日下午17:03，外科医生陈松用一个胜利的手势定格了一台32小时的手术。一台高难度手术持续了32个小时之后，陈松本应休息，却废寝忘食地忙碌于会诊、术前谈话、术后巡查等与病人息息相关的工作中，因此他出现在《拼在基层》报道中特别恰当。

春节期间，正是千家万户阖家欢乐之时，看到基层工作者的辛勤拼搏，观众要比平时感触更深，一方面对节目中的基层工作者由衷敬佩，另一方面也会想起自己身边的基层工作者。正如央视评论员杨禹所说："看《拼在基层》会对基层工作者有更多的理解和支持，也会找到自己拼搏所处的位置。"央视此次的《拼在基层》不仅选择了需要社会理解支持的人群，而且选择了恰当的播出时机，起到了很好的效果。

此外，2015年春节期间，央视新闻频道的电视直播也成为亮点之一，《新闻直播间》在农历腊月二十七到农历腊月二十九播出直播节目——《过年》，将现场直播、演播室互动、跨屏互动、自拍节目等做成内容，整合播出。除

夕当天，陪伴大家过年的《一年又一年》节目如约而至，带动观众感受各地过年习俗。央视《新闻联播》除夕当天头条直播各地实时景观，画面细腻丰富，让观众感受到祖国各地的年味儿。直播是电视的优势，直播节目为观众打开了眺望万家灯火的视窗，不同地域的受众将同步感受到浓厚的节日气氛。

互联网营造了一个用户至上的时代，用户数量、用户体验和应用场景都成为用户活跃的关键因素。越来越多的人从微博、微信及客户端上获取信息，在这样一个生态系统中，受众成为用户，影响力成为活跃度，新闻作品成为产品。毋庸置疑，今天所有的媒体都面临着变革与重构。

参考文献

[1] 王正杰. 提升群众文化指导水平促进公共文化建设发展 [J]. 艺术品鉴, 2021 (24): 44-45.

[2] 尚宁. 群众文化广场文艺舞台管理经营创新模式探索 [J]. 大众文艺, 2021 (15): 4-5.

[3] 王敏. 新时代群众文化的建设及其发展对策研究 [J]. 大众文艺, 2021 (15): 8-9.

[4] 潘扬. 基层群众文化活动存在的问题与创新对策 [J]. 商业文化, 2021 (23): 132-133.

[5] 李群. 如何在新媒体时代环境下推广群众文化工作 [J]. 大众文艺, 2021 (15): 6-7.

[6] 靳银娟. 群众文化建设中加强文化自信教育 [J]. 品位·经典, 2021 (15): 55-57.

[7] 杨锦峰. 文化现实与文化方略:城市文化建设调研规划 [M]. 大连: 大连出版社, 2019.

[8] 张燕. 微文化背景下践行党的群众路线的对策研究 [D]. 南宁: 广西大学, 2020.

[9] 李怡浓. 文化大数据中群众文体活动数据研究及其可视化系统研发 [D]. 重庆: 重庆大学, 2019.

[10] 陈金艳. 公共文化服务均等化建设存在的问题与对策研究 [D]. 重庆: 西南大学, 2019.

[11] 沈怡琦. 文化生产视角下中国群众文化体制研究 [D]. 上海: 上海社会科学院, 2019.

[12] 毕英爽. 聚群众智慧与时代同行:群众文化音乐创作工作的创新探讨 [J]. 戏剧之家, 2021 (22): 97-98.

[13] 蒙志毅. 论群众文化建设中如何加强公民道德教育 [J]. 品位·经典, 2021 (13): 44-46.

[14] 苏婷. 新时期基层群众文化建设的发展创新重点探寻 [J]. 农村经济与科技，2021，32（12）：256-258.

[15] 徐月萍，张建琴. 乡村振兴背景下乡村群众文化阵地建设：基于上饶市乡村群众文化阵地建设的研究 [M]. 南昌：江西高校出版社，2019.

[16] 曹艳花. 基层群众文化的建设现状及对策 [J]. 河南农业，2020（26）：59-60.

[17] 潘英. 基层群众文化发展现状与优化途径刍议 [J]. 科技资讯，2019，17（02）：232，236.

[18] 赵东红. 浅谈群众文化建设的原则及创新途径 [J]. 文化创新比较研究，2018，2（17）：146，154.

[19] 刘晓雨. 论群众文化的美育功能 [D]. 郑州：郑州大学，2014.

[20] 王燕. 当前我国人民群众文化需要问题研究 [D]. 太原：山西大学，2013.